U0443361

THE MAN FROM THE FUTURE
来自未来的人

约翰·冯·诺依曼传
The Visionary Life of John von Neumann

[英]
阿南约·巴塔查里亚
(Ananyo Bhattacharya)
著

岱冈
译

李睿琪
审校

中信出版集团 | 北京

图书在版编目（CIP）数据

来自未来的人：约翰·冯·诺依曼传 /（英）阿南约·巴塔查里亚著；岱冈译 . -- 北京：中信出版社，2023.9

书名原文：THE MAN FROM THE FUTURE: The Visionary Life of John von Neumann

ISBN 978-7-5217-5259-5

Ⅰ.①来… Ⅱ.①阿… ②岱… Ⅲ.①诺依曼（Neumann, John von 1903-1957）—传记 Ⅳ.① K837.126.16

中国国家版本馆 CIP 数据核字（2023）第 144385 号

THE MAN FROM THE FUTURE：The Visionary Life of John von Neumann
Copyright © 2021 by Ananyo Bhattacharya
This edition arrange with AITKEN ALEXANDER ASSOCIATES Ltd
through BIG APPLE AGENCY, INC., LABUAN, MALAYSIA
Simplified Chinese translation copyright © 2023 By CITIC PRESS CORPORATION
ALL RIGHTS RESERVED
本书仅限中国大陆地区发行销售

来自未来的人——约翰·冯·诺依曼传
著者：[英]阿南约·巴塔查里亚
译者：岱冈
出版发行：中信出版集团股份有限公司
（北京市朝阳区东三环北路 27 号嘉铭中心　邮编 100020）
承印者：北京诚信伟业印刷有限公司

开本：787mm×1092mm 1/16	印张：23.5	字数：316 千字
版次：2023 年 9 月第 1 版	印次：2023 年 9 月第 1 次印刷	
京权图字：01-2023-2813	书号：ISBN 978-7-5217-5259-5	
	定价：69.00 元	

版权所有·侵权必究
如有印刷、装订问题，本公司负责调换。
服务热线：400-600-8099
投稿邮箱：author@citicpub.com

献给世界各地的极客和书呆子,
尤其是与我最亲密的那三位。

若人们不相信数学是简单的,那只是因为他们没有意识到生命有多么复杂。

——约翰·冯·诺依曼

推荐序

读懂已故天才冯·诺依曼，破解 21 世纪的复杂性之谜

霍金曾说，"我认为，21 世纪将会是复杂性科学的世纪"。的确，随着人类进入 21 世纪，我们面临各种问题：气候危机、生态破坏、技术奇点、AI 觉醒、金融危机、大国博弈……而所有这些史无前例的挑战都有一个共同的名字：复杂性。20 世纪 80 年代，以寻找各式各样复杂系统背后的共同规律为使命的复杂性科学应运而生，这一学科不再受限于学科体系，而是站在统一的视角，尝试寻找知识体系的重新统一。飞鸟如何聚集成群？蚂蚁群体如何觅食？大量分子如何组装成生命？神经元细胞的互联与放电如何形成大脑中的思维和意识？……所有这些问题都是复杂性科学尝试回答的重大问题！

然而，当我捧起《来自未来的人》这本书的时候，我惊奇地发现，对复杂性相关问题进行深入思考，并取得若干开创性研究成果的人早在 20 世纪初就已经出现了，他就是大名鼎鼎的天才科学家约翰·冯·诺依曼。我甚至觉得，冯·诺依曼正如这本书书名所说的那样，很有可能是于今天甚至未来穿越回 20 世纪初的人，因为他的思想太超前了！深入阅读这本书，细细品味和解读冯·诺依曼的思想，你不仅能够消除对当今世界的诸多困惑，还有可能感悟到生命、智能和意识的本质，乃至洞悉人类未来的前进方向！

你对如下问题有困惑吗？中美之间的大国博弈将何去何从？国与国能否从竞争走向合作？冷战结束后，为何世界反而会硝烟再起？要破解这些问题，就需要利用冯·诺依曼与经济学家莫根施特恩一起开创的博弈论了。要想直面现实世界的复杂性，我们还必须理解人与人、国与国之间互动背后的数学原理。博弈论是数学的一个分支，它直接用简单的数学语言将人与人、国与国之间的"钩心斗角"进行了建模与刻画。

博弈论中的一个经典案例就是囚徒困境。假设有两个小偷同时被警察抓了起来，并被分别审讯。如果两人都招供的话，结果最糟，两人都要受5年监禁。如果两人都不招供的话，则结果最好，两人都将被囚禁2年。但是，如果一个人招供，另一个人却守口如瓶，守口如瓶的小偷就会倒大霉，会被囚禁10年，而那位背叛者，也就是招供的人，却会被无罪释放！这一博弈把人类世界中复杂的人际关系刻画得淋漓尽致：尽管两人最好的结果是都不招供，但是脆弱的人性却会让人倾向于把对方供出来，而使个人获得最好的结果。然而，自私与贪婪是人的天性，所以最终的结果一定是都招供——这是一个纳什均衡，也就是在囚徒困境中，两名囚犯的最终"宿命"。整个博弈可以用一个2行2列的表格加以完备描述，这就是数学的优美之处！它可以运用简单的数学语言刻画复杂的人际互动，而这一思路最早始于冯·诺依曼。

然而，博弈论在刚刚问世的时候并没有受到经济学家、社会学家的青睐，原因是它太过数学化了，而且思想太超前了。但是，就在约50年后的1994年，美国数学家约翰·纳什就与约翰·海萨尼和德国的赖因哈德·泽尔滕因博弈论而获得了诺贝尔经济学奖。此后，1996年、2001年、2005年、2007年、2012年、2014年、2020年的诺贝尔经济学奖所授予的研究者的研究都与博弈论有着深刻的联系！由此我们不难窥见冯·诺依曼思想的影响力和超前性。

生命的本质是什么？恐怕几乎所有的智慧生命或多或少会对这样的问题充满兴趣。冯·诺依曼自然也不例外。然而，与普通人不同的是，冯·诺依曼对生命本源的思考却能够开创最早的一批复杂性科学的研究！在他生命的最后 10 年，冯·诺依曼的研究重点转向了自复制自动机。

为什么要让机器自己复制自己呢？冯·诺依曼给出的理由绝不是让机器模仿生命这么简单，而是基于对当时人造机器某种缺陷的改造！冯·诺依曼敏锐地发现，在单调的重复性工作中，人造机器会不断地犯错、退化、衰败下去，甚至最后停止工作。然而，当我们放眼庞大的地球生态系统，自然生命体却能够始终茁壮成长，甚至不断地自我进化。仿佛有一条巨大的鸿沟横亘在人造机器与自然生命之间，而冯·诺依曼怀疑，这一鸿沟与自我复制的能力有关。于是，冯·诺依曼开始在头脑中构思一台能够复制自身的机器，希望机器最终能够跨过这条鸿沟。

然而，受限于当时制造工艺和机器的运算能力，冯·诺依曼并没有在现实世界中构造这台机器，而是接受了数学家朋友斯塔尼斯拉夫·乌拉姆的建议，在一个二维的虚拟宇宙中开始了他的自复制自动机的构造。这一研究不仅让他最终能够在有生之年几乎完成了整个机器的设计，也激发了更多的最早一批复杂性科学的研究，也就是元胞自动机（cellular automata）这一有趣的领域。

什么是元胞自动机呢？我们不妨看一看城市中绚丽多彩的霓虹灯。这是由一大堆一闪一灭的小灯泡构成的阵列，然而，当我们从远处观察这一堆灯泡的时候，却能看出有意义的图案或文字：这里有一排文字，那里有一大朵花，这里多了一条鲨鱼！所有这些图案或文字全都是设计师事先编排好的程序。元胞自动机正是一种由大量"灯泡"规则排列而成的"霓虹灯"，不同的是，元胞自动机的"灯泡"是遵循固定的规则来闪烁的，这些规则规定了每个"灯泡"的闪灭是如何根据它周围的灯泡决定的，而不需要任何人为的事先的程序编排。因此，这些一闪一灭的灯泡可以根据规则自己决定如何变换图案！正是在这样一种由29种颜色构成的"霓虹灯"上，冯·诺依曼成功地构造出了他的自复制自动机！

元胞自动机最迷人的地方就在于，其简单的相互作用规则就能够创造出几乎无穷的复杂性。例如，著名数学家约翰·康威正是受了冯·诺依曼的启发而发明了著名的"生命游戏"这一黑白两种颜色的元胞自动机。而这一"游戏"无疑是简单规则导致复杂现象涌现的经典案例。科学家们甚至能够证明，"生命游戏"支持通用计算，这意味着，我们完全可以在"生命游戏"这一模拟的宇宙中，再造一台计算机！今天，元胞自动机已被应用于包括交通流模拟、城市规划、生态系统演化等诸多实际领域，可谓硕果累累。

元胞自动机需要用强大的计算机器来模拟，同样，复杂性科学研究更加离不开计算机！我们如今使用的计算机，无论是台式机，还是笔记本电脑、掌上计算机，都遵循同样的体系结构！也就是使用CPU、总线、内存、外围设备等一系列结构共同搭建起一台复杂的机器，让它完成各种复杂的计算。而这一体系结构实际上已经诞生70多年之久，它的发明人正是冯·诺依曼。尽管第一台计算机ENIAC（埃尼阿克）并非冯·诺依曼发明的，但是当冯·诺依曼访问了宾夕法尼亚大学的ENIAC研发小组时，他就敏锐地发现了ENIAC设计中的缺陷，从而大刀阔斧地进行了改装，并在新一代的机器EDVAC（离散变量自动电子计算机）之中实现了大名鼎鼎的冯·诺依曼体系结构！而这一体系结构一直被我们使用至今。

然而，如果你以为冯·诺依曼对计算机科学的贡献仅此而已，那你就大错特错了。他的另一研究领域很有可能在未来的量子计算时代大放光彩，这就是量子信息。早在1932年，绝大部分人对量子力学还很陌生的时候，冯·诺依曼就出版了那本著名的《量子力学的数学基础》，并从严格数学的角度，奠定了量子力学的基础。然而，同样是因为这本书的数学原理太晦涩了，绝大部分人忽视了它的价值。直到多年后，一位当时名不见经传的物理学家约翰·贝尔才重新发现了这本书的价值，从而提出了能够区分经典物理和量子物理的关键不等式——贝尔不等式。就在 2022 年，贝尔不等式的相关研究成果才受到诺贝尔物理学奖的青睐。这再一次证明，冯·诺依曼的洞见远远超越了时代。

气象系统的模拟、弹道导弹的精确设计、人脑与计算机的比较、经济系统中的数学建模等，都是冯·诺依曼曾经涉猎的领域。而今天的科学发展已经证明，所有这些无疑都与复杂性科学存在着或多或少的联系。然而，"来自未来的穿越者"冯·诺依曼给我们透露的"天机"绝不止这些，深入阅读《来自未来的人》这本书，你也许还会嗅到更多破解未来复杂性谜题的关键信息。

冯·诺依曼的助手阿瑟·伯克斯帮忙整理的《自复制自动机理论》手稿，除了包含自复制自动机的具体设计思想，还包括大量有关复杂性与熵、信息论、热力学、自我指涉（self-reference，简称"自指"）、哥德尔定理、图灵停机问题等复杂性科学中的核心概念与问题。我认为，冯·诺依曼所发明的自复制自动机，在本质上是一种自指结构，而这种自指能力与我们的自我意识和智能，也有着密切的关系！什么是自我意识呢？顾名思义，就是人类能够反思自身的一种能力。正是凭借着这种自我反思的能力，人类智能才能勉强比如今最先进的人工智能略胜一筹。当我们思考这个当下正在思考的自我的时候，实际上我们的大脑神经元结构就会发生某种神奇的变化，使得一种"自我模拟"的逻辑结构可以在大量神经元上实现！而"自我模拟"其实就是一种特殊的自指结构，因此，我们可以找到自我意识问题与生命自我复制之间的一种同构！这种同构意味着生命的本源与意识的本质乃至智能的本质可能存在着某种共通的规律，而这一规律才是冯·诺依曼真正超前的洞察。也许,凭借着这一洞察,我们终究能够创造出具备自我意识的机器!

一旦自我意识机器出现,人类可能将会遭遇技术奇点!所谓的技术奇点,就是指人工智能在各方面的能力都超越人类的那个未来的时间点。大部分读者可能会通过谷歌科学家雷·库兹韦尔写的《奇点临近》这本书了解到这一说法。但你可能并不了解的是,第一个使用"奇点"一词来描述技术,并指出人类未来的进化将有可能让位于机器这一预言的人并不是库兹韦尔,也不是"技术奇点"概念的提出者弗诺·文奇,而是这本书的主角:冯·诺依曼。在1958年出版的《向冯·诺依曼致敬》这一文集中,冯·诺依曼的老友乌拉姆曾引述了一段自己与冯·诺依曼的对话:"我们集中讨论了科技的不断加速进步和对人类生活方式的改变,这给人的感觉像是在接近人类历史中的某种本质奇点,超越了这个奇点,我们所熟知的人类的社会、艺术和生活模式,将不复存在。"这是有史以来,人类第一次使用"奇点"一词描述技术。

更有意思的是,作为一名专业的数学家,冯·诺依曼真正用心钻研的领域既不是计算机设计,也不是博弈论,而是一个纯数学分支,以他的名字命名的"冯·诺依曼代数"。再一次,由于过度抽象,人们忽视了它。然而,正是这样一个异常抽象的领域,后来却产生了多个菲尔兹奖(数学领域的诺贝尔奖)获得者。后来,分子生物学家利用这一领域的后续发展,了解了细胞是如何解开细胞核内紧密缠绕的DNA的。同时,物理学家卡洛·罗韦利和数学家阿兰·孔涅利用冯·诺依曼代数的一种解决了"时间难题":虽然我们能感知到时间在"向前"流动,但对为什么会这样却没有一个统一的解释。这两位科学家发现,时间的这种方向性来源于冯·诺依曼代数中的不可交换性。

在我们的印象中,科学家大多数是对某一个领域进行深入钻研,却对其他领域的人情世故毫不关心的书呆子。然而，冯·诺依曼却完全不是这样。他不仅在科学研究领域四处开花，并在多个领域取得了开创性成果，还是一位名副其实的社交达人。他不仅经常组织派对，开着豪车到处招摇，还积极主动地帮助美国军方制造原子弹。在他临终的病榻前，聆听他最后遗言的人包括美国政客、军队高官，以及兰德公司的重要人物！也许，只有这样的各领域的通才，才真正能够在复杂性科学领域游刃有余吧。

冯·诺依曼绝对是一本值得反复阅读的秘籍！也许未来破解人类社会各种复杂性谜题的关键就隐藏在了冯·诺依曼一生丰硕的研究成果之中！相比其他的冯·诺依曼传记，《来自未来的人》这本书则更加重视每一个研究领域的发展脉络。因此，阅读这本书，相当于在读一本冯·诺依曼版的复杂性科学综述！

读懂冯·诺依曼，也许人类就能破解21世纪的诸多复杂性谜题！

张江

2023 年 8 月 20 日

于浙江绍兴

目录

引言　　　　　　　　　　　　　　001
冯·诺依曼何许人也？

爱因斯坦彻底颠覆了我们对时间、空间和引力的理解，哥德尔在形式逻辑领域具有革命性的贡献。但是认识他们三位的人都指出，冯·诺依曼是迄今为止最聪明的人。

第 1 章　布达佩斯制造　　　　　　009
天才的诞生和培育

当诺贝尔物理学奖得主尤金·维格纳被问及对"匈牙利裔现象"的看法时，他说根本没有这回事儿。但其中只有一种现象需要解释，那就是举世无双的冯·诺依曼。

第 2 章　无穷之外　　　　　　　　023
一位少年解决了一场数学危机

冯·诺依曼的第一篇论文对学术数学的规范和惯例进行了介绍，论文发表时，他只有 17 岁。他后来由研究纯数学转向解决现实世界中的问题，对解除数学的根本危机所做的贡献出乎意料地为他达成知识飞跃奠定了基础，这一飞跃令现代计算机成为现实。之后，关于数学极限的激烈辩论将会适时催生出苹果、IBM 和微软。

第 3 章　量子布道者　　　045
上帝如何掷骰子

关于当代物理学中最大的谜题之一，冯·诺依曼最终明确地证明，归根到底，海森伯和薛定谔的理论其实是同一个。基于这一见解，他为这项新科学建立了第一个严格的框架，从而影响了几代人。

第 4 章　曼哈顿计划和"超级"计划　　　085
从"三位一体"到"常春藤麦克"

早在抵达洛斯阿拉莫斯的几个月前，冯·诺依曼就为美国原子弹计划做出了第一个贡献。当杜鲁门总统授予他功勋奖章时，颁奖词中提到他致力于研究"高能炸药的高效使用，进而发现了一种新的攻击性行动的军事原则，并已证明可以提高空军在对日本的原子弹攻击中的效率"。

第 5 章　现代计算机的曲折诞生　　　125
从 ENIAC 到苹果

冯·诺依曼有关 EDVAC 报告的第一份草案成为计算机史上最具影响力的文件。他在其中提供了第一个"完整的机器逻辑框架"，计算机设计师现在将此配置称为"冯·诺依曼体系结构"，今天几乎所有的计算机，包括智能手机、笔记本电脑、台式电脑等，都是根据冯·诺依曼体系结构设计的。

第 6 章　博弈论　　　　　　　　　　167
经济学的一次革命

冯·诺依曼的证明将博弈论确立为一门学科，用真正的数学术语来描述人类的合作和冲突。他首创了"零和"一词来描述全面冲突的博弈，而"零和"现在已经成为人们的常用语。他与莫根施特恩合著的《博弈论与经济行为》永远地改变了社会科学，深刻地影响了自20世纪50年代以来的经济和政治决策，被称为"迄今为止，社会科学中最重要的理论"。

第 7 章　海滨智库　　　　　　　　　　213
核战博弈

自成立的那一刻起，兰德就始终贯彻冯·诺依曼的精神。军方数学家和空军的双重影响意味着，兰德在1948年的兴趣完全符合冯·诺依曼当时痴迷的三个主要领域：计算、博弈论和炸弹。即使他本人并未在场，人们也能明显感受到他的影响。每个人都知道冯·诺依曼才是王者。

第 8 章　复制机器的崛起　　　　　　　259
造机器的机器与造思想的机器

冯·诺依曼并不是提出"机器能繁殖吗？"问题的第一人，却是第一个回答此问题的人。事实上，他已经描绘出这样一台机器的蓝图。如今，一些未来学家推测，一种超人类的人工智能也许能把人类社会改造得面目全非。这种可能性被称为技术上的"奇点",而这个术语最早是由数十年前就预见这种可能性的人——约翰·冯·诺依曼首先使用的。

后记　　　　　　　　　　317
此人来自哪个未来?

冷静的理性主义和善良的博爱主义构成了冯·诺依曼性格矛盾的两面,其最明显的体现在于他关于未来数十年人类将面临的生死存亡危机的非凡沉思。他赞成以新的地球工程技术来控制气候变化的观点,这很可能是第一次有人故意用这种方式谈论如何使地球变暖或变冷。他甚至预见复杂的气候控制手段可能会"被利用为迄今尚无法想象的气候战争形式"。

注释　　　　　　　　　　323

致谢　　　　　　　　　　357

冯·诺依曼会和我三岁的儿子聊天,而且两人交谈时是那么平等,所以我有时真想知道,他和其他人交谈时是否也用了同样的原则。

——爱德华·特勒,1966年

引言

冯·诺依曼何许人也？

爱因斯坦彻底颠覆了我们对时间、空间和引力的理解，哥德尔在形式逻辑领域具有革命性的贡献。但是认识他们三位的人都指出，冯·诺依曼是迄今为止最聪明的人。

"叫我约翰尼吧。"冯·诺依曼会这样招呼那些受邀到其普林斯顿的豪宅参加狂欢聚会的美国人。虽然他那满嘴的匈牙利口音让他的声音听起来就像恐怖电影里贝拉·卢戈西饰演的传奇人物，但冯·诺依曼依然觉得在这个新家里他的本名亚诺什（János）听上去太有异域风情了。其敦厚的外表和挺括的西装之下，是一颗难以想象的智慧之心。

从 1933 年到 1957 年去世，冯·诺依曼一直在普林斯顿高等研究院（IAS）工作。在那里，他总喜欢用办公室的留声机播放德国进行曲，而且会将音量开到最大，惹得阿尔伯特·爱因斯坦、库尔特·哥德尔等杰出精英同事十分厌烦，他却怡然自得。爱因斯坦彻底颠覆了我们对时间、空间和引力的理解。哥德尔当时虽然不是什么大名人，但在形式逻辑领域具有革命性的贡献。但是认识他们三位的人都指出，冯·诺依曼是迄今为止最聪明的人。他的同事甚至还开玩笑说，冯·诺依曼一定是某种优越物种的后裔，对人类做了深入细致的研究，所以可以完美地模仿人类。

冯·诺依曼很小就学会了古希腊语和拉丁语，他还能说法语、德语和英语，当然，还有他的母语匈牙利语。他如饥似渴地读完了一套多达 45 卷的世界史，而且几十年后还能一字不漏地背出整章的内容。一位专攻拜占庭史的教授曾受邀参加冯·诺依曼的一个聚会，他说，要是双方都同意届时不讨论这方面的话题，那他就应邀赴会。"所有人都认为我是世界上最伟大的拜占庭史专家，"他对冯·诺依曼的夫人说，"我希望他们继续这样认为。"

然而，冯·诺依曼的那颗"不可思议的大脑"中最硬核的其实并不是语言学，也不是历史学，而是数学。数学家们经常将他们所做的事情描述为一种高尚的游戏，其目的是证明数学原理，而无关任何实际的应用。这种说法一般来说是正确的。但数学也是科学的语言，是我们所拥有的理解宇宙的最强大工具。"作为独立于经验的人类思维的产物，为什么数学能如此完美地适用于现实对象呢？"爱因斯坦如是问道。[1] 没有人能就这个问题给出确定的答案。然而，自古以来，如同冯·诺依曼，那些有应用数学天赋的数学家都明白，他们有一条通往财富、影响力和改变世界的道路。阿基米德把时间花在了超凡脱俗的追求上，比如寻找一种新的计算圆周率近似值的方法。但他根据精确的数学原理设计的战争武器，例如可以从海上抓起船只的巨爪，一度让罗马军队屡屡受挫。

随着时间的流逝，冯·诺依曼 20 世纪中叶在数学领域做出的贡献，现在似乎越来越显示出其神奇的先见之明。要想充分了解 21 世纪的知识潮流，从政治到经济学，从技术到心理学，就必须了解冯·诺依曼的一生和他的成果。他的思想与我们今天所面临的各种挑战密切相关，令人不禁怀疑他莫不是一位穿越时空的旅人，悄无声息地播下他认为塑造地球未来所必需的各种想法。

冯·诺依曼出生于 1903 年，年仅 22 岁时就在奠定量子力学的数学基础方面发挥作用。1930 年，他移居美国，很早便意识到战争正在悄然逼近，于是便学习了弹道和爆炸方面的数学知识。他以自己的专长禀赋助力美国军方和曼哈顿计划[1]：在洛斯阿拉莫斯国家实验室研发原子弹的众多科学家当中，正是冯·诺依曼最终确定了通过压缩钚核心引爆威力更大的装置"胖子"所需的爆炸物布局。

在他加入曼哈顿计划的同一年，冯·诺依曼和经济学家奥斯卡·莫根施特恩完成了一部640页的博弈论专著。博弈论是一个致力于理解冲突与合作的数学领域。这本书将改变经济学，使博弈论成为政治学、心理学、进化生物学等完全不同领域的不可或缺的组成部分，并有助于军事战略家思考领导人何时应该或不应该按下核按钮。凭借超凡的智慧和对生死问题的坚定态度，冯·诺依曼是为数不多的带给斯坦利·库布里克创作其标志性人物"奇爱博士"灵感的科学家之一。

在他参与设计的原子弹被投到广岛和长崎之后，冯·诺依曼转而致力于建造或许是世界上第一台可编程的电子数字计算机——ENIAC。最初，他的目标是计算成功制造出威力更大的炸弹——氢弹的可行性。此后，他领导的团队还发布了第一个数值天气预报。冯·诺依曼并不满足于开发仅仅能够进行计算的计算机，他在1948年的一次演讲中表示，信息处理机器可以在某些情况下进行复制、生成和进化。他的自动机理论启发了一代又一代尝试建造能够自复制的机器的科学家。后来，他对人脑与计算机在工作方式上的相似性进行了思考，这助力了人工智能的诞生，并影响了神经科学的发展。

冯·诺依曼是一位能力非凡的纯数学家。例如，他创立了一个以他的名字命名的数学分支[2]，这一分支硕果累累：仅创立半个世纪之后，沃恩·琼斯便因对该领域内的一个极小方面的探索而获得了菲尔兹奖，该奖项通常被称为"数学界的诺贝尔奖"。但是，仅仅研究数理难题，无论其有多么高深，对他来说都远远不够。冯·诺依曼不断

---

[1] 曼哈顿计划，美国陆军部1942年6月开始实施的利用核裂变反应来研制原子弹的计划。——编者注

[2] 该数学分支为冯·诺依曼代数，亦称"弱闭对称算子环"。——编者注

地寻找着新的应用领域，这些领域使其能够发挥其数学方面的天赋，而且在选择每一个领域时，他似乎都准确无误地意识到该领域所具有的彻底改变人类社会的潜力。冯·诺依曼的前同事、数学物理学家弗里曼·戴森注意到："当他从纯数学转向物理学、经济学、工程学时，他的学术深度逐渐降低，重要性却稳步提高。"[2]

冯·诺依曼年仅53岁去世时，他的声誉达到了一位数学家所能够达到的巅峰。美国作家威廉·S.巴勒斯声称，他的一些奇异的文学实验是受冯·诺依曼博弈论的启发，菲利普·迪克和库尔特·冯内古特的小说中也提到了冯·诺依曼。然而，自那以后，与他在普林斯顿的那些令人敬畏的同事相比，冯·诺依曼逐渐淡出了人们的视线。冯·诺依曼被刻画为冷战分子中最冷酷的一位，其广泛的贡献几乎无法尽述，他被人们记住主要是因为他传奇般的头脑体操壮举。然而，在我们今天的生活中他的影响无处不在。他的观点和思想被科学家、发明家和政治家采纳，启示我们思考我们作为一个物种究竟是谁，思考我们彼此的社会和经济互动，以及如何对待那些能够将我们提升到难以想象的高度或彻底摧毁我们的机器。环顾四周，约翰尼留下的指纹随处可见。

约翰·冯·诺依曼

冯·诺依曼耽于思考,尤其是对数学的思考。
——彼得·拉克斯,1990年

第 1 章
布达佩斯制造

天才的诞生和培育

当诺贝尔物理学奖得主尤金·维格纳被问及对"匈牙利裔现象"的看法时,他说根本没有这回事儿。但其中只有一种现象需要解释,那就是举世无双的冯·诺依曼。

20世纪40年代，在美国洛斯阿拉莫斯参与原子弹秘密研制计划的科学家和技术人员把他们当中的一些人称作"火星人"。这个玩笑的由来是，他们中的匈牙利人，因为口音十分奇特，而且个个智力超群，必定来自其他星球。

对于一个小国为什么能培养出这么多杰出的数学家和科学家，"火星人"自己也是见解不一。但在一件事上，他们的看法却完全一致，即如果说他们来自火星，那他们当中有一位就根本来自别的星系。当诺贝尔物理学奖得主、"火星人"尤金·维格纳被问及对"匈牙利裔现象"的看法时，他说根本没有这回事儿。但其中只有一种现象需要解释，那就是举世无双的冯·诺依曼。

冯·诺依曼原名是拉约什·亚诺什·诺依曼［Neumann János Lajos，匈牙利人的姓排在开头，其英文名为John Louis Neumann（约翰·路易斯·诺依曼）］，1903年12月28日出生于熠熠生辉的"美好年代"的布达佩斯。当原首都布达与相邻的城市古布达及佩斯于1873年合并时，欣欣向荣的布达佩斯就被建立起来了。位于多瑙河岸边的匈牙利国会大厦是世界上同类建筑中最大的，而宏伟的古典建筑风格的证券交易所在欧洲也是无与伦比的。在安德拉什大街这条两旁矗立着新文艺复兴风格建筑群的华丽大道的下面，运行着世界上最早的电气化地铁线路之一。知识分子都喜欢光顾咖啡馆（这个城市号称有 600 多家咖啡馆），而同一时期建造的歌剧院的音响效果也被认为是欧洲最好的。

约翰尼在匈牙利的亲朋好友都称他为"扬奇"（Jancsi），即亚诺什的爱称，他是马克斯［Max，本名为米克绍（Miksa）］和玛格丽特［Margaret，本名为玛吉特（Margit）］所生的三个儿子中的老大。他父母受过良好的教育，家境优渥，并已融入匈牙利首都令人眼花缭乱的文化与艺术生活。他的二弟迈克尔［本名为米哈伊（Mihály）］，出生于 1907 年；三弟尼古拉斯［本名为米克洛什（Miklós）］生于 1911年。这家人住在瓦齐大道 62 号顶层一套有 18 个房间的公寓里。[1]

这幢大楼的一楼被卡恩-黑勒公司（Kann-Heller）的销售厅占据，这是玛格丽特的父亲雅各布·卡恩和别人合伙创立的一家五金公司。卡恩-黑勒公司一直销售农用机械，后来在匈牙利成功地开了目录销售模式的先河，就像西尔斯公司（Sears）早期在美国做的那样。整个一楼都归黑勒一家使用，而二楼和三楼则是卡恩的 4 个女儿及其家人居住的地方。今天，在这幢大楼的拐角处，一家保险公司办公室的大门一侧，有一块遗址铭牌，用以纪念这位"20 世纪最杰出的数学家之一"。

1910 年，布达佩斯四分之一的人口，超过一半的医生、律师和银行家都是犹太人。同样，置身于这座城市繁荣文化场景中的人也大都是犹太人。对于当时的成功，有人试图从中找出阴谋来。正是所谓犹太人在布达佩斯占据主导地位的论调，令激进的民粹主义者、维也纳市长卡尔·吕格尔（Karl Lueger）将奥匈帝国双首都中的这座称为"犹达佩斯"（"Judapest"）。吕格尔的种族主义言论或许"启发"了那个被美术学院拒之门外后在维也纳四处游荡的流浪青年——阿道夫·希特勒。

犹太人移民匈牙利的大潮发生于 19 世纪的最后 20 年里。许多人为了找工作来到快速发展的布达佩斯定居。在这里，犹太人不像在俄国那样会面临大屠杀，而且许多世纪以来在欧洲根深蒂固的强烈反犹主义，在布达佩斯几乎不存在，或者说至少不会被当地政府认可。美籍匈牙利裔历史学家约翰·卢卡奇指出："值得尊敬的意见领袖，包括大多数贵族和绅士在内，都反对反犹主义。"[2]

尽管如此，诺依曼家族与奥匈帝国的许多犹太人一样，虽然生活富足美满，仍然忧心于好日子难以长久。虽然在维也纳的那位广受欢迎的皇帝的领导下，生活在奥匈帝国境内的十几个民族表面上团结一致，但在允许商品和服务在欧洲东南部大片地区之间自由流通的经济逻辑下，分歧有时还是会显露出来。罗伯特·穆齐尔是奥匈帝国众多著名作家之一，他曾说："帝国内部的无数冲突是如此激烈，以至于国家机器每年都会陷入绝境好几次，甚至彻底停摆。"但是，在此过程周而复始的间隙，即在政府与政府的更替喘息期，每个人又都和他人相处得很好，表现得就好像什么事都没有发生过。[3]

尽管奥匈帝国的气氛炽烈如火，但导致该帝国解体的并不是内部的分裂，而是第一次世界大战。到1910年，马克斯已经察觉到弥漫在欧洲大陆的黑暗情绪，所以希望儿子们接受教育，为最坏的情况做好准备。在匈牙利，孩子们要到10岁才开始上学，但布达佩斯富裕的家庭可以毫无困难地找到保姆、家庭教师或私教。马克斯格外重视外语，他认为只要掌握了外语，他的儿子们无论身在何处，或碰巧负有一定的权责，都能够让别人明白自己的意图。因此，6岁的扬奇跟着格罗让小姐学法语，跟着普利亚夫人学意大利语。1914年到1918年，汤普森先生和布莱思先生还分别教过这三兄弟学英语。尽管在一战之初，马克斯被当作敌方人士而被困在了维也纳，但他毕竟是有影响力的人物，故而"毫不费力地就把他们的'收容'之地正式转到了布达佩斯"[4]。马克斯还坚持让孩子们学习古希腊语和拉丁语。"父亲总是相信充满思想的人生。"尼古拉斯在他的回忆录中写道。[5]

扬奇从小就是个令人刮目相看的心算高手。[6]有资料显示，他6岁时就能心算两个8位数的乘法。[7]这些能力出色到足以惊艳他最早的那几位启蒙老师，他这些特质或许部分遗传自他的外祖父。尽管雅各布·卡恩中学毕业后没有接受过正规教育，但他能把数字相加或相乘到数百万。冯·诺依曼长大后，自豪地回忆起两眼炯炯有神的外祖父的头脑体操，但他坦承自己永远望尘莫及。

然而，诺依曼三兄弟中的这位老大也并非在所有方面都出彩。例如，他从来没有学会过一种乐器。家人想不通小扬奇怎么老是在大提琴上练习音阶，于是就暗中调查，结果发现5岁的他总是把书摊开放在乐谱架上，这样他就可以一边"练琴"一边看书。要论国际象棋（这种经常与数学能力相联系的游戏），他也就中等水平而已。[8]尽管他开发了各种他认为必然会带来胜利的"棋路"，他却一直输给他的父亲，即便到了十几岁也赢不了。

同样，冯·诺依曼对体育毫无兴趣，除了长途步行（还总是穿着西装），他在余生中一直避免任何形式的体力锻炼。当他的第二任妻子克拉里（Klári）试图说服他去滑雪时，他竟然说那离婚得了。"如果跟哪个女人结了婚，无论她是谁，都意味着他不得不脚踩两片木板在漂亮的山坡上滑雪，"她解释，"那相比之下，他肯定更喜欢独自生活。用他的话说，他每天的锻炼就是'钻进温暖宜人的浴缸'。"[9]

在智力开发上，冯·诺依曼的家庭生活就像任何神童都渴望的那样富有启发性。马克斯最早是一名法学博士，后来才做了投资银行家。在孩子们还小的时候，他就买下了某个有钱人家的遗产中的所有藏书。他把公寓里的一个房间改造成了收藏这些图书的地方，书架从地板一直搭到天花板。正是在这里，扬奇通读了所有图书中最有价值的一套——《世界通史》。这是由德国历史学家威廉·翁肯编纂的一套巨著，始于古埃及时期，终结于由德皇本人授权撰写的德意志帝国首位

穿着水手服的扬奇，7岁（图片由玛丽娜·冯·诺依曼·惠特曼提供）

皇帝威廉一世的传记。冯·诺依曼在移民并入籍美国后涉足美国政治，有时为了避免某些争论趋于白热化到不可收拾，他会引用小时候在翁肯的书中读到的那些看似毫无关联的历史事件的结局，而且常常背得一字不差。

对孩子们的教育常常会拓展到午餐和晚餐时，大人会鼓励他们就当天早些时候的所见所闻提出特定的话题。例如，有一次，尼古拉斯读到了海因里希·海涅的诗歌，引发了一场关于反犹主义将如何影响他们未来的讨论。海涅出生于一个犹太家庭，但后来不得已皈依了基督教，这是"进入欧洲文化的门票"，也是他为了发展自己的事业而做出的努力。类似这样坦率的辩论或许帮助扬奇及早地认识到纳粹主义所带来的危险。

扬奇在餐桌上与人讨论的话题经常是科学方面的。他指出，不同国家的婴儿学习母语的时间大致相同，那么大脑的原初语言是什么呢？大脑本身又是如何自行交流的？这是一个他将与之缠斗终生的问题，即便在临终的病榻上也未曾停息。还有一次，他想知道内耳的螺旋腔，即耳蜗，是仅对声音的合成频率（及其各自的大小）敏感，还是对声波的整体形状敏感。[10]

马克斯一般会回到家里吃午饭，下午再返回办公室。他吃饭时会和儿子们分享他的投资决策，并征求他们的意见。偶尔，马克斯也会带回他所投资公司的一些实物证据。当他注资一家报社时，他就会带回印刷铅字，随之而来的讨论便都集中在印刷术上。另一家得到马克斯投资支持的企业是匈牙利雅卡尔织机织布厂，这是一家自动织机进口商。[11] 19世纪早期，法国人约瑟夫·玛丽·雅卡尔发明了自动织机，即人们所说的提花机，这些机器可以用穿孔卡片进行"编程"。"由此不难想象，约翰尼为何后来会对穿孔卡片产生兴趣。"尼古拉斯说。[12]

应邀来家里的客人也都为这位神童的学术发展做出了贡献。由于马克斯的儿子们是可以加入工作晚宴的，因此来自欧洲各地的工商界人士往往发现，尽管彬彬有礼，但孩子们连珠炮似的问题令他们难以招架。其他的常客中还有西格蒙德·弗洛伊德的贴身助手、精神分析学家桑多尔·费伦齐，与他交谈可能有助于促成约翰尼日后对计算机和大脑之间的相似性所做的思考。就连当时新近从格丁根大学的研究中脱颖而出的物理学家鲁道夫·奥特维（Rudolf Ortvay）也会来到这里。格丁根大学是世界数一数二的数学中心，而且将成为新量子力学发展中的中坚力量。奥特维后来与扬奇终生保持着书信往来。还有一位常客，那就是在布达佩斯大学拥有数学教席的费耶尔·利波特。很快，他也成了负责教这个男孩儿课外数学课的那些励志教授之一。

1910年后，马克斯成为匈牙利政府的经济顾问，这一角色使他迅速跻身布达佩斯社会的顶层。三年后，43岁的马克斯因"在金融领域做出的杰出贡献"，被奥地利皇帝弗兰茨·约瑟夫一世授予世袭贵族封号。浪漫的马克斯选择了玛吉塔小镇（Margitta，当时属于匈牙利，现在属于罗马尼亚）作为与其封号相配的属地，这里也是其家族传统的世居之地。然而，马克斯与此地之间唯一的真正联系是当地教堂的守护神与他的妻子撞名，也叫玛吉特。就这样，诺依曼家族在匈牙利语中变成了"玛吉塔的诺依曼"，而马克斯选用了三朵玛格丽特花（一种菊科植物）作为家族盾形族徽上的标志。正是在这一时期，许多被加封为贵族的富裕犹太人（1900年至1914年达200多户）都将自己的名字改得听起来更像德语或匈牙利语，以便完全融入当地社会，而且常常连宗教信仰都改变了。高傲的马克斯尽管并非完全不善于观察，但他既没改名也没改变宗教信仰。扬奇长大后对贵族的这一套颇为欣赏，便给自己改了相当德语化的名字。最早在瑞士读书时，他先是把名字改成约翰·诺依曼·冯·玛吉塔，后来在德国时又去掉了其中的地名，变成了简洁的"冯·诺依曼"①。[13] 1928年马克斯去世

---

① "诺依曼"姓氏前加"冯"是为了表明贵族身份。——审校者注

后，他的三个儿子也出于与海涅相似的理由皈依了天主教。

就在冯·诺依曼一家跻身欧洲贵族行列的同一年，他们正在为扬奇开始上中学做准备。在欧洲大部分地区，文科中学（gymnasium）是为学生进入大学深造做准备的学校。几乎所有的"火星人"都在布达佩斯的三所自费的精英文科中学上过学。

三所学校中最好的一所是由匈牙利著名教育专家莫尔·冯·卡门（Mór von Kármán）于1872年创立的敏达（Minta）学校，或称"模范高中"。与马克斯一样，冯·卡门也是被封为贵族的犹太人，敏达学校是其教育理念的试验平台，其中大部分的教学内容都从德国引进。纪律和严格是一切的核心，教学以解决实际问题为导向，而不是死记硬背。冯·卡门的儿子西奥多也在这所学校上过学，他说："我们从来没有背过课本上的定律，相反，我们试图靠自己的努力来摸索和掌握它们。就我而言，敏达学校为我打好了归纳推理的坚实基础，也就是说，要从特定事物中找出一般的规律，这是我用了一生的方法。"[14] 这位小冯·卡门后来成为20世纪空气动力学方面的权威，并在不经意间影响了德国空军和美国空军的飞机设计。

敏达学校的教学模式非常成功，因此其他学校，包括公认排名仅次于敏达学校的历史悠久的法索利（Fasori）路德教会学校也都纷纷效仿。法索利路德教会学校面向所有有不同宗教信仰的男孩儿开放（女孩儿在那时少有受教育的机会）。由于布达佩斯的各职业阶层都以犹太人为主，所以该校的绝大多数学生实际上都是犹太人后裔。

第三种选择是去找一所雷亚理学校（reáliskola）。这些雷亚理学校会提供职业技术教育，通常不教希腊语，也很少教拉丁语。一位毕业于该校的历史学家及在数学和自然科学领域均出类拔萃的其他学生说，"雷亚理学校其实并不比文科中学差，只是在规模上有所不同，而且比具有'绅士派头'的文科中学更务实"。[15] 这些学生中就包括费耶尔·利波特和利奥·齐拉特，他们首先构想出了为反应堆和核弹提供动能的核

11岁的冯·诺依曼和表妹（莉莉）卡塔林·奥尔丘蒂一起做数学题
（图片由玛丽娜·冯·诺依曼·惠特曼提供）

链式反应；另外还有丹尼斯·加博尔，他因发明全息摄影而在1971年获得诺贝尔物理学奖。其中一所雷亚理学校就位于布达佩斯第六区，被公认为可以与前面提到的那两所文科中学比肩。在这三所学校中，马克斯选择了路德教会文科中学，因为敏达学校的教学模式太过新颖，让人觉得不太放心，而雷亚理学校又缺乏他特别看重的人文教育。

有些人认为，这些明面上的"天才工厂"是1880年至1920年匈牙利人才大量涌现的背后原因。然而，并非所有的毕业生都认同这一点。齐拉特曾在第六区的一所完全现代化、设备齐全的雷亚理学校读书，他觉得该校的数学课"无聊得令人难以忍受"，在一次采访中，他甚至直呼其老师是个"十足的白痴"。[16] 另一位"火星人"爱德华·特勒于1917年进入敏达学校，此时距冯·卡门离开已将近20年，但特勒依然觉得在这里上学就好像是被人拿来做实验似的。"数学课让我落后了好几年，"他在回忆录中抱怨，"启发学生探索思想并不是敏达的共同目标。"[17]

其他人则认为，此种"匈牙利裔现象"是由当时匈牙利社会中的两个明显矛盾的因素驱动的：自由主义和封建主义。相较于许多不那么自由的欧洲邻国，犹太人在奥匈帝国更容易出人头地，但权力的杠杆，尤其是行政机构和军队，则几乎完全掌控在匈牙利上层的手中。他们允许新来的犹太流亡者在银行业、医药业等行业中取得成功，是因为他们认为这些都是他们治下的行业，而且对其中如马克斯这样最成功的人，他们还授予其世袭头衔，以此来固化那些人的忠诚。全部的所谓"火星人"都有犹太人背景，且个个都很富有，其中两人还拥有贵族封号。

冯·诺依曼本人把他这一代人的成功归因于"某些文化因素的巧合"，这些因素常令个人产生出"一种极端的不安全感，因而就必须要么不同凡响，要么面临幻灭"。[18] 换言之，他们意识到，匈牙利的宽容环境也可以在一夜之间发生变化，这促使一些人做出超乎寻常的努力来取得成功。对于有志于出类拔萃的犹太人来说，物理学和数学是安全的选择，因为在许多国家这都是值得从事的学术领域，而且至少在20世纪早期，这些学科都被视为相对无害。此外，人们有理由相信在这些领域的出色工作能得到相应的回报。[19] 广义相对论是通过实验建立起来的，与发展这个理论的人是不是犹太人无关。

无论学校教育、家庭教养及匈牙利社会产生的影响如何，就冯·诺依曼这个例子而言，一切都协调一致有利于培养出一颗具有超凡能力的数学头脑。扬奇于1914年开始在路德教会学校学习，在这里，他即将证明自己并不是一个普通的学生。数学的基础正在被一些新发现的悖论动摇，整座大厦甚至有可能被彻底颠覆。一些人认为，那些没有达到严格的新证明标准的百年定理都应该被完全废除。一场为了数学之魂的战争很快就会到来，真理的概念本身正岌岌可危。17岁的冯·诺依曼将挺身而出，拨乱反正。

数学是一切关于自然现象的确切知识的基础。

——戴维·希尔伯特，1900 年

第 2 章
无穷之外

一位少年解决了一场数学危机

冯·诺依曼的第一篇论文对学术数学的规范和惯例进行了介绍,论文发表时,他只有17岁。他后来由研究纯数学转向解决现实世界中的问题,对解除数学的根本危机所做的贡献出乎意料地为他达成知识飞跃奠定了基础,这一飞跃令现代计算机成为现实。之后,关于数学极限的激烈辩论将会适时催生出苹果、IBM和微软。

冯·诺依曼的独特才华在他刚入学时就显露出来了。他引起了路德教会学校的传奇数学老师拉斯洛·拉茨（László Rátz）的注意，这位老师在匈牙利非常受人尊敬，甚至布达佩斯有一条街道就是以他的名字命名的。拉茨很快得出结论，比起自己所能提供的帮助，更加先进的数学教育一定会使冯·诺依曼受益更多。他想办法和马克斯见了面，并主动提出为扬奇在布达佩斯大学组织课外辅导。拉茨承诺将让他的学生继续享受路德教会学校的人文科学教育，让其参加所有的课程（包括数学，虽然有点儿多余）。马克斯深知儿子的数学天赋，便同意了。拉茨拒绝为自己所做的一切收取任何费用，他觉得自己有教扬奇的特权就足够了。

少年冯·诺依曼总是能够立刻就给他的新导师们留下深刻印象。他的首位导师，后来成为斯坦福大学数学系主任的加博尔·赛格（Gábor Szegö），[1]在他们第一次见面后被感动得热泪盈眶。在这些导师里，对冯·诺依曼影响最大的要数费耶尔·利波特，他是匈牙利数学界的先驱，把匈牙利最具才华的数学明星吸引到了自己的身边，其中就包括早年的赛格本人。"几乎没有哪个聪明人，更不用说有天赋的人，能够对他讲课的魅力不为所动，"匈牙利数学家乔治·波利亚说,"他们忍不住模仿他在强调某个知识点时的腔调和手势,这些都是他个人对他们的影响。"[2] 费耶尔对这些年轻的后起之秀是真的上心,而非仅仅出于为师之道。"小约翰尼·诺依曼现在如何?"多年之后,他还会这样给赛格写信询问,"请告诉我,到目前为止,你注意到他在柏林期间都受到了哪些影响。"[3] 赛格那时在柏林大学教书,而"小约翰尼"显然正在全力以赴地学习本科化学。(他从柏林大学声名远播的数学系的最优资源中获取了最大收获。)

费耶尔和他以前的另一位学生迈克尔(米哈伊)·费克特感受到了教导少年冯·诺依曼所带来的震撼。这三位导师——赛格、费耶尔和费克特对正交多项式有共同的兴趣,因此正交多项式顺其自然地成为冯·诺依曼第一篇论文的主题。正交多项式是一组独立的数学函数,相加之后可以组成任何其他函数。举例来说,一艘船在海上复杂多变的起伏和摇摆,可以被分解成更简单的函数的和(一个被称为谐波分析的过程),将其输入计算机中即可模拟该船的运动。这个方法可以使复杂的现实世界的数据变得更容易管理,这就是正交多项式经常应用于物理学和工程学中的原因。

对数学家来说,多项式的一个关键特征是其中的"零",即它们在坐标的何处与 x 轴相交。冯·诺依曼的第一篇论文[4]是与费克特合著的,该文探讨了切比雪夫多项式中的零,其发现完全缘于这位俄国数学家对蒸汽机活塞的上下运动转化为车轮的圆周运动的问题的痴迷。[5]

这是冯·诺依曼对学术数学的规范和惯例的介绍。论文手稿完成并送去发表之时,他只有 17 岁。与小说家一样,数学家也有自己的风格。冯·诺依曼的观点第一次被公开,却已经或多或少地完全成形。"作为一名数学家,"弗里曼·戴森说,"约翰尼独特的天赋是能将所有数学领域中的问题都转化为逻辑上的问题。"

他能够直观地看到问题的逻辑本质,然后使用简单的逻辑规则来解决问题。他的第一篇论文就是体现他思维方式的一个极好例子。一个看似属于几何范畴的定理,探究了某个复变函数等于零的可能取值范围,却被转化为纯逻辑的陈述。所有的几何学难题都消失了,这个定理的证明变得简洁而又容易。[6]

冯·诺依曼在后来的任何工作中再也没有提到这篇论文,但受到这位神童启发的费克特却将其余生的大部分职业生涯都投在了这个课题上。

此时,匈牙利参加了第一次世界大战并战败。但布达佩斯从未接近过前线,瓦齐大道上的有钱人也一如既往地过着他们的日子。1919年,一场政变及(继苏俄之后)欧洲第一个共产主义政府的建立,打破了他们的生活。这些都是由库恩·贝拉领导的,他是一名叛教的匈牙利犹太人,作为苏俄的战俘而投向了革命事业。库恩表面上是新政府的外交人民委员,但他的群众基础确保了他掌握政权。"因为群众支持我,"他对列宁说,"所以我在革命管理委员会的个人影响力如此之大,无产阶级专政已经稳固了。"[7]

那些身穿皮夹克背着枪的执法人员,在布达佩斯的街道上巡逻,人们把他们称作"列宁小子"。冯·诺依曼一家已经收拾好行李,准备离开布达佩斯,前往亚得里亚海滨的一个度假屋,但就在成行之际,马克斯却把问题解决了,新政府不会征用他们在布达佩斯的公寓。"在人人平等享有设施的指导原则下,大型公寓都要被拆分。"尼古拉斯说,他当时只有 7 岁。但负责这项任务的执法人员很快就被说服而将此事按下不提。"在钢琴上的一件重物下面,父亲放了一沓英镑,我不知道有多少钱。那位戴着红袖章的官员立马走上前去,把钱拿走了,革命管理委员会的人也跟着离开了,我们则留在了公寓里。"[8]

为了重新建立匈牙利在一战前的边界,库恩发动了一场仓促而混乱的战争，而罗马尼亚军队随之攻入布达佩斯，推翻了库恩那成立仅133天的匈牙利苏维埃政权。库恩最终逃亡苏俄，并于1937年在那里被捕，罪名是他是托洛茨基主义[①]者和人民公敌。库恩政权所造成的混乱局面一直深深地印在冯·诺依曼的心里。

冯·诺依曼一家于1915年参观陆军炮兵哨所。约翰坐在炮筒上。炮架上的三个孩子（从左上至右下）分别为二弟迈克尔、表妹莉莉和小弟尼古拉斯（穿着一件连衣裙）
（图片由玛丽娜·冯·诺依曼·惠特曼提供）

与此同时，马克斯离开了布达佩斯，前往维也纳与海军上将霍尔蒂·米克洛什的支持者取得联系。霍尔蒂是一名战争英雄，将领导各

---

① 托洛茨基主义，20世纪初在俄国工人运动中出现的、以列夫·达维多维奇·托洛茨基的不断革命论为基础的机会主义思潮。——编者注

地聚集起来反抗库恩的队伍。在库恩政府倒台后的混乱中，霍尔蒂的军队横扫了整个匈牙利，对他们认为支持共产党的人进行报复。在库恩的短命政府中，犹太人占据了不少重要岗位，很快他们就成了人们泄愤的焦点。在"红色恐怖"期间，"列宁小子"及其同伙致使500人死亡。在随之而来的"白色恐怖"中，霍尔蒂的军官们又屠戮了大约5 000人。强奸、酷刑和公开绞刑都是司空见惯的。尸体被肢解得七零八落，以作为对其他人的警告。霍尔蒂温和地训斥了他最残忍的副官之一：

> 在国内各地发现了许多犹太人的尸体……这（霍尔蒂强调）为外国媒体刻意针对我们提供了额外的弹药……这是徒劳的。我试图说服他，那些自由主义的媒体无论如何都会反对我们，不管我们只杀了一个犹太人，还是把他们全杀了，结果都不受影响。[9]

冯·诺依曼一家被霍尔蒂的军队放过了，而且好像奇迹一般，在如此动乱的环境之中，冯·诺依曼居然自始至终都能几乎不受干扰地上学。在那几年里，他的两个同学后来都成了他的终生好友。尤金（耶诺）·维格纳在路德教会学校比他高一年级。威廉（维尔莫什）·费勒 [William（Vilmos）Fellner] 则比他低一年级，后来成了一位著名的经济学家和耶鲁大学教授。他们记得，有个男孩儿敏锐地意识到自己聪明过人，但他既不特别受欢迎也不讨人厌。冯·诺依曼对别人的感受尤其敏感，这一点在那些有着非凡头脑的人身上很罕见，他总是小心翼翼地不让自己显得傲慢，但不能不让自己脱颖而出。"每当我和冯·诺依曼交谈时，"维格纳谈及他的朋友时说，"我总是觉得，只有他完全清醒，我却还在梦中。"[10] 这两位朋友回忆道，扬奇很快就不再玩小孩子们玩儿的游戏了，并以一种令人不安的、超然的人类学家的态度观察他周围的人。

现代主义此时正席卷数学领域，一如它横扫过艺术、音乐和文学领域。1921年，正当冯·诺依曼在文科中学里为期末考试复习时，不满于现实主义局限性的彼埃·蒙德里安正在画着《构图I》，这是他的第一幅以网格为基础，用红色、蓝色和黄色方块布局的抽象作品。诗人、评论家纪尧姆·阿波利奈尔将激进分子的动机归纳为："真正的相似已经没有任何意义，因为为了本真及他所认为存在却又没有显现的更高的本质，艺术家将一切都牺牲掉了。"[11]

在冯·诺依曼的学生时代，这种透过事物表面看问题的冲动，决绝地蔓延到了数学领域。人们对一千年或更久以来被普遍接受的假说进行了探索，并发现其中存在不足之处。接踵而至的根本危机并不是那些胡子拉碴的知名人士相互间貌似彬彬有礼的争论，而是一场对数学的核心和灵魂的争夺，这吸引了当时一些最优秀的头脑，其影响一直延续至今。数学的目标和地位将永远被改变。数学曾经被视为神圣的真理之源，但现在，它将被证明自己完完全全是人类的事业。数学并不完美，而且注定将一直如此。

冯·诺依曼十几岁时就了解了数学领域的动荡，而他为应对这场危机的种种努力，以通过发表一系列精彩论文的形式，巩固了他作为最高等级数学天才的声誉。他后来由研究纯数学转向解决现实世界中的问题，对解除数学的根本危机所做的贡献出乎意料地为他达成知识飞跃奠定了基础，这一飞跃令现代计算机成为现实。随着时间的推移，关于数学的边界与局限性的激烈辩论将会适时催生出苹果、IBM和微软。

数学根本危机的源头在于发现了欧几里得《几何原本》中公理的缺陷，许多世纪以来，这本书一直是几何学的标准教科书。欧几里得提出了5条几何公理，他认为这些都是可以自证的（指他的公理或公设）。他通过一系列的逻辑推理步骤，证明了一些更复杂的定理，包括毕达哥拉斯定理（即勾股定理）：直角三角形最长的边的平方等于其他两边的平方之和。这种"公理方法"是数学的基石，行星被认为是通过《几何原本》所描述的三维空间运行的。在19世纪初，只有欧几里得几何学被认为是真正合理的。"欧几里得几何学是关于世界的一个真理宝库，它和任何知识一样确定无疑，"历史学家杰里米·格雷说，"这也是牛顿物理学的空间。这毕竟是学校正儿八经地灌输给人们的几何学。如果连它都难以为继，那还有什么知识是有用的呢？"[12]

19世纪30年代，为了打破这一几何学的正统，另一位匈牙利数学天才鲍耶·亚诺什和俄国人尼古拉·罗巴切夫斯基迈出了第一步。两人各自独立地发展了几何学，证明欧几里得五大公设的第五条公设"平行公设"是不准确的。与其余四条公设相比，第五条殊为不同。例如，第二公设指出，任意线段均可无限延长。即使是那些最能抬杠的人，对此也都是难以争辩的。而第五公设指出，如果同一平面内两条直线与第三条直线相交，使其中一侧的两个内角之和（在下图中标记为∠a和∠b）小于两个直角之和（即180度），那么这两条直线如果延伸得足够远，则必然会在延伸的那一侧相交。相反，如果∠a和∠b相加达到180度，则这两条直线永远不会相交，被称为平行线。

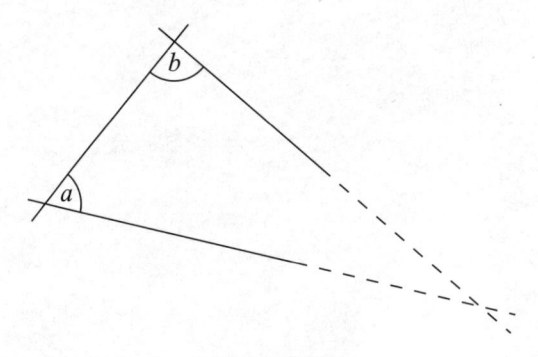

欧几里得平行公设

对数学家来说，这看起来不像一个公设，更像一个需要加以证明的定理。在 2 000 年的时间里，许多人试图证明，但都以失败告终。鲍耶的父亲也是一名几何学家，当听说鲍耶打算求证第五公设时，他力劝儿子赶紧停下："接受我的教训吧，我当时就是想更深入地研究与平行线相关的东西，可最终还是一无所获，但这已经夺去了我毕生的美好和所有的时间。"[13] 然而，当儿子向他展示自己的成果时，老鲍耶的担忧有所减轻。

鲍耶和罗巴切夫斯基的发现如今被称为双曲几何。尽管欧几里得的五大公设所涉及的表面都是平的，就像一张纸一样（曲率处处为 0），而一个双曲表面则有如马鞍般的弯曲表面，在每个位置上存在远离彼此的弯曲。想象一下那些司空见惯的可叠在一起的薯片，或者一大朵布满褶皱的木耳吧。在这些物品的表面上（曲率处处为负），许多在学校里学的那些熟悉的几何规则不复存在：例如，三角形的三个角之和小于 180 度。"从无到有，"鲍耶在致父亲的信中写道，"我创造了一个奇异的新宇宙。"

木耳的双曲表面

19世纪50年代，继鲍耶和罗巴切夫斯基之后大约20年，德国数学家黎曼实现了几何学上的又一次飞跃。黎曼的博士论文现在被公认为有史以来最伟大的数学论文之一，按当时最著名的数学家高斯所说："该论文具有叹为观止的独创性。"鲍耶和罗巴切夫斯基描绘了平面在空间中的弯曲，而黎曼描绘的表面则经常以难以想象的方式弯曲和形变。黎曼的数学方法可以像描述人们熟悉的三维空间一样简单地描述任何维度的空间（即超空间）。半个多世纪后，黎曼几何被证明"极妙地适合"描述爱因斯坦广义相对论中弯曲的四维时空。

到19世纪后期，欧几里得著作中的许多其他假设和证明也被质疑。一些人认为，是时候在新的基础上从头开始建立几何学了。戴维·希尔伯特承担了这项任务，他后来成为20世纪早期最有影响力的数学家。他后来的成果——1899年出版的德文版《几何基础》，以其清晰的推理被认为是欧几里得《几何原本》的正统继承者。作为一本数学畅销书，其影响可谓立竿见影。

希尔伯特的目标，就是要从他的前辈们的著作中提炼出可靠的方法来对任何初等几何进行推理。为了避免读者依赖直觉，他把学校教授的几何学中那些熟悉的术语（点、线、面等）的含义全部清空了。在他的书中，这些术语仅是数学对象的简单方便的标签，而这些对象将由它们之间的数学关系严格定义。[14] 希尔伯特多年前就解释过："人必须能够在任何时候描述出桌子、椅子和啤酒杯，而不是点、直线、平面。"[15] 这种针对几何学的令人难以置信的抽象方法的优势在于，只要它们遵守他精心设计的规则，那么他的研究发现对任何物体就都是适用的。

希尔伯特定义公理的严谨程度远远超过欧几里得。经过希尔伯特改进的公理化方法阐明了20世纪数学的发展方向。希尔伯特关于几何基础的书，巩固了他作为伟大数学家的声誉。不到40岁的他在格丁根大学地位稳固，并开始通过吸引资金和人才来证明自己是一位优秀的管理者。到 1920 年，世界上没有一个大学的数学系能与格丁根大学媲美。

作为这门学科最重要的代言人，希尔伯特要求所有的数学，其实还有所有的科学，都要像他的新几何学一样无懈可击。1880 年，著名的生理学家埃米尔·杜布瓦-雷蒙宣称，有一些问题（他称之为"世界之谜"），比如物质和力的终极本质，是科学永远无法回答的。正如他所说的："我们现在不知道，将来也不会知道。"

希尔伯特对此完全不认同。1900 年，他发声反对杜布瓦-雷蒙的悲观主义，否认知识存在这样的限制。他认为，每个问题都有一个明确的答案，即使这个答案表明，要回答最初的问题是不可能的。在当年于巴黎举行的国际数学家大会上，他提出了 23 个问题，这些问题构成了 20 世纪的数学。"对我们来说，没有什么是不可知的，依我看，自然科学中也根本不存在什么不可知的。"他甚至在 30 年后还依然雷霆发声："为了反对愚昧无知的人，我们的口号是：'Wir müssen wissen-wir werden wissen'（德语，意思是：我们要知道，我们会知道）。"许多人站在希尔伯特一边，渴望使数学（以及按希尔伯特的逻辑所说的各门科学）坚如磐石。但他的计划几乎在构思之初就陷入了困境。

1901 年，英国哲学家、逻辑学家伯特兰·罗素在集合论的关键处发现了一个悖论，集合论是 20 多年前由格奥尔格·康托尔开创的一个数学分支。康托尔是一位在俄国出生的才华横溢且虔诚的德国新教徒，也是第一位发现存在大量不同的无穷数，而且有些无穷数明显比其他无穷数大的数学家。康托尔用希腊语的大写字母 Ω（欧米茄）代表无穷数中最大的那个"绝对无穷大"。他说，只有在上帝的心中，Ω 才能真正地以其全部的荣耀而受到尊崇。意识到这些发现的争议性后，他把他的新无穷数称为"超限数"，以区别于旧的无穷数概念。

他说，他的洞察力直接来自上帝。

对此并非人人都认同。"上帝创造了自然数，其他的不过是人为之作罢了。"同时代的德国数学界大拿利奥波德·克罗内克愤愤不平道，他认为康托尔搞无穷数是可疑和令人反感的。他称康托尔是"江湖骗子"，是"年轻人的腐蚀剂"，并粉碎了康托尔从哈雷大学到名气更大的柏林大学任教的希望。康托尔在情感上没有做好应对外界对其无穷数的刻薄反应的准备。克罗内克的攻击使康托尔骤然陷入一阵抑郁状态，后者开启了多次住进疗养院之路。

在罗素开创事业之初，集合论被认为更杰出而非更可疑。数学最终处理的并非有限数组。例如，如果一个数学家想要证明一些关于质数的东西，那么他的目标通常是找到一个定理，而这个定理要同样适用于无限多的所有质数。数学家们接受了康托尔的理论，把它作为一种强大的工具来处理和证明关于无限大集合的定理。

然而，罗素悖论的威胁在于，其对集合论的打击可能比早期的意识形态分歧要严重得多。问题是这样的：举例来说，设想一个由所有可能类型的奶酪蛋糕组成的集合，此集合可以包括任意数量的不同奶酪蛋糕（纽约奶酪蛋糕、德国奶酪蛋糕、柠檬乳清干酪等），但是因为这一集合并不是字面意义上的奶酪蛋糕，所以"所有种类的奶酪蛋糕组成的集合"并非这一集合自身的元素。但是，从另一方面来讲，"除奶酪蛋糕外的所有东西组成的集合"又会是它自身的一个元素。

但是，罗素想知道对于"包含所有不包含自身的集合"的集合是否存在。如果说该集合不是其自身的元素，那么根据定义，它反而应该是其元素（因为其元素并不包括其自身）。相反，如果说该集合是自身的元素，那么它就不应该成立（因为它是成立的）。简而言之，这就是罗素悖论[①]。罗素的分析显示，这一悖论在形式上与多种悖论

---

① 罗素悖论涉及集合论中的自指问题。——审校者注

相似，其中包括"说谎者悖论"（即"这句话是假的"）。"一个成年人花时间在这些琐事上似乎是不值得的，"他抱怨道，并急切地想找到一个解决办法，"但我能怎么办呢？"[16]

罗素本已开始一项巨大的尝试，期望能精确描述数学的全部逻辑基础，但他的发现却使自己陷入了绝望。由于工作无法取得进展，他把接下来的几年时间全都用来解决他发现的悖论，但没有成功。"每天早上我都会坐在一张白纸前，"他说，"从早到晚，除了吃午饭的短暂时间，我都会一直望着那张白纸发呆。可常常到了晚上，那张纸上还是空白一片……看来我的余生恐怕都要在傻盯着这张白纸的过程中消耗殆尽了。"[17]

罗素的悖论和其他类似悖论有可能威胁开创数学的基石，随之威胁希尔伯特在更严密的基础上重建数学的计划。希尔伯特感到震惊，他呼吁数学家们都来应对罗素的发现所引发的危机。他发誓："没有人能把我们逐出康托尔为我们创造的这个天堂。"[18]

并非所有数学家都像希尔伯特那样下定决心要拯救康托尔的集合论。有一派数学家，人称"直觉主义者"，由好斗又充满活力的年轻荷兰数学家L. E. J. 布劳威尔（L. E. J. Brouwer）领头，他们辩称罗素的悖论表明数学正在冲击人类思维的极限。布劳威尔对超限数很警惕。他主张，没有理由相信逻辑规则可以应用于数学中的一切，特别是不能应用于康托尔的疑点重重的无限集。例如，排中律规定，一个命题或它的否定为真。所以，"我是一条狗"要么是对的，要么是错的，但不能既对又错。布劳威尔认为，要针对一个集合令人信服地证明这一点，必须检查其中的每一个元素，以确定该命题是否成立。对一个无限大的集合的元素这样做，当然是不可能的。布劳威尔声称，对无限集的忽松忽严，才导致让罗素困惑不已的悖论的发现。

在格丁根大学，希尔伯特非常愤怒。他曾经支持布劳威尔申请阿姆斯特丹大学的教授职位，但现在他发起了一场运动，要求将布劳威尔从数学领域中最负盛名的期刊《数学年鉴》(Mathematische Annalen)的编辑委员会中除名。作为该刊编辑之一的爱因斯坦，认为这场争执完全被夸大了，是一场"Froschmäusekrieg"（德语俗话，意思是"青蛙与老鼠的战争"，用来描述令人痛苦却并不重要的争论）。然而，对希尔伯特来说，这绝不仅是关于数学的细枝末节的某种琐碎争吵，其中蕴含着更大的利害关系。"如果数学思维有缺陷，"他问道，"那我们该到哪里寻找真理和确定性呢？"

对任何有远大抱负的年轻数学家来说，如果下决心大展宏图，那么从数学中拯救数学的想法就是不可抗拒的。尽管年纪还小，但冯·诺依曼已经为完成这项任务做了充分的准备。他曾在周末散步时热情地为维格纳讲解集合论的乐趣，当时他才 11 岁。1921 年，这位大大咧咧的 17 岁少年试图帮助希尔伯特解决这个困扰了世界上许多聪明数学家的危机。他的第一个贡献就是使数字本身从罗素发现的悖论中保留下来。

康托尔理论中的数的概念与集合的两个本质特征有关：基数和序数。基数是对一个集合大小的度量，例如，一个有 3 个元素的集合，其基数为 3。而序数性表示的是一个集合是如何排序的。这与序数有关（第 1、第 2、第 3……），具体指定集合中元素的位置。基数被正式定义为所有相等基数集合的集合。也就是说，一个包含 5 个元素的集合与所有其他包含 5 个元素的集合具有相同的基数（5）。序数也以类似的方法被定义。现在来看，这是一种危险的循环论证。如果数学家想要操纵集合和证明定理，这两个概念都是必需的。冯·诺依曼想要从集合定义中删除所有有关"集合的集合"的说法，这是拯救"康托尔乐园"的第一步。

冯·诺依曼的论文展现出一种自信，这种自信只可能来自一位功成名就的大师，而绝不可能来自一个十几岁的学生。他论文的第一段只有一句话："本文的目的是使康托尔序数的概念明确而具体。"[19] 在总共 10 页的描述中，他用 17 个经过仔细论证的逻辑步骤来达成上述目的。采用简单却不那么精准的语言，冯·诺依曼首先定义序数"第 1"为空集。接着，他定义了一个递归关系，这样下一个最高序数就是所有比它小的序数的集合。因此，"第 2"是只包含"第 1"的集合（"第 1"是空集合）。"第 3"是包含"第 2"和"第 1"的集合（"第 2"是包含空集的集合，"第 1"是空集本身）。"第 4"是包含前面序数"第 3"、第 2"和"第 1"的集合。以此类推。这个过程有点儿像用乐高积木依次搭建越来越高的塔。"第 1"可能就是 1 块积木；"第 2"是 1 块积木，另加相邻的双层塔。你可以一直这样继续下去，直到达到你选择的序数。

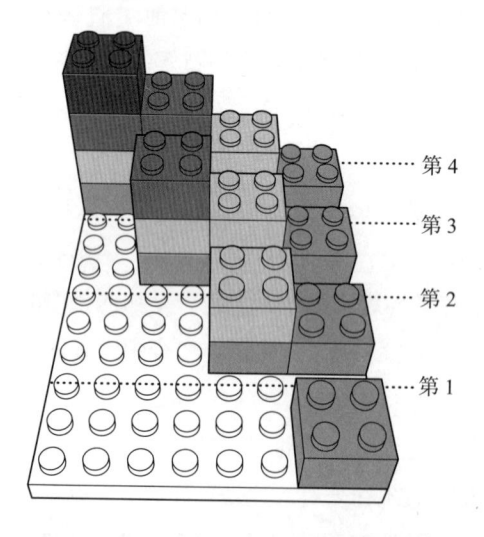

利用乐高积木来表示冯·诺依曼提出的序数的递归关系

基数可以通过与序数"一一对应"的方式来定义。也就是说，将它们彼此配对：0 与第 1（空集），1 与第 2（包含一个元素），2 与第 3（包含两个元素），以此类推。冯·诺依曼的定义看起来是如此简单，以至于一个非数学家可能会好奇他为什么要用 10 页的内容来表达他的想法。答案或许是，有许多看似简单的想法，最终都包含着令人不安的矛盾。冯·诺依曼遵循希尔伯特的严密的公理化方法，就是想要确定自己的想法并非如此。在冯·诺依曼的论文发表近 100 年后，他对基数和序数的定义仍然是当今数学的标准定义，这是他成功的一个证明。

然而，那些悖论仍然存在，为集合论的可信度蒙上了阴影。即将高中毕业的冯·诺依曼很想在这方面有所助益，但他的父亲却是他首先要克服的障碍。马克斯担心神童儿子对数学的兴趣过于浓厚，于是就找到比扬奇大 20 岁且已经是著名航空航天工程师的冯·卡门，请他劝冯·诺依曼不要在大学里攻读数学。马克斯向冯·卡门解释说："学数学赚不了钱。"[20] 冯·卡门尽心尽责地来到了瓦齐大道，想要探究小冯·诺依曼的兴趣所在。"我和那个男孩儿谈了谈，"冯·卡门谈到这次邂逅时说，"他令人惊叹。年仅 17 岁，他就已经开始独自研究无限数的不同概念，这是抽象数学中最深奥的问题之一……我认为劝他背离自己的天性是可耻的。"

然而，马克斯固执己见，所以冯·卡门帮助两人达成了协议。扬奇将同时攻读一个学科的本科学位和另一个学科的博士学位。当时的化学工业正处于全盛时期，所以他得在柏林大学学好化学课程，以便在两年后申请去苏黎世联邦理工学院（ETH）攻读化学工程学。同时，他还要在布达佩斯大学注册登记为数学博士生。[21]

不出所料，冯·诺依曼一路顺利地通过了路德教会学校的期末考试。除了体育、音乐和书法这三科，他的成绩很少低于"优秀"。他不是一个天使，他的行为表现通常仅仅被打为"良"，他在大多数课上一定是无聊得难以想象的。

从文科中学毕业之后，1921 年 9 月，冯·诺依曼和父亲坐上了前往柏林的火车，他将按照与父亲的约定，开启其艰苦的学习计划。与他们在同一节车厢的一位乘客了解到冯·诺依曼的兴趣爱好后，想和这位年轻人友好地聊聊天："你是来柏林学数学的吧。""不，"冯·诺依曼回答，"数学我已经懂了。我是来学化学的。"

就这样，他开始了疯狂的四处漂泊的生活，这也成为他后半生的常态。在之后的5年里，冯·诺依曼忙碌地穿梭于三个城市之间。1923年9月，在柏林掌握基础化学之后，他参加了ETH的入学考试，并以非常出彩的成绩通过。在接下来的三年里，他坚持不懈地研究化学工程学，也创下了ETH建校以来玻璃器皿破损的最高纪录，且在一段时间内都无人打破。然而，他的心却在别处。无论是在柏林、苏黎世还是在布达佩斯，冯·诺依曼都在寻找可以交谈的数学家。在柏林，他成为埃哈德·施密特的门生，后者20年前师从希尔伯特。后来在苏黎世，冯·诺依曼转投赫尔曼·外尔门下，外尔被认为是希尔伯特以前最优秀的学生。外尔张开双臂欢迎冯·诺依曼，并在10年后与他在普林斯顿共事。

在年龄是自己两倍的数学家们的指导下，冯·诺依曼坚持不懈地反复钻研，终于在1922年至1923年的某个时刻，将其成果摆在了世界著名集合论专家亚伯拉罕·弗伦克尔的案头。19岁时，冯·诺依曼已经完成他的博士论文初稿。弗伦克尔后来回忆，自己曾经收到"一位名叫约翰内斯·冯·诺依曼的陌生作者的一份厚手稿，标题是'Die Axiomatisierung der Mengenlehre'（德语，'集合论的公理化'）……我并不认为该篇论文我全都看懂了，但足以看出这是一项非常杰出的研究，正所谓'ex ungue leonem'（窥一斑而知全豹）"。[22] 这一拉丁语短语，正是200年前约翰·伯努利在慧眼识出艾萨克·牛顿的一项未署名的辉煌之作时所说的。

弗伦克尔要求冯·诺依曼将自己的理论阐述得更容易为普通人所理解。修改后的手稿于1925年出版，原来标题中的定冠词"The"也改为了更谦逊的不定冠词"An"。[23] 在接下来的三年里，冯·诺依曼扩展了这篇论文，并发表了篇幅更长的版本，而且又把"An"改回了"The"。[24] 在这篇论文中，冯·诺依曼为集合论奠定了坚实的基础，并提供了一个解决罗素悖论的简单方法，这让希尔伯特十分高兴。

罗素致力于解决自己提出的悖论，推出了"类型论"，并在其所著的《数学原理》一书中对这一理论进行了最为明确的阐述。《数学原理》出版于1910年至1913年，洋洋洒洒共三大卷，力图描述可以推导出全部数学内容的那些公理和规则。在第379页之后，罗素和他的合著者阿弗烈·诺夫·怀特海证明了1+1=2（"上述命题偶尔有用"，有人如此讥讽他们的证明）。类型论试图通过将循环语句（circular statements）组织成集合（"类型"），并为这些集合制定严格的顺序来避免循环语句。至关重要的是，完全定义集合成员关系的语句优先于询问集合属性的语句。因此，询问所有非自身成员的集合的集合是否为自身的成员是多余的：此集合的成员性质首先就被定义，避免了这种矛盾。然而，罗素的类型论是相当呆板的，它严格限制了什么能说，什么不能说，因而也就有限制数学范围之虞。

相比之下，冯·诺依曼的方法就简单得近乎完美。他只用了一页纸就列出了他所有的公理。几十年后，数学家斯塔尼斯拉夫·乌拉姆写道："这足以建立几乎全部的朴素集合论，进而涵盖全部的现代数学，并构成数学集合论最好的基础之一。"乌拉姆后来成为冯·诺依曼最亲密的朋友之一。他继续说道："公理体系的简明性及其所采用的推理的形式化特征，似乎实现了希尔伯特把数学视为有限游戏的目标。由此可见，冯·诺依曼后来对计算机及对数学证明的'机械化'的兴趣正是由此萌发的。"

冯·诺依曼论文通过对两种不同类型的集合进行区分破解了罗素悖论。他将这两种集合称为 I. Dingen 和 II. Dingen，即"物集 I"和"物集 II"。数学家们现在倾向于将它们分别称为"集合"和"类"。冯·诺依曼将"类"严格地界定为一组具有相同属性的集合的集合。

在他的理论中，不再可能有意义地谈论"所有集合之集合"或"所有类之类"，有的只是"所有集合之类"。冯·诺依曼的提法巧妙地避免了罗素悖论的矛盾，亦不受类型论的所有限制。没有"非自身成员的集合之集合"，而有"非自身成员的集合之类"。关键在于，这个类不是它本身的成员，因为它本来就不是集合（它是类！）。

冯·诺依曼的论文证实了他并非昙花一现。到 1925 年该论文出版时，他在自己通常穿梭的几个目的地中新增了一个城市。他成了希尔伯特最中意的学生，这让格丁根大学的一些保守派人士很恼火。这对师生会去希尔伯特的花园里散步，或者待在希尔伯特的书房里，一同讨论着数学的基础和不断在他们周围如繁花般凌乱涌现的量子理论。次年，时年 22 岁的冯·诺依曼从 ETH 的化学工程学系毕业，并沉着自信地通过了博士招生考试。希尔伯特是考官之一，据说他只问了一个问题："我一生中从没见过这么漂亮的晚礼服，请问，是谁为这位考生制作的？"[25]

与此同时，希尔伯特的计划进展得无比顺利，令他备受鼓舞，于是他便提出要一劳永逸地确保数学无虞的确切要求。1928 年，他激励其追随者证明数学是完备的、一致的和可解的。希尔伯特所说的"完备的"，是指所有真正的数学定理和语句都可以由一个有限的公理集合被证明。而"一致的"，则是他要求证明这些公理不会导致任何矛盾。希尔伯特的第三个要求是数学应该是可解的，即著名的"判定问题"：是否存在一种循序渐进的过程（一种算法），可用以证明某个特定的数学命题是否可以被证明？希尔伯特说，只有当他的三个要求都如其所愿被满足时，数学才会真正高枕无忧。

希尔伯特关于完美数学的梦想将很快破灭。在之后的 10 年间，数学界的一些聪明人响应了他的号召。他们将证明数学既不完备也不一致，还不可解。1943 年，希尔伯特去世后不久，他那失败的计划却收到了意想不到的成果。希尔伯特推动数学家们非常系统地思考数学问题的本质，这些问题中有一些通过一步步的机械程序是可以解决的，而有一些则不能。通过冯·诺依曼的贡献，这种深奥的追求将有助于诞生一种真正具有革命性意义的机器：现代计算机。

我要是多懂点数学就好了!
——埃尔温·薛定谔,1925 年

第 3 章
量子布道者

上帝如何掷骰子

关于当代物理学中最大的谜题之一，冯·诺依曼最终明确地证明，归根到底，海森伯和薛定谔的理论其实是同一个。基于这一见解，他为这项新科学建立了第一个严格的框架，从而影响了几代人。

冯·诺依曼通过博士招生考试后，迅速获得了洛克菲勒基金会的一笔资助，前往希尔伯特所在的"数学世界的中心"——格丁根大学。当时，格丁根大学还有另一位青年"男神"，23岁的维尔纳·海森伯，他正在为一门成功却令人困惑的有关原子及其构成的新科学奠定基础，这门科学很快会被命名为"量子力学"。这个理论可以解释过去几十年间的许多奇怪的实验结果，却有可能推翻科学家们数百年来奉为圭臬的有关现实的本质的观念。量子力学在原因与结果之间撕开了一道裂缝，抛弃了嘀嘀声可靠地紧随着嗒嗒声的牛顿式发条宇宙。

1900年，德国物理学家马克斯·普朗克犹犹豫豫地提出了一个激进的想法——能量可以以团块或量子的形式被吸收或释放。自那时起，这些初看似乎微不足道的发现将挑战进而颠覆物理学，就像罗素的悖论正在动摇数学的基础一样。以普朗克的想法为基础，爱因斯坦在1905年提出了光本身可能是由一束粒子组成的理论，首次暗示量子实体同时具有类波和类粒子的属性。

当冯·诺依曼还在求学的时候，丹麦物理学家尼尔斯·玻尔就在忙着拼凑一个新的原子模型，该模型艰难地将牛顿物理学与普朗克和爱因斯坦的"量子说"相融合。在玻尔1913年的原子结构理论中，电子只能占据特定的轨道，并通过吸收恰好等于轨道之间能量差的能量从一个轨道跃迁到另一个轨道。

玻尔的模型虽然很亮眼，但毕竟是一个临时拼凑的模型，它带来的问题和它能回答的问题一样多。是什么将电子束缚在它们的"特殊"轨道上的？它们又是如何瞬间从一个轨道跳到另一个轨道的？"量子理论获得的成功越多，它看起来就越愚蠢。"爱因斯坦说。他很早就意识到经典概念和量子概念的仓促结合难以为继。[1] 物理学家们很快就想一拍两散。

1925年，海森伯提出了量子理论的第一个严格方法，现在被称为"矩阵力学"。那年夏末，他那本书名颇为扬扬自得的著作《关于运动学与力学关系的量子理论的重新诠释》像一颗炸弹似的轰然落地。[2] 但是，当冯·诺依曼于1926年来到格丁根时，苏黎世大学的埃尔温·薛定谔教授提出了一种完全不同的基于波的量子力学的表述形式。尽管与海森伯的矩阵力学没有一点儿相似之处，薛定谔的"波动力学"却同样有效。两个看起来如此迥异的理论能描述同一个量子现实吗？之后的5年是科学史上最非凡的5年，其间，描述量子世界的力学理论横空出世，而其中的大部分都出自格丁根。

通过解决数学中的一些最棘手的问题，冯·诺依曼已经名声大振，现在他又转向了当代物理学中最大的谜题之一。他最终会明确地证明，归根到底，海森伯和薛定谔的理论其实是同一个。基于这一见解，他为这项新科学建立了第一个严格的框架，从而影响了几代人，并使得对其意义的探索变得清晰。

1925年6月，海森伯在位于德国海岸以北30英里①的黑尔戈兰岛待了两个星期，其间他在这座人烟稀少的状如巫师帽的岛礁上整合了其革命性论文的核心思想。由于患上了严重的花粉热，喜欢户外活

---

① 1英里约为1.6千米。——编者注

动的他便来到空气中没有花粉的北海徒步旅行和游泳，希望能有所突破，以解开玻尔的研究所引发的谜题。海森伯需要一个数学框架来解释科学家们在实验室里实际看到的东西：主要是"光谱线"的频率和相对强度。通过火焰蒸发少量物质，或让电流穿过空气来激发原子，这样原子就会发射辐射。霓虹灯的明亮色彩和钠蒸气灯的病态黄色光晕，都是被激发的原子在特定波长产生强光的结果。到了20世纪初，每个元素都会产生一组独特的光谱线，这一点已众所周知。

玻尔曾提出，辐射光谱中的尖锐尖峰是由被激发的电子回到原子的基态所引起的，而在这一过程中释放出光波，其所含的能量与高轨道和低轨道之间的能量差相等。海森伯接受了这一观点，但他拒绝接受玻尔模型的物理含义，因为电子从未被观察到在原子核的轨道上旋转（或本来就不会）。相反，海森伯坚持已观察到的事实。他展示了原子发射谱线的频率可以方便地用一个矩阵来表示，以行和列分别表示产生这些谱线的电子的初始能级和最终能级。当这样表达时，举例来说，一个电子的辐射频率从能级4下降到能级2，就可以在其阵列的第4行第2列中呈现。但是由于电子在不同能级之间的跃迁似乎或多或少是瞬时发生的，[3]故我们无法知道电子是直接跃迁到终末态，还是在跃迁过程中经过了中间态。[4]根据概率定律，两个跃迁相继发生的概率等于它们各自发生的概率相乘。[5]为了轻松地找到所有可能的跃迁发生的总体概率，海森伯也将单个跃迁发生的概率排列在一个阵列中，并将所有的行和列相乘。[6]当他这样操作时，他发现其阵列有一个奇怪的属性：用一个阵列 *A* 乘另一个阵列 *B*，得到的结果通常与用 *B* 乘 *A* 的结果不同。[7]这让他很困扰，因为他知道普通的数字不是这样的。每个小学生都知道，3乘7得到的答案和7乘3得到的答案是一样的。数学家们说乘法是可交换的，因为两个数可以按任意顺序相乘：A×B=B×A。但海森伯的阵列却不是这样的，它们不可交换位置。

$$f_{m,n} \begin{vmatrix} f_{1,1} & f_{1,2} & f_{1,3} & f_{1,4} & f_{1,5} & \cdots \\ f_{2,1} & f_{2,2} & f_{2,3} & f_{2,4} & f_{2,5} & \cdots \\ f_{3,1} & f_{3,2} & f_{3,3} & f_{3,4} & f_{3,5} & \cdots \\ f_{4,1} & f_{4,2} & f_{4,3} & f_{4,4} & f_{4,5} & \cdots \\ f_{5,1} & f_{5,2} & f_{5,3} & f_{5,4} & f_{5,5} & \cdots \\ \vdots & \vdots & \vdots & \vdots & \vdots & \ddots \end{vmatrix}$$

原子发射谱线的频率可以用阵列表示

海森伯回到了格丁根，担任理论家马克斯·玻恩的助手。他向玻恩展示了他口中所称的"疯狂的论文"[8]，玻恩鼓励他将此文发表，并写信给爱因斯坦，称这篇论文"很神秘，但也很真实和深刻"。[9] 直到论文发表后，玻恩才想起几年前他也学过类似的阵列。1850年，英国数学家詹姆斯·西尔维斯特将该阵列命名为"矩阵"，西尔维斯特的朋友兼合作者阿瑟·凯莱还阐明了矩阵的性质，然而，中国数学家早在大约2 000年前就使用过矩阵。玻恩在1909年的一篇关于相对论的论文中也使用了矩阵，关键在于，正如他现在回忆的那样，矩阵乘法是不可换位的。海森伯重新发现了一种有着古老渊源的数学类型。（矩阵代数的基础知识，当时对海森伯来说是如此陌生，但现在已是高中中的课程。）

玻恩受到海森伯关于跃迁概率研究的启发，凭直觉得出了将粒子的位置与其动量联系起来的公式[10]，表明这两者也不可互换。用位置乘动量，或者反过来，用动量乘位置，所得到的结果略有不同。此种差异（不到1焦耳/秒的十亿分之一的万亿分之一的万亿分之一）太小了，在日常生活中很难被注意到，但在原子尺度上却足够显著。通过对不可交换性的物理意义的思考，海森伯在 1927 年提出了一个非凡的新的自然定律，即微观粒子的位置和动量不可能同时具有精确的值。如果任何时刻都不可能同时精确确定一个粒子的位置和动量，那么我们就不可能像物理学家一直假设的那样，预测它的下一个位置。海森伯的论断被称为不确定性原理。[11]

薛定谔的量子力学方程出现在海森伯的方程之后不久，但看起来却非常不同。按照当时数学和物理领域的严格标准，薛定谔应当算大器晚成，1925 年他在苏黎世大学当上了教授，那时他已经 37 岁。当年 10 月，他开始关注法国公爵德布罗意的研究，后者提出像电子这样的粒子既有类波又有类粒子的属性。[12] 德布罗意所支持的波粒二象性令人困惑，几乎没有人立即响应他，毕竟物质怎么可能既是粒子又是波呢。但 1927 年的多次实验证明他是正确的：电子流可以产生衍射现象，并像光一样产生干涉，这就是电子显微镜背后的原理。[13] 然而，薛定谔意识到德布罗意的研究中缺少一个方程来描述物质波如何在空间和时间中曲折穿行，类似于 19 世纪苏格兰物理学家詹姆斯·克拉克·麦克斯韦为光（和其他电磁波）推导出的方程。

那年的圣诞节，急于通过这项发现一举成名，薛定谔结束了与一位昔日恋人在阿尔卑斯山度假胜地的两周幽会，于次年 1 月返回苏黎世，立即将他新提出的波动方程应用于原子物理学提出的一些关键问题。之后，薛定谔的一篇篇学术论文如潮水般涌出，其密友（也是其妻子的情人）赫尔曼·外尔将之描述为"迟来的情爱喷发"。其中包括根据其理论对氢原子光谱的完整描述及他的方程版本，显示了波是如何随时间演变的。

然而，没有人知道薛定谔神秘的波究竟是什么。例如，水波和声波是通过水分子或空气分子的运动传播的，那"物质波"通过的介质是什么呢？尽管如此，物理学家们还是迫不及待地接受了波动力学，他们颇感庆幸，因为与海森伯的矩阵力学不同，薛定谔的理论是大家都非常熟悉的，他的方程式通常也更容易解。

拿氢原子来说，薛定谔把电子和原子核的质量与电荷，以及从经典物理学中得到这两个粒子的电能公式，全部代入了他的方程式。然后，他找到了满足其方程的函数，这是一个数学本科生都能完成的过程。[14] 这些"波函数"，薛定谔以希腊字母 Ψ 为其命名，描述了波的高度（振幅）如何在空间和时间上变化。对于氢原子来说，薛定谔方程有无数个解，每个解都代表玻尔的一个特殊轨道。原子的整体波函数 Ψ 是它们的无限和或"叠加"。[15]

1925 年春，还没有一种理论能够充分地描述原子物理学。但是过了不到一年，就一下子出现了两种。两种理论似乎都能说得通，但它们又是如此不同，以至于许多物理学家都怀疑它们是否真的都正确。薛定谔承认他的理论被海森伯的瞬时量子跃迁理论所"排斥"。[16] 在薛定谔的理论中，当电子跃迁发生时，描述原子的波函数会从一种形式平滑地转变为另一种形式。海森伯对薛定谔波动力学的缺陷更是直言不讳。"糟透了。"他给泡利写信说道。[17] 他对薛定谔试图描绘的原子内部工作原理的物理图景尤其感到不安。海森伯曾经避开在自己的矩阵力学中不能直接被观察到的任何东西，对薛定谔研究中奇异的、看不见的"波"所发挥的核心作用更是极力回避。玻恩后来的研究表明，对波函数进行物理解释绝非易事，它是一种概率波，一种虚无缥缈的实体，既不被任何东西携带，也不穿过任何东西。

某些物理学家对量子力学出现两种似乎能给出正确答案的方程感到满意，却对围绕量子理论的那些尚未解决的问题不屑一顾。他们建议，选择最适合当前问题的理论，然后把存在主义的结果搁置一边。就连海森伯也转而求助于薛定谔的波动力学来计算氦原子的光谱。但玻尔、爱因斯坦和其他科学家却感到不安，因为这两种理论对现实的本质的解释似乎截然不同。更具数学头脑的人同样感到不安，因为没有直接的方法来调和这两种理论。他们推断，海森伯无限大的数字阵列和薛定谔的不规则波动的概率波之间一定有某种更深层次的联系。但那会是什么呢？

在格丁根，冯·诺依曼直接听说了关于矩阵力学的内容。他热衷于帮助希尔伯特将公理化的计划扩展到物理领域。纯属巧合的是，他和他崇拜的偶像都是量子理论的数学基础方面的专家。

用数学术语来说，薛定谔是将一个数学"算符"（能量算符，被称为"哈密顿量"）应用到了他的波函数中，以从中提取该系统中能量的信息。粗略来讲，算符就是数学指令。类似于薛定谔方程（即波函数）的解是"本征函数"。从本征函数被代入后的方程中跳出来的答案（即原子的能级）就是"本征值"。希尔伯特在1904年提出了这些术语，基于德语单词 eigen，意思是"独特的"或"固有的"。他还开创了谱理论，从而扩展了算符和本征值的计算。在希尔伯特的理论中，"谱"是与特定算符有关的本征值（即解）的完整集合。例如，就氢原子而言，哈密顿量的"谱"就是所有允许能级的完整集合。

当希尔伯特意识到他20年前创立的谱理论在量子原子这个耀眼的新世界中被证明是有用的时，他十分欣喜。"我从纯粹的数学兴趣中发展了我的理论，"他说，"我甚至把它称为'谱分析'，却一点儿也没有预感到它后来竟会应用到实际的物理频谱中。"但是，这位60多岁的伟大的数学老人，仍然对他在海森伯的演讲中听到的量子力学感到困惑。

希尔伯特请他的助手洛塔尔·诺德海姆（Lothar Nordheim）为他做些解释，但他发现诺德海姆写的论文难以理解。当冯·诺依曼看到这篇论文时，他立刻意识到量子理论的深层数学结构可以用希尔伯特所熟悉的术语来重新定义。诺德海姆的论文是冯·诺依曼了解量子理论本质的第一个线索,即贯穿波动力学和矩阵力学的共同主线。

当波动力学和矩阵力学出现时,许多物理学家猜测,只有调和这两种理论最核心的两种无限性,两者之间缺失的联系才能被发现。例如,一个原子有无限多的轨道,因而海森伯的矩阵也必须是无限大的,以此表示所有可能发生于其间的跃迁。只要有足够的耐心,这样一个矩阵的成员可以用自然数排列起来,这些自然数虽然"可数"却是无限的。[18] 另外,薛定谔方程产生了波函数,在许多情况下描述了不可计数的无限数量的可能性。例如,根据量子理论,一个不受原子束缚的电子可以存在于任何地方。[19] 在进行测量以确定其实际位置之前,该电子处于多态的叠加状态,每个态对应电子所处的某个位置(由坐标 x, y, z 标定)。[20] 海森伯的矩阵(带有可数元素)和薛定谔的连续波函数被认为占据了不同类型的"空间"。冯·诺依曼警告,"任何将两者联系起来的尝试,都必定遇到巨大的困难",而且,"若不对此种形式主义和数学施加某些暴力,就不可能实现"。[21]

然而,有一个人却试图做到这一点,他就是沉默寡言的英国理论物理学家保罗·狄拉克,小说家伊恩·麦克尤恩把他描述为"一个完全属于科学的人,丧失了闲聊和其他的人类技能"。[22] 狄拉克的剑桥大学的同事甚至以他的名字命名了一种语言单位:每"狄拉克"等于每小时一个单独的单词。狄拉克后来爱上了冯·诺依曼的同学尤金的妹妹玛吉特·维格纳(Margit Wigner),并与她结婚。他甚至还学会了讲一两个笑话。但在 20 世纪 20 年代,年轻的狄拉克是一个除高等物理学外对其他任何事情都不感兴趣的人,用弗里曼·戴森的话说:"他似乎能够从纯粹的思想中召唤出自然法则。"[23]

狄拉克于 1925 年开始阐述他的量子理论。[24] 在他于 1930 年出版的《量子力学原理》[25] 一书中,他提出了一个巧妙的方法,将海森伯矩阵力学的"离散的"空间与薛定谔波动力学的"连续的"空间融合起来。狄拉克方法的关键是一种特殊的数学手段,并已以他的名字命名为"狄拉克函数"。这的确是一个非常奇特的实体:除了原点,此函数在任何地方都等于0;但在其原点,它却又是无限大的。这个趋于零的细尖峰下的面积由狄拉克定义为等于1。

狄拉克函数曾被数学规则禁止,但他并不在乎。当希尔伯特指责狄拉克的脉冲函数会导致数学矛盾时,狄拉克轻飘飘地回答道:"我陷入数学矛盾了吗?"[26] 有了脉冲函数,狄拉克就能够证明波动力学和矩阵力学也许就是同一枚硬币的两面。脉冲函数就像一架香肠切片机,把波函数在空间中切成易于管理的超薄薄片。如果我们接受狄拉克函数的应用,那么调和波动力学与矩阵力学的数学复杂性似乎就被魔术般地消除了。波函数在空间中的每个点位上都被切成了一口大小的块状物。似乎就像在矩阵力学中一样,其中有无数个元素要处理,而不是一个平滑变化的波。

和许多数学家一样,冯·诺依曼对这种不完美的结合感到不满。他摈弃脉冲函数,认为它"反常""不可能",是一种"数学虚构"。他希望不那么草率地对待这门新科学。冯·诺依曼对量子力学的严格重构的重要线索来自希尔伯特的早期研究。

不久,薛定谔公布了他的量子力学波动方程,冯·诺依曼、狄拉克、玻恩和其他人意识到,算符、本征值和本征函数在矩阵力学中也很有用。算符可以写成矩阵。[27] 但是算符必须作用于某些东西,在薛定谔的理论中,它们作用于波函数。而海森伯在他的早期研究中没有提到量子态,因为它们无法被直接观察到(他只研究谱线的强度和频率)。这一概念随后被引入矩阵力学,用无限长的列或行矩阵(即单个垂直或水平的数字通道)来表示海森伯理论中的一种态,这与薛定谔理论中波函数的作用非常相似。

一个行或列矩阵可以被认为是一个向量,指向矩阵中数字给出的坐标。由于一个状态矩阵是由无限长的数列组成的，因此需要无限个轴来表示这个向量。这种无限维度的空间是任何人都无法想象的。尽管如此，处理这些令人生畏的空间的数学，已经由希尔伯特在20世纪的第一个10年提出，冯·诺依曼很快成为这一领域的世界顶尖专家，为了纪念他的导师希尔伯特，他将这些空间命名为"希尔伯特空间"。[28]

根据定义，要形成一个完备的希尔伯特空间，其组成向量的每一个数的平方必须是有限的。[29] 希尔伯特之所以探索这些空间，是因为它们在数学上很有趣，对学校几何学的各种结果（如勾股定理）都适用。关键在于，希尔伯特空间也可以由一些函数及数的集合组成。有一类被证明形成希尔伯特空间的函数，是那些平方可积函数，即对所有空间求平方和的函数，这样的函数是有限的。

量子波函数就是这样一种函数。玻恩已经证明，任何一个点的波函数振幅的平方表示的是在那个特定位置找到一个粒子的概率。既然一个粒子肯定在空间的某个地方，那么整个空间的波函数的平方和一定是1。这意味着量子波函数是平方可积的，并可形成希尔伯特空间。[30]

冯·诺依曼可能缺乏狄拉克的直觉和近乎神秘的物理洞察力，但他是一位更出色的数学家。1907年，数学家弗里杰什·里斯和恩斯特·菲舍尔在几个月内分别发表了一个与平方可积函数相关的重要结果的证明，冯·诺依曼意识到他们的成果可以将波动力学和矩阵力学联系起来。平方可积函数，如波函数，可以用无穷级数的正交函数表示，[31] 数学上独立的函数集可以加在一起形成任何其他函数。[32] 想象一下，分别用20升、10升和7升的桶打水来装满一个124升的水槽。有一种方法是用20升的桶装5桶水、10升的桶装1桶水、7升的桶装2桶水。波函数同样可以通过某些其他函数相加而被"加满"。每种函数需要多少由它们的系数表示。[33] 里斯和菲舍尔证明，如果波函数的平方和是1，那么这些系数的平方之和也是1。[34]

有了这个定理，冯·诺依曼很快就发现了海森伯理论和薛定谔理论之间的联系，即展开的波函数的系数正是出现在状态矩阵中的元素。根据里斯和菲舍尔的观点，这两种看似迥然不同的空间实际上是相同的；正如冯·诺依曼所说，这两种空间是"波动理论和矩阵理论真正的分析基础"。[35]量子理论的巨人，如狄拉克和薛定谔，都曾试图证明二者的等效性。冯·诺依曼是第一个破解这一点的人，他果断地表明，从根本上说，波动力学和矩阵力学其实就是相同的理论。但对同一现象的两种描述暗含了如此不同的现实图景的情况以前从未有过。牛顿的万有引力定律描述了行星如何在天空中旋转，气体分子运动论假设大量粒子的运动解释了它们的性质，但是，如果有的话，量子理论的数学又代表了什么呢？冯·诺依曼在有无限可能性的汪洋中立起了一块礁石。

冯·诺依曼待在格丁根的时间很短，尽管之后的几年里他又去了那里很多次。1927年，当他的洛克菲勒基金会奖学金资助结束时，他得到了柏林大学提供的一份工作。他是该大学有史以来任命的最年轻的编外讲师。这个职位没有工资，只有授课并直接从学生那里收取费用的权利。但那里也有让人分心的事情。德意志帝国在第一次世界大战结束时崩溃了。柏林现在是魏玛共和国荒凉、颓废的首都。当时在柏林人中流行着一支小曲，歌词是这样的：

> 你疯了，我的孩子，
> 你必须去柏林，
> 那是个令人发疯的地方，
> 那是你的归宿。[36]

柏林大学发放的冯·诺依曼的证件（图片由玛丽娜·冯·诺依曼·惠特曼提供）

这位 23 岁的年轻人对此津津乐道。书呆子维格纳也在柏林，除了和他的匈牙利同胞（特勒、齐拉特和冯·诺依曼）往来和参加热闹的物理学讲座，他过着一种相当禁欲的生活。冯·诺依曼回忆说，他的生活方式与维格纳的截然不同。"他是一个享乐主义者，经常去夜总会等地方。"[37]

除了活力四射的夜生活，柏林的科学文化氛围也是首屈一指的。20 世纪 20 年代，科学语言是德语，而非英语。几乎所有量子力学的奠基性论文都是在这座城市里写成的。这里有大量的大会和学术会议供年轻的研究人员参加。学术沙龙经常会蔓延到咖啡馆和酒吧。1988 年，维格纳在接受采访时说："那些年的美国有点儿像苏联：一个没有一流科学训练或研究的大国。当时德国才是世界上最伟大的科学国度。"

冯·诺依曼通常参加研讨会的方法是不过度准备，以免破坏研讨会。他常常会在赴会的火车上想清楚自己要讲些什么，然后不带任何讲稿就出现在研讨会上，接着就飞快地进行数学演算。一旦黑板写满了，他就会擦掉一大片之前写的方程式，然后继续埋头演算。那些理解速度不如他的人（即几乎所有人）都把他那无法模仿的研讨会风格称为"擦黑板验证"。然而，在会场气氛愈发紧张之时，他便会（也确实经常会）用三种不同的语言讲点儿"荤段子"来化解紧张气氛。当别人的演讲让他感到厌烦时，他会表现出一副全神贯注的样子，同时会走神去思考其他更有趣的数学问题。

冯·诺依曼非常享受他在柏林的时光，但他意识到，要想获得一个带薪的教授职位，也许去别的地方可能更有机会。1929年，他在汉堡大学找到了一份工作，期望能很快晋升为正式教授。但他不会在那里待太久。

与此同时，他正忙着把整个量子力学归纳为数学本质，就仿佛是他在创立这个理论。冯·诺依曼先是与诺德海姆和希尔伯特（名义上）一起合作，后来又自己单干。他发展出一种思想，并在他于1932年发表的数学物理学杰作《量子力学的数学基础》中达到顶峰。该著作通过思考希尔伯特空间的数学属性，展示了量子理论是如何自然地出现的。[38] 他对自己提出了最严谨的量子理论方程感到满意，于是把注意力转向了当时物理学中最具争议性的问题：在所有这些优雅的数学之下究竟发生了什么？

自量子力学问世以来，物理学家就一直在纠结，关于物理世界的本质，量子力学到底告诉了我们什么。由于未能找到针对该理论的合理解释，薛定谔就职大学的学生甚至编了一支小曲来温和地取笑他们的伟大教授：

> 埃尔温用他的 Ψ
> 可以做很多计算，
> 但有一点尚未被发现：
> Ψ 到底是什么意思？[39]

全球定位系统、计算机芯片、激光和电子显微镜的存在证明了量子理论的完美运作。但在海森伯发表其矩阵力学的论文近百年之后，关于矩阵力学的意义，人们仍然没有达成一致。在此期间，人们提出了大量奇异的想法，以期解释量子物理学对现实的描述。所有这些想法都有各自热情的拥趸，但都没有得到证实。物理学家无奈地开玩笑说，尽管量子物理学的新解释总是以惊人的规律性一再出现，但从来没有一种会消失。对许多人来说，这个笑话已经变得令人反感。理论物理学家史蒂文·温伯格最近指出："如今那些对量子力学最有好感的物理学家，对量子力学的全部意义却各执己见，这是个不好的迹象。"[40]

问题的核心在于量子物理学和经典物理学的中间地带，在那里，原子和光子的相互作用通过显微镜、光谱仪等仪器或我们自己的眼睛向我们展示。根据量子理论，一个粒子可以处于无限多个态的叠加状态。以自由电子为例，粒子无处不在，它的波函数表示所有这些可能性的态的叠加。

现在想象一下，我们在荧光屏上"捕捉"一个电子。当一个电子与荧光屏碰撞时，荧光粉涂层会释放密集的光子，我们看到的就是一道闪光，指明了该电子的大致位置。电子现在处于一种状态，其位置只有一个对应的（本征）值。在任何一个点上，观察者都无法"看到"电子的波函数在整个空间中不恰当地展开。电子要么处于观测者无法企及的态的叠加状态，要么在被观察后定位于某一个点上。就好像对自己赤身裸体的量子态感到尴尬似的，粒子在被观察到的瞬间披上了古典的外衣。

观察之前和之后的两种情况是完全不同的，按冯·诺依曼的话来说，此种二元性就是"该理论的根基"。粒子首先是用波函数（由所有可能的态组成）来描述的。这个波函数是薛定谔方程的一个解，完美地描述了处于任何时空中的任何位置的粒子。就像有了牛顿和爱因斯坦的方程，便可以每时每刻计算出卫星的绕地轨道一样，薛定谔的方程让人们可以精确地知晓波函数在任何时空的任何位置的变化。这种特性就像牛顿的运动定律一样具有决定性。但当我们试图找出与粒子有关的某些东西时，比如它的位置或动量，波函数就会像气泡一样砰地冒出来，粒子就会从所有可能的态中随机地选择一种。这个过程是不连续的，并且不能被逆转：一旦粒子选择了一个特定的态，薛定谔的方程就不再成立，其他的态也就失去了存在的可能性。这一现在被称为"波函数坍缩"的过程不同于经典物理学中的任何过程。

在《量子力学的数学基础》一书中，冯·诺依曼认定玻尔于1929年首次发现了这两个本质上不相容的过程。但是玻尔在那一年撰写的长而离题的文章反而使这个问题含糊不清。[41] 他建议，就观察过程中发生的不可逆变化而言，要用测量仪器（例如显微镜），即那种大型的"经典"物件，突入量子的世界，这在某种程度上是必要的。然而，正如冯·诺依曼所指出的那样，古典领域和量子领域之间并没有明确的分界。毕竟，测量装置是由遵守量子物理定律的原子组成的。数学中没有任何东西能说明原子的集合是否或在何时能"大"到足以弹出波函数。

关于波函数如何坍缩、何时坍缩甚至是否坍缩的问题，正是所谓"测量难题"的根源，如今众多量子力学解释之间的千差万别通常也都取决于它们各自对这个问题的回答，而冯·诺依曼在其1932年的书中首次对这个问题进行了彻底的剖析。

冯·诺依曼关于测量的讨论开场很简单：他设想用水银温度计来测量某物（如一杯咖啡）的温度。这至少需要一个人，即一个观察者，来观察水银柱上升到温度计刻度的什么位置。冯·诺依曼认为，在温度计和观察者之间，可以插入任意数量的步骤。

例如，进入观察者眼睛的光是一束光子，它经过水银柱的反射，又被观察者的眼睛折射后直抵视网膜。接着，光子被视网膜细胞转化为电信号，通过视神经传递到大脑。此外，来自视神经的信号可能会诱发大脑中的化学反应。但冯·诺依曼认为，无论我们添加多少这样的步骤，这一连串的事件都必定以有人感知而宣告结束。"也就是说，"他说，"我们总是不得不把世界分成两部分，一部分是被观察的系统，另一部分则是观察者。"

但是两部分之间的那些步骤又是怎样的呢？量子力学最直接的解释似乎要求，至少就观察者而言，无论有多少这样的步骤都必须导致相同的结果。如果不是这样，那么有人选择将问题切分的方法就会对观察者所看到的结果给出不同的预测。没有人想要一个对本质上相同的问题给出不同答案的理论。所以冯·诺依曼研究了量子力学是否确实对所有以相同方式开始和结束的场景给出了相同的答案。

为此，冯·诺依曼将世界分为三部分。在第一种情况下，第一部分是被测量的系统（一杯咖啡），第二部分是测量装置（温度计），第三部分则是来自装置的光和观察者。在第二种情况下，第一部分是杯子和温度计，第二部分则包括光从温度计到观察者视网膜的路径，第三部分则是视网膜之后的观察者。在冯·诺依曼的第三种情况下，他考虑了如是场景：第一部分包括观察者眼中的一切；第二部分是视网膜、视神经和大脑；而第三部分，他称之为观察者的"抽象'自我'"。然后，他为他的三种情况计算了在第一部分和其余的实验部分之间设置边界（波函数坍缩的点）的结果。接着，他改变边界，使波函数坍缩发生在第一部分和第二部分之后，但在第三部分之前，并从观测者的角度重新计算了结果。

为了进行数学计算，冯·诺依曼需要弄清楚在量子理论中一对物体相互作用时会发生什么。在这种情况下，他发现，在咖啡杯和温度计的例子中，二者的量子态就不能再相互独立地被描述，甚至不能作为它们各自状态的叠加。根据他的形式体系，二者的波函数不可分割地交织在一起，故而只能以单一的波函数来表示。薛定谔在1935年首创了"量子纠缠"这个词来描述这种现象。这表明，即使一对物体在最初的相互作用后相隔很远，测量其中一个物体的某些特性也会使整个系统的波函数瞬间坍缩。爱因斯坦可能是第一个充分认识到这种纠缠结果的人，但他一点儿也不喜欢这一现象，称之为"鬼魅般的超距作用"。[42]

冯·诺依曼总是比爱因斯坦更轻松地看待量子物理的古怪方面。冯·诺依曼想知道，量子物理学中固有的二元性是否意味着这个理论会自相矛盾。让人放心的是，他发现其实并非如此。无论他把量子物理学和经典物理学的分界放在哪里，对观察者来说，答案都是一样的。他的结论是："这个边界可以被任意地推进实际观察者身体的内部。"这是真的，冯·诺依曼说，直到发生感知行为（无论那是什么）。他所描述的"边界"现在被称为"海森伯切割"。更为罕见（但也许更公平）的是，也有人称之为"海森伯-冯·诺依曼切割"。

冯·诺依曼的结果意味着，原则上，无论其大小或复杂程度，任何东西都可以被视为量子物体，只要波函数在被观察系统和观察者的意识之间的链条上的某个点会（瞬间）发生坍缩。在这幅图景中，在测量尚未进行之前，谈论一个物体（无论是光子、咖啡杯还是温度计）的属性都毫无意义。例如，除非它们的波函数坍缩，否则这些物体都不能说处在某个特定的位置。这将成为"哥本哈根诠释"的基本原则，也是多年来关于量子力学意义的主流观点。[43]根据哥本哈根诠释，这个理论并没有告诉我们量子实体到底是什么，只是告诉了我们可以了解什么。许多物理学家之所以被这个理论吸引，是因为它让他们可以继续从事物理学的工作，而不必陷入对他们无法看到的事物的推测之中（海森伯就在其最初的矩阵力学方程中拒绝了不可观测的现象，是他提出了这个观点，这可不是巧合）。其他人则认为这种方法回避了该理论提出的更大问题。1989年，物理学家戴维·默明（David Mermin）用"闭嘴，计算"总结了哥本哈根流派的方法。[44]

对于冯·诺依曼正在帮助建立的新兴共识，量子力学的一些最杰出的创始人并不完全满意。比如，到底是什么导致了波函数的坍缩？冯·诺依曼在他的书中没有正面解答这个问题。经常与他一起探讨这类问题的其他人，包括他的朋友维格纳，后来提出，（人类）观察者的意识应对此负责——这一结论在冯·诺依曼的著作中仅有暗示，却没有被明确地表述出来。[45] 爱因斯坦强烈反对这一思想——荷兰物理学家、历史学家亚伯拉罕·派斯回忆："有一次散步时，爱因斯坦突然停下脚步，转过头来问我是否真的相信只有当我看着月亮的时候它才存在。"[46] 爱因斯坦（不止他一人）认为，不管有没有人看到，事物都应该具有属性。

《量子力学的数学基础》是一位杰出数学家的作品。这本书最早的粉丝之一是一位10多岁的少年，他在学校的竞赛中获胜后，订购了这本书的德文原版作为给自己的奖品。[47] 次年，这位叫艾伦·图灵的少年在给他母亲的一封信中这样描述冯·诺依曼的这部经典作品，说它"读起来非常有趣，一点儿也不难"。[48] 但冯·诺依曼的这本书也是一个相当自负的年轻人的作品。在一些人看来，这位28岁的后起之秀似乎在暗示，他的书是关于量子力学的最后定论。

埃尔温·薛定谔对此并不认同。冯·诺依曼的书出版三年后，薛定谔与爱因斯坦讨论了后来被称为"量子力学的哥本哈根诠释"的这部分内容的不足之处。受他们之间疯狂的书信往来的启发，薛定谔提出了有史以来最著名的思想实验，以强调将量子力学随意地应用于日常物体是多么荒谬。[49] 薛定谔指出，若如冯·诺依曼所主张的那样，量子力学的规则既然可以适用于大型物体，那为什么就不能适用于昆虫、老鼠或者猫呢？

"人们甚至可以提出一些非常荒谬的案例。"薛定谔在他1935年的一篇论文中如是写道。

一只猫被关在一个钢制的密室里,旁边还有一个残忍的装置(必须确保不受猫的直接干扰):在一个盖革计数器里有一丁点儿放射性物质,其剂量小到可能在一个小时内只有一个原子发生衰变,但按照同等的概率,也有可能没有原子发生衰变;如果原子发生衰变,计数器的管子就会放电,并通过继电器释放一个锤子,敲碎一小瓶氢氰酸。如果有人让这个系统自处一个小时,他就可以说,假设在此期间没有原子发生衰变,那猫就还活着,而第一次的原子衰变就会毒死猫。整个系统的波函数会通过将既活又死(请原谅这个表述)的猫混合或模糊成等量齐观的部分来表达这一点。

薛定谔猫是最高阶的"猫腻",是对努力掩盖量子理论漏洞的抨击。大多数人都会认同,那只猫有可能死了,也有可能还活着。但如果按照冯·诺依曼的逻辑,在有人打开密室之前,猫的波函数与放射性物质的波函数是纠缠在一起的,这只不幸的猫既活又死。既然量子力学能在宏观尺度上导出如此明显的荒谬结论,我们又怎么知道该理论"真实地"描述了原子领域呢?薛定谔其实是在暗示量子理论并不是前进道路的终点。爱因斯坦在给玻恩的那封著名的信中写道:"这个理论收获良多,但它并没有让我们更接近'上帝的秘密'。我无论如何也不相信上帝会掷骰子。"[50] 和爱因斯坦一样,薛定谔认为,在量子力学的基础上一定存在另一种更深层的理论,能够为正在发生的一切提供一种更合理的物理图景。月亮存在于斯,即使没有人看到它。在被荧光屏捕获之前,电子也一定具有某些属性,比如存在于某处。冯·诺依曼在这期间的几年里在其著作中最具争议的部分讨论了这一观点,并似乎驳斥了它。

正如我们所看到的,量子力学与之前的物理学理论有着显著的不同。如果哥本哈根诠释是正确的，那么波函数的坍缩会导致不可预测的结果。被观察到的粒子会从所有可能的态中随机地选择一种态。这意味着量子理论既不具有因果性（我们无法精确追溯导致一个粒子最终在点位上被我们观测到的那些事件），也不具有决定性（因为特定观测的结果部分是由随机性决定的）。要恢复量子世界的因果性和决定性，并启动实在论（即使无人观测，粒子也有属性），有一种方法就是断言"隐变量"或"隐藏参数"的存在，即这些属性与所有粒子有关，但对观察者来说却是无法企及的。[51] 在这种编排中，系统的状态完全由这些不可观测的参数决定。机会因素也被排除在外：根本用不着掷骰子的上帝。[52] 冯·诺依曼对一个基于隐变量的理论能否复制量子物理学的所有预测表示怀疑。在《量子力学的数学基础》一书中，他着手阐述了隐变量理论在这样做时会遇到的巨大困难。

设想一下，先对许多量子粒子（比如氢原子）的系综进行某种测量。然后，再对另一个相同的系综做同样的测量。与量子理论和无数的实验一致的是，测量结果各不相同。如果对大量的系综进行相同的测量，那么你会发现测量结果分布在一个数值范围之内。任何显示这种统计变化的粒子集合都被称为色散系综，因此，根据量子物理学，所有系综都是色散系综。

冯·诺依曼说，一个系综可能处于色散状态的原因有两个。一种可能的原因是，尽管系综似乎是相同的，但与各个系综里的粒子相关的隐变量的值却是不同的，总体来看，这些不可观测的参数（根据系综的不同而不同）便构成了由测量所得的结果范围。这意味着系综不可能由全部具有相同隐变量值的粒子组成（否则对系综进行测量将总是得到相同的结果）；以物理学术语来表达，它们不可能是同质的。第二种原因是当代量子理论是正确的，测量结果是随机分布的（所以不需要隐变量）。

冯·诺依曼接下来就是要证明，量子力学中的色散系综是同质的。在被测量之前，系综中的所有粒子都处于同一的量子态的叠加状态。正如冯·诺依曼已经表达的那样，隐变量意味着，总体而言，系综不可能是同质的，他要将它们排除在外。

冯·诺依曼的证明极大地鼓舞了那些倾向于哥本哈根诠释的人。当这位年轻的天才断然拒绝了隐变量理论的消息被传开后，历史学家马克斯·雅默说，"冯·诺依曼得到了他的追随者的齐声喝彩，连他的对手也为他叫好"。[53] 此时，冯·诺依曼正在美国怡然自得地享受新生活。

1929年10月底，维格纳出乎意料地收到了来自普林斯顿大学的一份为期一学期的授课邀请。非但如此，那封电报还报出了极高的薪酬，薪酬竟然是维格纳在柏林收入的7倍还多，他认为这一定是电报在传送过程中出了什么差错。但他很快就了解到，冯·诺依曼一两周前就收到了普林斯顿大学的一封来函，其中提出的付给他的钱比给维格纳的还多。"很明显，普林斯顿真正想要的是扬奇。"维格纳说。[54] 但他不知道，对方在给冯·诺依曼的信中曾问是否也应该邀请维格纳。维格纳的运气很好，因为冯·诺依曼对此表示赞同，认为这是个好主意。不过，他又补充说，他会稍晚些上任，因为他要"处理一件家事"。冯·诺依曼要去布达佩斯结婚。

引进这两名匈牙利人的计划是由普林斯顿大学著名数学教授奥斯瓦尔德·维布伦一手炮制的。美国当时在学术上是一潭死水，维布伦想要改变这一现状，他以美国的高薪从欧洲挖走了一些最杰出的数学家。他从洛克菲勒基金会和富有的私人捐赠者那里获得了数百万美元，用于为数学系建造一座宏伟的新大楼，并将之命名为法恩大楼（又译范因大楼）。现在，他只需要数学家们来任职了。维布伦面临着来自广大教员的压力，他们要求他雇用一位物理学家。冯·诺依曼和维格纳最近合著了几篇论文，都是关于比氢原子还要复杂和令人费解的原子光谱的。因此，维布伦想到了一个完美的折中方案：邀请两个匈牙利人来校任职半年。

1930年1月初，维格纳乘坐的轮船抵达纽约港。大约一天后，冯·诺依曼和他的新婚妻子玛丽耶特·克维希（Mariette Kövesi）也来到了这里。[55] "我见到他了，我们在一起说匈牙利语。"维格纳说，"我们一致认为我们应该试着变得像美国人些。"就在那一天，扬奇变成了约翰尼，耶诺变成了尤金。"从第一天起，扬奇就觉得在美国跟在家里一样。"维格纳继续说道，"他是个开朗的人，是个乐天派，爱钱，也坚信人类会进步。这样的人在美国比在中欧的犹太人圈子里要常见得多。"

在自己的书出版后的一两年内，冯·诺依曼的"不可能性证明"成为量子理论世界的绝对真理。几十年来，任何一位渴望事业有成的年轻物理学家，在冒险研究流行理论之外的另一种理论之前，都会三思。1993年，物理学家戴维·默明说："好几代的研究生都可能被忽悠去尝试构建隐变量理论，但他们却被冯·诺依曼在1932年就已证明这是不可能办到的说法打败了。"[56]

但是，冯·诺依曼究竟都证明了些什么？问题是，鉴于他的名声，以及《量子力学的数学基础》在出版后的20年里一直没有被翻译成英文的事实，很少有人仔细地审查其证明本身。但在冯·诺依曼的这本书出版两年后，有一个人却这样做了，她就是德国数学家、哲学家格蕾特·赫尔曼（Grete Hermann）。

赫尔曼曾在格丁根大学学习数学，她能够进入该校本身就是一大成就，因为她就读的高中一般不招收女生，她是有了特殊许可才开始她的学业的。从格丁根大学毕业后，她成为该校唯一的女数学教授、才华横溢的埃米·诺特的唯一女博士生。就在几年前，该大学的历史学家和语言学家还试图阻止该大学对诺特的任命,这迫使希尔伯特出面代表她进行干预。"我不认为候选人的性别是反对任命她的理由,"希尔伯特反驳道,"我们是一所大学,不是一间澡堂子。"这种敌意加深了这两位女士之间的情谊,赫尔曼后来在自己的回忆录里深情地回忆了诺特。1925年2月,赫尔曼通过了博士招生考试,旋即宣布打算研究哲学,这让当时正为她在弗赖堡大学找工作的诺特很不高兴:"她学了四年数学,却突然发现了自己的哲学之心!"[57]

赫尔曼热衷于社会主义,正如她热衷于伊曼努尔·康德的哲学一样。她加入了国际社会主义战斗联盟(the International Socialist Militant League),这是德国抵抗运动的一部分。她最终逃到了伦敦,并通过一场权宜婚姻变为英国公民,从而避免了被当局拘捕。二战后她回到德国帮助重建,并严厉批评那些选择在第三帝国统治下生活和工作的知识分子。

1934年,她来到海森伯执教的莱比锡大学,捍卫康德的因果关系概念不受量子理论的冲击。"格蕾特·赫尔曼坚信她可以证明康德给出的因果定律是不可动摇的,"海森伯后来写道,"现在,新的量子力学似乎正在挑战康德的概念,因此她决定要和我们一起解决这个问题。"[58]海森伯对赫尔曼的论点印象深刻,在他的自传中用了整整一章来阐述。

在到访莱比锡大学之后不久,赫尔曼发表了对冯·诺依曼的不可能性证明的批评,这是一篇关于量子力学的长篇论文的一部分。她发现他的一个假设——"可加性假设"中有一个错误,并且认为这意味着证明是循环的。[59]赫尔曼说,从本质上讲,冯·诺依曼以他的希尔伯特空间完美地解释了量子物理学,并假定任何理论都必须具有相同的数学结构。她接着说,但是,如果将来又发现了一个可以完美解释量子力学中的一切的隐变量理论,那就完全没有理由假设它会与冯·诺依曼的理论类似。

1933年，赫尔曼曾将一篇包含她讨论不可能性证明内容的较早的论文寄给狄拉克、海森伯和其他人做铺垫。[60] 纵是如此，也没能让她于1935年发表的论文躲过无人问津的结局。[61] 赫尔曼本人似乎并不太重视这个问题：她没有把反驳冯·诺依曼的论点收录在由久负盛名的《自然科学》杂志发表的她的删节版论文中。[62] 她很可能认为只有严谨的哲学，而不是进一步的运算，才能拯救决定论。[63]

直到1966年，也就是赫尔曼发表她的批评30年后，不可能性证明的局限性才变得更广为人知。"当你真正掌握冯·诺依曼的证明时，它就会在你手中分崩离析！"约翰·斯图尔特·贝尔在许多年后如是宣称，"它真的什么也不是，不光漏洞百出，还很蠢！"[64] 贝尔出生在贝尔法斯特一个贫穷的家庭，他是四个兄弟姐妹中唯一一个14岁后还在上学的。他在贝尔法斯特女王大学物理系做技术员，一年后就获得了一笔小额奖学金，并在又一年后的1949年获得了实验物理学学位和数学物理学学位。由于对长期依赖父母感到内疚，贝尔毕业后立即在哈维尔原子能研究所找到了一份工作。好几年之后，他才得以继续攻读博士学位，并于1956年获得博士学位。4年后，他与同为物理学家的妻子玛丽·贝尔一起来到日内瓦的欧洲核子研究中心（CERN），从事粒子物理学研究和粒子加速器的设计工作。在1983年的一次即兴研讨会上，他自豪地对一群博士生说："我是一名量子工程师，但在周日我会搞原理。"[65] 贝尔感兴趣的原理当然是量子力学的原理。

自从贝尔第一次研究物理，他就一直认为量子物理中有些东西是"腐朽的"。最让他烦恼的是冯·诺依曼所发现的二元性，即量子世界和经典世界之间可移动的"切割"。贝尔被隐变量理论吸引，因为它们在原则上可以使这个边界消失。买彩票式的波函数坍缩并非必有的，从量子世界到经典世界可以有一个平稳的过渡，或者用贝尔的话说，可以有"世界的同质描述"。尽管如此，贝尔还是接受了当时的共识：

冯·诺依曼的证明排除了隐变量理论。贝尔不懂德语，而冯·诺依曼这本书的英译本要到三年后才能问世，因此贝尔接受了他读到的二手内容。

这种情况在1952年发生了改变。"我看到不可能的事情被完成了。"贝尔说。[66] 美国物理学家戴维·玻姆在两篇论文中阐述了一个隐变量理论，它可以完整地再现量子力学的结果。哥本哈根诠释在此时仍是正统。玻姆的体系被认为是异端邪说，但他是个无牵挂的局外人。1949年，他因自己的共产主义倾向而在众议院非美活动调查委员会受审，后来又因拒绝回答问题而被捕。虽然他被判无罪，但普林斯顿大学拒绝让他复职，他的前博士生导师罗伯特·奥本海默建议他离开美国。玻姆心领神会，遂接受了圣保罗大学的教授职位。他的理论是流放者的杰作。

玻姆巧妙地修改了薛定谔方程，使波函数转化为"导波"（也称"导航波"）。粒子的轨迹由这种波引导，这样它们的行为就符合量子力学的规则。任何可能影响粒子的物理变化，无论它们发生在多远的地方，都会瞬时通过遍布整个宇宙的导波传播。如果所有影响粒子的因素都是已知的，那么在原则上其路径就可以从头至尾被精确地计算出来。玻姆的理论让决定论者鱼与熊掌兼得。

贝尔对此简直不敢置信。"为什么教科书忽略了对导波的描述呢？"他在1983年问道，"哪怕这不是唯一的方法，而是对普遍存在的自满情绪的一剂解药，难道它就不该进入课堂吗？"[67] 但贝尔一直忙于日常工作，无暇他顾。到1964年，他在加州斯坦福直线加速器中心度过了为期一年的轮休假，这期间他才重新回到这个不可能性证明的问题上，而现在他手里有了冯·诺依曼著作的英译本。在斯坦福大学，贝尔独立地发现了赫尔曼多年前强调过的一个缺陷。可这篇相关论文到1966年才最终发表。[68]（延迟的原因是，该杂志编辑寄给斯坦福大学的一封信并没有被转交给已经回到欧洲核子研究中心的贝尔。)贝尔的这一研究成果发表在该领域最负盛名的期刊之一《现代物理评论》上。很快，他也就成名了。他对冯·诺依曼著作的驳斥并没有遭遇赫尔曼那样的命运。对量子力学意义的兴趣很快就不再是必然的职业自杀。摆脱束缚后，一些物理学家开始研究量子理论的基础，就像20世纪20年代该理论刚问世时他们所做的那样。哥本哈根诠释的霸权的终结近在咫尺，新的解读如野草般蓬勃生长。

关于冯·诺依曼的"不可能性证明"，量子物理学家之间仍有激烈的争论。戴维·默明等一些人认为，冯·诺依曼是错的，贝尔和赫尔曼正确地指出了他的错误。[69] 杰弗里·布勃和丹尼斯·迪克斯（Dennis Dieks）分别论证，冯·诺依曼从未打算排除所有可能的隐变量——顶多是其中的一个子集。[70] 他们认为，从本质上说，冯·诺依曼的全部目的就是证明，任何隐变量理论都不可能拥有与它自己相同的数学结构；它们不可能是希尔伯特空间理论。事实确实如此。例如，玻姆的理论与冯·诺依曼的理论就大不相同。

虽然海森伯和泡利给玻姆的理论贴上了"形而上学"或"意识形态"的标签，但正如玻姆有些自豪和非常宽慰地指出的那样，冯·诺依曼却并没有对此不屑一顾。"冯·诺依曼似乎也赞同我的解释在逻辑上是一致的，并导致了通常解释的所有结果。（这是有人告诉我的。）"玻姆在其理论公开前不久给泡利的信中写道，"而且，他还来参加了我的一场演讲，也没有提出任何反对意见。"[71]

玻姆的理论使实在论（粒子在玻姆力学中一直存在）和决定论得以复苏。他可能曾希望爱因斯坦能接受自己的思想，然而，爱因斯坦没有冯·诺依曼那么仁慈。对于玻姆没有摆脱量子力学中的"鬼魅般的超距作用"（这让爱因斯坦无法忍受），爱因斯坦十分失望，私下里说玻姆的理论"太低级了"。[72] 25年前，当德布罗意提出一种初级版本的导波理论时，爱因斯坦同样不为所动。爱因斯坦对量子有过深度探索，但从来没有想出一个他自己满意的替代方案。

连支持玻姆方法的贝尔也对此持保留意见。"波姆理论中发生了可怕的事情，"他承认，"例如，当任何人在宇宙中的任何地方移动磁铁时，粒子（的路径）都会瞬间改变。"贝尔想进一步探索玻姆理论的这一方面。就在贝尔撰文批判冯·诺依曼的不可能性证明的同一年，他还在研究另一种理论，探索是否有理论可以解释量子力学的结果，而似乎不像玻姆的理论那样，在相隔甚远的粒子之间需要有某种瞬时信号产生。这种"非局域性"被建立在标准量子力学（通过纠缠）和玻姆理论（通过全视导波）上。乍一看，这似乎很尴尬，因为根据爱因斯坦的狭义相对论（尚无任何实验反驳这一理论），没有什么能比光传播得更快。爱因斯坦和他的两位合作者纳森·罗森（Nathan Rosen）和鲍里斯·波多尔斯基（Boris Podolsky），通过一个著名的思想实验指出了这一点，这个理论后来被称为"EPR 佯谬"。[73] 他们论文的结论是，量子理论一定是不完备的，因为根据该理论，无论相距多远，测量一对纠缠粒子中的一个的特定属性，就立即决定了另一个的相应状态。由于两者之间的信号传播速度不能超过光速，作者推断，这些值必须在测量前以某种方式固定下来，而不是像量子理论所规定的那样由测量行为决定。

事实上，正如现在人们普遍认识到的那样，量子理论并不违反狭义相对论。测量一对纠缠粒子中的一个，并不会直接影响另一个的状态；两者之间只有关联，没有因果关系。没有任何信息可以借助一对纠缠粒子以比光速更快的速度发送，因为要理解信息，其接收方必须了解对发送方粒子的测量结果。不存在爱因斯坦所担心的"鬼魅般的超距作用"，因为本来就不存在"作用"。但贝尔想知道，是否有任何"局域"隐变量理论可以解释量子理论中归因于纠缠的两个粒子之间的关联。就像贝尔后来说的那样，要是本来就不存在奇怪的量子纠缠，而只是一个"伯特曼的袜子"的例子呢？贝尔的朋友和合作者莱茵霍尔德·伯特曼（Reinhold Bertlmann）的两只脚总是穿着不同颜色的袜子。"当你看到第一只脚上的袜子是粉色的时候,你就可以肯定第二只脚上的袜子不会是粉色的,"贝尔写道,"EPR佯谬的情况难道不也是这样吗?"

如果情况确实如此,而且隐变量在任何测量之前就已经确定了相关特性,那么哥本哈根学派的奇怪想法就完全不必了。那有可能区分这两种可能性吗?贝尔的天才之处就在于他意识到有这种可能性。

他设想了EPR思想实验的又一个版本,比玻姆设计的原版更简单、更实用。在这种方法中,两个纠缠的粒子被创造出来,然后分开,直到它们之间的距离意味着它们在被测量所需的时间内无法以比光速更慢的速度进行通信。玻姆的建议是测量自旋,自旋是亚原子粒子(如电子和光子)的一种量子特性。一个粒子可以是"自旋向上",也可以是"自旋向下"。他提出将一个没有自旋的氢分子分裂成一对氢原子。因为两个原子的总自旋仍然是零,所以必定是一个自旋向上,另一个自旋向下。如果两个自旋探测器的方向是一致的,那么100%会得到这样的结果。

贝尔的想法是改变两个探测器的相对方向,这样两次测量之间就会有一个角度。如果两个粒子中的一个被测量为自旋向上,另一个并不总是自旋而下的。然而根据量子理论,这两个粒子的命运仍然是关联的,因此,一个自旋向上和另一个自旋向下的结果仍然是强烈的首选。贝尔用数学方法表明,对于两个探测器的特定方向,对于局域隐变量理论,两个粒子的自旋之间的关联平均而言要比量子理论低。贝尔定理采用了不等式的形式,该不等式限制了任何局域隐变量理论中这种关联的极限。任何高于这个极限的关联都被认为是"违反"贝尔不等式的,这意味着量子理论或其他非局域理论,比如玻姆理论,一定是行得通的。探测粒子自旋所需的激光技术很快得到了充分改进,足以使贝尔定理在实验中得到验证。[74] 1972年,加州大学伯克利分校的物理学家约翰·克劳泽和斯图尔特·弗里德曼进行了第一次贝尔测试。他们的实验及之后的几十次实验都发现了违反贝尔不等式的现象，这是个只有量子理论或类似玻姆的非局域理论才能解释的结果。

当玻姆理论难以赢得广泛的认同（尽管贝尔继续支持它）时，另一个理论却被完全忽视了，只是在10多年后它重新出现时才催生了无数的科幻故事和半吊子的神秘哲学（以及更多的研究论文）。

"多世界"[①]诠释的鼻祖是一位名叫休·艾弗雷特三世（Hugh Everett III）的美国年轻理论家，他在普林斯顿大学数学系开始了他的研究生学业。巧合的是，他在那里的第一年研究的是博弈论，这个领域是在冯·诺依曼1944年的著作《博弈论与经济行为》的帮助下建立的。很快，艾弗雷特开始研修量子力学的课程，并在1954年修习冯·诺依曼的老朋友维格纳教授的数学物理课程。冯·诺依曼关于量子理论的书直到第二年才有英文版问世，但据艾弗雷特说，冯·诺依曼的思想在美国已经广为人知了。他在一封信中说："冯·诺依曼的方程是'（至少在这个国家）更常见的量子理论形式'。"[75]但艾弗雷特并没有对冯·诺依曼的这套学说照单全收。

和贝尔一样，他对冯·诺依曼解决测量问题的方法难以苟同，而此时贝尔也正在大西洋的另一边攻读博士学位。1973年，艾弗雷特在给雅默的信中写道，波函数坍缩所暗示的从量子力学到经典力学的突变是"一个'神奇的'过程"，与其他"完美遵守自然连续定律"的物理过程截然不同。他说，这种"切割"造成的"人工二分法"是"一个哲学上的怪物"。

艾弗雷特第一次想到他的解决方案，是在和他的室友查尔斯·米斯纳（Charles Misner）及玻尔的助手奥格·彼得森（Aage Petersen）"喝了一两杯雪利酒"之后，彼得森当时正在普林斯顿大学访问。[76]

---

① "多世界"，现在更流行的说法是"平行宇宙"。——审校者注

冯·诺依曼的方法是从物理学中提炼出解释量子现象所需的基本数学原理，然后仅使用这些原理，就推断出量子领域的任何性质。但艾弗雷特意识到冯·诺依曼在处理测量数据时没有做到这一点。相反，冯·诺依曼指出，观察者从来没有看到量子的叠加态，有的只是单一的经典态。然后，冯·诺依曼假定在某个时刻，一定会发生从量子力学到经典力学的转变。数学上没有任何东西一定需要波函数坍缩。艾弗雷特想，如果我们真的顺着数学的逻辑得出结论，那会怎么样？若是根本就不存在坍缩呢？

艾弗雷特得到了一个惊人的结果。由于没有人为的边界来约束它，量子无处不在。宇宙中的所有粒子都纠缠在所有可能态的一个巨大叠加中。艾弗雷特称之为"通用波函数"。那么，为什么观察者只能从测量中感知一种结果，而无法感知各种可能的量子模糊（quantum fuzz）呢？这就是"多世界"的由来。艾弗雷特提出，每进行一次测量，宇宙就会"分裂"一次，创造出一系列不同的现实，每一种可能性都会在其中发挥作用。（所以薛定谔猫在一个宇宙存活，在另一个宇宙死亡，或同时存在于几个宇宙中。）针对艾弗雷特的观点，人们提出了众多反对意见，其中之一是宇宙像兔子一样繁殖。这一结果使一些物理学家感到震惊，就好像用本体论的大锤敲开认识论的坚果一样。[77] 在这个理论的某些版本中，"测量"可以指任何量子间的相互作用。每当原子核释放出阿尔法粒子，或者光子探寻原子时，一个全新的宇宙就产生了。

由于艾弗雷特的论文在数学方面非常明晰，给其博士生导师约翰·惠勒留下了深刻印象，尽管尚未完全相信论文的实质内容，惠勒还是将这篇论文带到了哥本哈根，希望能得到玻尔的认可。但惠勒失败了。艾弗雷特对自己的理论在物理学界的反响感到失望，于是放弃了学术研究，转而为美国五角大楼从事武器研制工作。但哥本哈根学派的科学家们对量子物理的控制正在慢慢放松。1970年，美国物理学家布赖斯·德威特（Bryce DeWitt）为美国物理学会的会员杂志《今日物理》写了一篇文章，使这一理论开始进入大众视野，同时，该理论又在科幻杂志《模拟》（Analog）的一篇文章的推动下发展起来。

20世纪50年代，继艾弗雷特和玻姆着重指出了哥本哈根诠释的一些不足之后，各种各样的解释开始涌现。这些解释提出的问题不再纯粹出于学术兴趣。从光纤到微芯片，量子力学是许多现代技术的基础。最新的进展是量子计算机，目前仍处于起步阶段，但它有可能驾驭量子叠加的力量来做传统计算机无法处理的事情，比如模拟化学反应背后的量子过程。现在大多数计算机都是通过操纵二进制数字——比特来工作的，比特可以是1或0。而量子计算机在叠加态状态下依据量子比特工作。这些量子比特或"量子位"都有可能是潜在的1或0，但实际上在进行测量之前，它们都既是1又是0。然而，当一个量子比特与其他量子比特纠缠在一起时，它才真正展现其本真——在理想情况下，它是与数百个量子比特，而不是迄今为止的几十个量子比特纠缠在一起。物理学家们正在通过实验探索量子理论的极限，以确定如此大规模聚合的粒子（例如原子、光子或电子）是否能够纠缠并在量子态中保持足够长的时间来进行有用的计算。

过去几十年的实验和理论归纳的一个结果是，大多数物理学家现在相信波函数不存在瞬时坍缩。相反，波函数通过一个被称为"退相干"的过程，在很短但有限的时间内"衰减"到经典状态。这个过程发生的速度取决于量子系统与环境的孤立程度及其大小。

但也存在其他观点。例如，"自发坍缩"理论就假设波函数坍缩发生在一个与相关物体的大小成反比的时间尺度上。一个粒子（比如电子）的波函数可能在1亿年或更长时间内都不会坍缩，但一只猫的波函数几乎会瞬时坍缩。这种解决测量问题的方法，是由贾恩卡洛·吉拉尔迪（Giancarlo Ghirardi）、阿尔贝托·里米尼（Alberto Rimini）和图利奥·韦伯（Tullio Weber）于1986年提出的。[78]

在这些解释中，如果有的话，哪一种会被证明是正确的？冯·诺依曼在他的余生中，始终对量子理论的更深层替代方案的可能性持开放态度。"尽管量子力学与实验非常吻合，"他在书中说，"但人们永远不能说这个理论已经被经验证明，而只能说它是最著名的经验总结。"然而，他对未来恢复因果关系的理论前景更加谨慎：冯·诺依曼认为，在我们熟悉的日常世界中，事件之间似乎存在着联系这一现象并不相关，因为我们看到的是无数次量子相互作用的通常结果。如果因果关系存在，那么它应该在原子领域中被找到。遗憾的是，最能解释观测结果的这一理论似乎与之相矛盾。

"可以肯定的是，"冯·诺依曼继续说，"我们正在与一种被全人类接受的古老思维方式打交道。但是这种思维方式并不是出于逻辑上的需要（否则就不可能建立一个统计理论），任何不带先入为主的观念进入这个学科的人都没有理由坚持这种思维方式。在这种情况下，为了一个没有根据的想法而牺牲一个合理的物理理论是合理的吗？"[79]

另外，狄拉克认为量子理论并不是全部。1975年，在澳大利亚和新西兰的巡回演讲中，他对听众说："我认为，在未来的某个时候，我们很有可能会得到一种改进的量子力学，其中决定论将回归，从而证明爱因斯坦的观点是正确的。"[80]

今天，我们几乎确定狄拉克是错的，爱因斯坦的希望也落空了。也许还有一种比量子力学更好的理论，但多亏了贝尔的研究和随后的实验，我们知道非局域性将是其中不可或缺的一部分。相反，冯·诺依曼谨慎的保守主义在事后看来是正确的态度。目前还没有任何证据表明，存在一个比冯·诺依曼在一百多年前帮助建立的量子理论更深层次的替代理论。到目前为止，所有的实验都没有揭示任何隐变量，也没有证据表明因果关系在更深层次上再现。据我们所知，从头到尾一直都只是量子。

尽管物理学家现在对冯·诺依曼的希尔伯特空间理论尊崇有加，但狄拉克的方法才是最常被传授给本科生的。[81] 然而，冯·诺依曼的量子力学方程仍然是决定性的。因研究量子力学而获得诺贝尔奖的维格纳坚称，他的朋友扬奇才是唯一真正理解量子力学理论的人。狄拉克奠定了现代量子物理学的许多工具的基础，而冯·诺依曼则是下了一份战书。冯·诺依曼尽可能连贯而清晰地提出了这个理论，如此一来，量子力学的局限性便暴露无遗。没有对这些局限性的清晰认识，就不可能解释这个理论。雅默说，"历史上最具影响力，也因此对于各种解释的历史来说最重要的形式主义成果"就是冯·诺依曼的理论。[82] 因为物理学家不会满足于保持缄默只知计算，所以在出版近100年后的今天，人们依然需要阅读冯·诺依曼的书。

冯·诺依曼对量子理论的贡献并没有随着他的书出版而结束。他帮助维格纳完成了一项研究，从而使他的朋友成为诺贝尔奖获得者之一。在发展量子理论数学的过程中，他迷上了希尔伯特空间中算子的性质。[83] 例如，算子可以进行加、减、乘运算，因此被认为"构成了代数"。通过类似的代数关系相互连接的算子被称为"算子环"。

数年间，冯·诺依曼概述了这些算子代数的性质，并将他的发现发表在长达500页的7篇不朽论文中——这是他对纯数学领域最深刻的贡献。他发现了三种不可约类型的算子环，称之为"因子"。类型 I 因子存在于 n 维空间中，其中 n 可以是任意的整数直至无穷。冯·诺依曼版本的量子力学就是用这种无限维的希尔伯特空间来表达的。类型 II 因子不局限于一个具有全维数的希尔伯特空间，它们可以占据小数维度空间，1/2 或 π（甚至不要试图想象这个）。类型 III 因子是不属于其他两类的因子。现在，这三种因子一起被称为"冯·诺依曼代数"。

"在探索算子环的海洋时，他发现了一些新大陆，而他没有时间进行详细调查，"戴森写道，"他打算有朝一日发表一篇关于算子环的大型综合论文。这部鸿篇巨制仍然是一部未完成的杰作，就像西贝柳斯的《第八交响曲》一样。"[84]

此后，其他人探索了冯·诺依曼算子理论大海中的几个群岛和半岛，并带回了巨大的财富。例如，数学家沃恩·琼斯因为在纽结的数学研究方面做出贡献，1990 年获得了菲尔兹奖，这一成果缘于他对冯·诺依曼代数类型 II 的研究。琼斯本科时读过《量子力学的数学基础》。"他的遗产相当非凡。"琼斯说。纽结理论的一个核心目标，就是确定地分辨两根缠绕成结的线段是否真的不同，或者是否可以在不切断线段的情况下将一种线段变成另一种线段。本质上相同的结的不同形式，可以用相同的多项式来描述。琼斯发现了一个新的多项式，它可以区分如方形结和祖母结。如今，在不同的科学领域都能见到琼斯多项式的身影。例如，分子生物学家已经利用它来了解细胞是如何解开细胞核内紧密缠绕的 DNA（脱氧核糖核酸），从而读取或复制这些 DNA 的。

同时，在物理学家卡洛·罗韦利和数学家阿兰·孔涅的研究中，他们使用了类型 III 因子来解决"时间难题"：虽然我们能感知到时间在"向前"流动，但对为什么会这样却没有一个统一的解释（例如，量子理论和广义相对论对时间有完全不同的阐释）。[85] 他俩推测，位于量子理论核心并嵌入类型 III 代数中的不可交换性，可能会给时间一个"方向"，因为两个量子相互作用一定是依次发生，而不是同时发生的。他们声称，这决定了我们所感知的与时间流逝相一致的事件的顺序。如果他们是对的，那么我们对时间的感知本身就植根于冯·诺依曼的数学。

1930年，冯·诺依曼和维格纳离开德国后，天地间密布的政治乌云迅速席卷而来。当年9月，纳粹党获得了600多万张选票，成为德国国会第二大党。在两年后的又一次选举中，他们获得了1 370万张选票，希特勒于1933年1月被任命为德国总理。一个月后，一场大火烧毁了德国国会大厦，希特勒被授予了非常时期的权力。言论自由、新闻自由和抗议权利与大多数其他公民自由一道被暂停。1933年3月，他通过授权法案巩固了自己的权力，该法案有效地允许希特勒及其内阁绕过议会。新政权的第一批行动之一，就是提出了《恢复专业公务员制度法》，该法案要求开除犹太雇员和任何有共产主义倾向的人。有大约5%的公务员失去了工作。在德国，大学职员是由政府正式任命和直接支付工资的。但物理系和数学系遭到了重创，15%的物理学家和18.7%的数学家被解聘。有些学校的物理系和数学系几乎在一夜之间就失去了一半以上的教职员。在被逐出的研究人员中，有20人要么是已经获得诺贝尔奖的人，要么就是潜在的诺贝尔奖得主。其中大约80%是犹太人。

回到普林斯顿大学，维格纳面临着一个两难的困境。普林斯顿大学和他与冯·诺依曼一道续签了5年的合同，但他对弃欧洲于不顾感到内疚。他向他的朋友寻求建议。"冯·诺依曼，"维格纳说，"问了我一个简单的问题：为什么我们要留在一个不再欢迎我们的地方？我想了好几个星期，都没想到好的答案。"相反，维格纳把精力集中在了为那些急于离开德国的科学家寻找工作上。

同年6月，冯·诺依曼在给维布伦的信中写道："只要这些男孩儿再折腾两年（不幸的是，这是很有可能的），他们就会毁掉至少一代人的德国科学。"[86] 他说得太对了。到1933年底，德国已经是一个极权独裁国家，去国逃离的科学家也从涓涓细流变成了滚滚洪流。经济学家法比安·瓦尔丁格（Fabian Waldinger）最近分析了解雇潮对德国研究的影响。[87]科学生产力像坠石一样直线下降，研究人员发表的论文数量比以前少了三分之一。招募来的"雅利安人"科学家取代了那些被迫背井离乡的同行，但前者能力普遍较低。瓦尔丁格发现，在德国大学的科学院系中，那些在二战期间遭受过轰炸的，到20世纪60年代也就恢复了，但那些失去了教职员的，直到20世纪80年代还低于平均水平。瓦尔丁格指出："这些统计表明，德国科学的衰落，十之八九要归咎于二战期间纳粹德国解雇科学家，而战争的实际破坏仅占一成。"巧合的是，他的分析表明，按研究成果被他人引用的频率来衡量，1920年至1985年最有影响力的科学家，分别是物理学领域的维格纳和数学领域的冯·诺依曼。

在格丁根大学，玻恩、诺特、希尔伯特事实上的副手理查德·库朗（Richard Courant）等人，由于数学系和物理系严重受创而离开了。几乎全部量子力学的奠基人都移民了。海森伯留下了，却因为坚持爱因斯坦的理论而被贴上了"白种犹太人"的标签。希尔伯特大感不解地打量着这样的场景。他讨厌沙文主义。5年前，德国曾受邀参加自一战结束以来的第一次大型国际数学会议。他的许多同事试图发起一场抵制活动，以抗议他们早先被排斥在外的情况。希尔伯特没有理会他们，而是成功地率领一个由67位数学家组成的代表团参加了大会。"根据人种和种族来构建差异是对我们科学的完全误解，这样做的原因是非常卑鄙的，"他宣称，"数学不分种族。对于数学来说，整个的文化世界就是一个单一的国家。"

当那些被解雇的教授离开时，这位71岁的数学家陪同他们去了火车站，并告诉他们其流亡不会太久。"我要给部长写信，告诉他愚蠢的当局做了什么。"不幸的是，这位部长就是伯恩哈德·鲁斯特，他是那场大清洗的重要推手。第二年，当鲁斯特在格丁根出席一场宴会时，他问希尔伯特，在犹太人被赶走后，数学是否真的遭了难。

"遭难？"希尔伯特答道，"数学没遭难，部长先生。它已经不存在了。"[88] 10年后，希尔伯特在战时德国寿终正寝。

德国科学的黄金时代结束了。美国即将迎来一大批人才的注入，他们将永久改变美国的命运。冯·诺依曼很快就将与他的许多格丁根大学的同事重聚，但这一次他们不会讨论量子力学的细微之处，而是要设计有史以来最强大的炸弹。

玻尔：我认为还没有人发现可以用理论物理杀人的方法。
　　　　——迈克尔·弗雷恩于哥本哈根，1998 年

第 4 章
曼哈顿计划和"超级"计划

从"三位一体"
到"常春藤麦克"

早在抵达洛斯阿拉莫斯的几个月前,冯·诺依曼就为美国原子弹计划做出了第一个贡献。当杜鲁门总统授予他功勋奖章时,颁奖词中提到他致力于研究"高能炸药的高效使用,进而发现了一种新的攻击性行动的军事原则,并已证明可以提高空军在对日本的原子弹攻击中的效率"。

约翰·冯·诺依曼在他位于普林斯顿的小港湾里，怀着恐惧的痴迷注视着欧洲正在上演的灾难。他初来乍到，刚和青梅竹马的恋人玛丽耶特·克维希结了婚。两人于1911年在布达佩斯初次邂逅，那是在冯·诺依曼的弟弟迈克尔的生日聚会上。虽然在后来的生活中，玛丽耶特和约翰尼一样喜欢跑车（同样也有危险驾驶的嗜好），但那天她选择的座驾却是三轮脚踏车——她当时才两岁半。两人一直保持着联系。1927年，当玛丽耶特在布达佩斯大学学习经济学时，约翰尼开始笨拙地追求她。她是一位时髦的社交名媛，而他已经是世界著名的数学家，但她从来没有被他的聪明才智吓倒。两年后，冯·诺依曼以自己的方式求婚。"你和我在一起，一定会有很多乐趣，"他说道，"比如，你喜欢喝酒，我也喜欢。"

两人于1930年元旦结婚，随后乘坐豪华游轮前往美国。玛丽耶特晕船晕得厉害，整个航程都待在船舱里。起初，找房子也不顺利。尽管普林斯顿大学支付的薪水很丰厚，但以他们的经济能力，根本找不到能媲美他们所习惯的欧洲派头的房子。"在这种地方我怎么可能搞好数学？"冯·诺依曼哀叹道，他们去看了一些正在招租的房子。他们最终选定了一套公寓，虽然不像他们各自在布达佩斯的家那么华丽，但至少装修得符合欧洲中产阶级的格调。因为当地没有可以让数学家们聚会的咖啡馆，所以玛丽耶特就在家里招待冯·诺依曼的同事们。

20世纪30年代初，在表妹莉莉结婚后，约翰·冯·诺依曼和家人在布达佩斯共进早餐。从左到右：冯·诺依曼、新婚夫妇和玛丽耶特·克维希·冯·诺依曼
（图片由玛丽娜·冯·诺依曼·惠特曼提供）

其次，还有出行的问题。冯·诺依曼非常喜欢开车，但从未通过驾驶证考试。在玛丽耶特的建议下，他贿赂了一名驾驶证考官。这对提高他的驾驶水平毫无帮助。他喜欢在车水马龙的道路上开快车，就好像这些道路是需要在飞行途中通过计算最优路线加以解决的多体问题。但他经常无法开快车，普林斯顿的一个十字路口很快就被人叫作"冯·诺依曼角"，因为他在那里搞出了许多交通事故。碰到空旷的道路，他会感到无趣，于是干脆开慢车。当车内的闲聊有一句没一句时，他就唱歌，并随着身体左右摇晃着方向盘。这对夫妇每年都要买一辆

新车，通常是因为冯·诺依曼已经把前一辆车开到彻底报废了。他的选择是一辆凯迪拉克，每当有人问起，他就解释说，"因为没有人会卖给我一辆坦克"。奇迹般地，他竟然每次都几乎毫发无损地从那些车祸中死里逃生，回来的时候还往往会给出一个令人意想不到的解释。"我当时正沿着这条路一直开着，"一个绝妙的借口开始了，"右边的树木以每小时60英里的速度有序地从我身边闪过。突然，其中一棵挡住了我的去路。砰！"[1]

在普林斯顿，驾驶技术最差的就数维格纳。维格纳不是鲁莽，而是太过谨慎，他会尽可能地贴着路右侧行驶，时常会吓得行人跳上马路牙子四散开来。有人张罗让一位名叫霍纳·库珀的普林斯顿大学研究生来教维格纳如何正确驾驶。玛丽耶特在1937年也把约翰尼托付给了库珀。[2]

20世纪30年代的普林斯顿。从左到右：安杰拉·(图林斯基)罗伯逊、玛丽耶特·(克维希)冯·诺依曼、尤金·维格纳、玛丽·惠勒、约翰·冯·诺依曼，以及地板上的霍华德·珀西("鲍勃")·罗伯逊

（图片由玛丽娜·冯·诺依曼·惠特曼提供）

1933年1月28日，也就是希特勒就任德国总理的前两天，约翰·冯·诺依曼成了维布伦慷他人之慨的受益者。维布伦长期以来一直梦想着建立一个独立的数学研究所，让拿着高薪的学者们在那里专心思考伟大的思想，并从令人厌烦的教学任务中解脱出来。维布伦曾与颇具影响力的高等教育专家亚伯拉罕·弗莱克斯纳分享自己的愿景，后者帮他从洛克菲勒基金会搞来了资金，以助力建造普林斯顿大学的法恩大楼。弗莱克斯纳给他带来了更多的好消息。连锁百货公司班贝格（Bamberger's）的德国犹太人老板已经把全部股份卖给了梅西百货公司，班贝格公司希望将部分收益用于兴建一所新的高等教育学院。

在最初的6年里，普林斯顿高等研究院设在法恩大楼。1930年5月，弗莱克斯纳被任命为研究院的第一任院长，按现代标准计算，他的年薪接近40万美元。1932年，他聘请维布伦为该院第一位教授。时年54岁的爱因斯坦次年也加入了研究院，而在前一年，弗莱克斯纳花了大部分的时间来拼命地争取他。冯·诺依曼和他的数学家同事赫尔曼·外尔和詹姆斯·亚历山大后来也加入了该院。

冯·诺依曼29岁时从普林斯顿大学来到研究院，是最年轻的新成员。研究院没有教学任务（实际上也没有学生）。工作人员只需要在学校待足半年，其余的时间，他们都在休假。爱因斯坦这样的资深教授的年薪是1.6万美元，而像冯·诺依曼这样的"普通"教授的年薪是1万美元，相当于今天的20万美元。这个金额放到今天也相当可观，而在大萧条时期的美国，这个金额简直高得离谱。嫉妒的普林斯顿人把这家与自己咫尺之遥的有钱的研究院戏称为"高级工资研究院"和"高级午餐研究院"。由于不习惯这种镀金的生活，一些教授会陷入困倦。"这些可怜的浑蛋现在该坐下来自己想清楚了，好吗？"一位批评者，同时也是诺贝尔奖得主的物理学家理查德·费曼写道，"他们完全有机会去做一些事情，但他们却没有任何想法……由于没有足够的实际行动和挑战，所以什么都不会发生：你与实验人员根本就不接触。你不需要思考如何回答学生的问题。啥也不干！"[3]

爱因斯坦曾在普林斯顿大学耗时数年，试图将万有引力理论和电磁定律结合，但并没有取得任何成果。然而，冯·诺依曼却从不会因缺乏想法而烦恼。要说真有什么烦恼的话，那就是他的想法太多了。对于他在20世纪30年代的研究工作，有一种批评是，在发表了几篇令人眼花缭乱的论文之后，他就会对所研究的课题失去兴趣，并把平淡无奇的后续工作丢给其他人做。尽管如此，他在高等研究院的那段时间极富成效。

这一时期，冯·诺依曼最令人印象深刻的贡献之一是对遍历性假设（the ergodic hypothesis）的证明。"ergodic"这个单词是由希腊语"ergon"（工作）和"odos"（方式）融合而来，由奥地利物理学家路德维希·玻尔兹曼在19世纪70年代首创。玻尔兹曼从构成气体的粒子（原子或分子）的运动中以基于统计的方法得出气体的属性（如温度或压力）。玻尔兹曼的"空气动力学理论"假设气体是遍历性系统：非常宽泛地说，气体的任何特定的属性，在时间上的平均值等于其在空间上的平均值。这意味着，无论你是选择测量气球内气体在很长一段时间内的压力，还是把气球内原子在任何特定时刻施加的压力加起来，答案都是相同的。[4]

玻尔兹曼没有去验证自己的猜想。20世纪30年代，冯·诺依曼做了这件事。但冯·诺依曼的定理并不是自己第一个发表的。美国著名的数学家乔治·伯克霍夫听闻了冯·诺依曼的研究后，在其验证结果的基础上建立了一个更加稳健的定理。二人是在哈佛大学教师俱乐部的一次晚宴上相识的，比冯·诺依曼年长20岁的伯克霍夫拒绝了前者要他延期发表成果的请求，并匆忙将自己的著作付印。[5] 冯·诺依曼的彬彬有礼和欧洲式的分寸感被伯克霍夫的激烈竞争冒犯。但冯·诺依曼并没有因此心怀怨恨，后来还与伯克霍夫的儿子加勒特成了好朋友。冯·诺依曼与加勒特一起写了一篇论文，表明经典逻辑的分配律，即 A 和（B 或 C）与（A 和 B）或（A 和 C）完全一样，在量子世界中是不成立的——这是不确定性原理的一个相当反直觉的结果。30 年后，小伯克霍夫对冯·诺依曼 20 世纪 30 年代的一些研究做了归纳总结。"你要是想得到冯·诺依曼思维敏捷如刀锋的难忘印象，"他写道，"只需自己来探究这一连串的精确推理，当然也会看到，冯·诺依曼经常在早餐前写下 5 页纸的内容，甚至是身披浴袍在客厅的桌边写的。"[6]

大约就是在这一时期，一位比冯·诺依曼小 8 岁、形象邋遢的年轻数学家引起了冯·诺依曼的注意。1935 年 4 月，艾伦·图灵的第一篇论文发表了，他将冯·诺依曼的第 52 篇论文中进行的群论的研究向前推进了一步，该研究发表于前一年。凑巧的是，冯·诺依曼恰好在这个时候来到了英国剑桥大学，并在那里做了一系列有关同一研究课题的演讲，而图灵就是在剑桥大学国王学院获得奖学金的。几乎可以肯定两人是第一次见面。次年 9 月，图灵作为访问学者来到普林斯顿，这让他们重逢。图灵请求冯·诺依曼为他写一封推荐信。5 天后，在法恩大楼的一间办公室里，图灵收到了《论可计算数及其在判定问题上的应用》的证明，这篇论文奠定了现代计算机科学的理论基础。[7] 图灵对论文在普林斯顿的反响感到失望，但是，有一个人注意到了这篇论文。"图灵的办公室就在冯·诺依曼的办公室附近，而冯·诺依曼对这类事情非常感兴趣，"赫尔曼·戈德斯坦说，他将与冯·诺依曼在计算机方面展开密切合作，"我相信冯·诺依曼非常明白图灵的研究会随着时间推移而越发重要。"[8] 图灵在普林斯顿一直待到 1938 年 7 月。冯·诺依曼请他当自己的助手，并开出了相当可观的薪酬，但图灵回绝了，他在英国还有工作要做。

冯·诺依曼在 20 世纪 30 年代四处漂泊，究其原因，有人解释这与他对即将发生的二战忧心忡忡有关。乌拉姆说，在二战爆发的三年前,"他对即将到来的灾难看得相当清楚。我个人觉得法国军队很强大,于是便问他:'法国怎么样?'他回答说:'哦!法国不行。'这真的很有预见性"。[9]

冯·诺依曼超乎寻常的远见卓识,在他从1928年至1939年写给奥特维的信中得到了体现。1935年,冯·诺依曼对这位匈牙利物理学家说,"未来10年内欧洲将会爆发战争",并进一步预测,"如果英国陷入危局",美国就将参战。他担心在这场大战中,欧洲的犹太人会像奥斯曼帝国统治下的亚美尼亚人一样遭受种族灭绝。1940年,他预测,英国将有能力拒止德国入侵(当时还远没有那么明显),美国将在次年参战(正如珍珠港被轰炸之后实际发生的那样)。冯·诺依曼很快就热衷于凭借自己的聪明才智来帮助他的入籍国,为那些他认为不可避免的事情做准备。在此期间,为了促使美国参战,他对那些有实力左右时局的人进行游说。"目前反抗希特勒主义的战争并不是一场对外战争,因为人们正在为之战斗的原则属于整个文明人类,"他于1941年9月写信给国会议员时写道,"因此,对希特勒妥协,就意味着将为未来的美国带来最大威胁。"[10]

发生的一连串事情使冯·诺依曼无法专心工作:1935年,冯·诺依曼初为人父,他的独生女玛丽娜于3月6日出生。此时,这位数学家已不再是20世纪20年代那个身材修长的年轻人了。"虽说还没有后来那么肥胖,但冯·诺依曼当时的模样已相当富态,"这一年在华沙与冯·诺依曼首次见面的乌拉姆回忆道,"他最打动我的地方首先就是那双眼睛——棕色的,大大的,很活泼,充满了感情。他脑袋大得惊人,走起路来摇摇晃晃的。"

冯·诺依曼给乌拉姆提供了一笔津贴,让后者到高等研究院工作几个月。"他与白手起家或出身普通的人在一起会感到别扭,"乌拉姆谈起普林斯顿的冯·诺依曼时这样说道,"他觉得和'富三代'或'富四代'犹太人在一起最舒服。"乌拉姆注意到,冯·诺依曼的家庭生活有点儿困难。"他也许不太容易相处,因为他没有花足够的时间在家庭琐事上,"他又补充道,"他或许成不了一个非常细心且'普通的'丈夫。"

他的女儿玛丽娜对此表示赞同。她说:"虽然父亲真的很爱我母亲,但思考才是他生命中的初恋,这是一种占去了他醒着的大部分时间的追求,而且和许多天才一样,他往往察觉不到周围人的情感需求。我母亲早就习惯了成为人们关注的焦点,不喜欢被排在任何人或任何事情后面,哪怕竞争对手是她丈夫的超级创意思维。"[11]

乌拉姆和玛丽娜对此都看得很清楚,冯·诺依曼却看不明白。1937年玛丽耶特决定离他而去,他对此深感困惑,而且据他的女儿说,这一困惑一直伴随着他终生。那一年,身边没有了妻子和幼女的冯·诺依曼终日抑郁孤寂,但他正式成了美国公民,并全身心地替美国为一触即发的战争做准备。

第一次世界大战期间,奥斯瓦尔德·维布伦在美国陆军军械部先后担任上尉和少校,负责监督马里兰州阿伯丁武器试验场新成立的弹道研究实验室(BRL)的技术工作。这个实验室的主要目的是研究炮弹的飞行轨迹,以努力提高它们的射程和破坏力。同盟国使用的大炮通常会向数千英尺①的高空发射炮弹,射程可达数英里。德国臭名昭著的巴黎大炮的射程达到了惊人的70英里。但是,随着飞行高度的增加,以这种方式抛射到高空的长射程炮弹将会穿过越来越稀薄的空气,因此运动时受到的阻力就会越来越小。若未能充分考虑到这一点,就意味着早期对弹道的计算发生严重偏差,弹着点远远超出预定目标。若再加上一些更为复杂的因素,比如移动的目标、沼泽地面等,运动方程往往就变得不可能精确求解(用数学术语来讲,方程变得"非线

---

① 1英尺约为0.3米。——编者注

性"了），迫使数学家只能进行近似计算。这就需要进行大量的算术运算：一条弹道需要几百次的乘法运算。因此，需要有一种能以每秒数千次的速度进行精确计算的装置，但当时还无法实现。最早期的一些体积如房间大小的计算机，就是为了解决这个问题而建造的。[12]

在第二次世界大战前夕，军方的兴趣从更大的大炮转向破坏力更大的炸弹，这些炸弹由飞机、导弹或鱼雷发射。炸弹爆炸产生的膨胀冲击波的数学运算，在本质上与以超声速发射的炮弹相同。要使炸弹的破坏力最大化，就需要对爆炸的流体动力学及描述相应过程的非线性方程有详细的了解。20世纪30年代初，冯·诺依曼集中精力于如何解决这一棘手的问题上，确切地说，就是如何才能使美国军方的投入实现最大的爆炸当量。从1937年开始，冯·诺依曼就开始以官方身份从事这项工作，据维布伦回忆自己在阿伯丁试验场的角色时说，冯·诺依曼是他请来的顾问。

出于为战争做出超乎此兼职所能的更大贡献的愿望，冯·诺依曼申请授予自己军械部中尉军衔。他的理由是，这样他不仅能在即将到来的冲突中充分发挥作用，而且军职能让他方便地接触弹道数据，而这对于平民来说是非常困难的。事情并没有如其所愿发展。在随后两年里，他参加了所有的考试，不出所料，除了一篇关于军纪的文章，其他全部得了满分。当被问及在复杂的情况下逃离战场应被控何种罪名时，他建议以擅离职守罪而不是逃兵罪论处。冯·诺依曼因其宽宏的建议只得到了75分，但他的综合表现足以让他入选。然而，他入伍的希望还是破灭了，因为他不得不把终考推迟到1939年1月。他通过了考试，但被一个迂腐的书记员给拦下了，因为书记员发现他已经超过35岁的年龄上限几周了。冯·诺依曼之所以会失去这个职位，是因为他在上一年9月离开美国前往欧洲，与第二任妻子克拉拉·达恩（Klára Dán）结婚。

克拉拉·达恩被朋友和家人昵称为克拉里，20世纪30年代初，她在蒙特卡罗的里维埃拉第一次见到冯·诺依曼。当时克拉里和她的第一任丈夫费伦茨·恩格尔在一起，恩格尔是一个成瘾的赌徒。"当我们走进赌场时，我们看到的第一个人是约翰尼。他坐在一个赌注适中的轮盘赌桌旁，面前放着一大张纸和一堆不算多的筹码，"她还记得当时的情景，"他有一个'系统'，还很高兴地向我们解释：这个'系统'当然不是万无一失的，但它确实涉及冗长而复杂的概率计算，甚至考虑到轮盘'失真'的因素（简言之，意味着轮盘有可能被人操纵）。"[13]

她的丈夫最终挪到了另一张轮盘赌桌上，克拉里又从吧台点了一杯酒。她那"绝对是一场灾难的"婚姻很快就要结束了。在享乐主义者、豪赌客、富豪及名人中间，她感到无聊。当冯·诺依曼来到吧台时，她很高兴。他的钱花光了，她请他喝了一杯。

克拉拉（克拉里）·冯·诺依曼1939年法国驾照上的照片
（图片由玛丽娜·冯·诺依曼·惠特曼提供）

与冯·诺依曼家族一样，达恩家族也是布达佩斯的富有犹太人家，他们住在一幢分隔成公寓的华丽大楼里。此处是布达佩斯精英阶层举办盛大聚会的场所，在这里商人、政治家、艺术家和作家摩肩接踵。即便是原本安静的家庭晚餐也经常会转为持续一整晚的狂欢活动。

"只要有一瓶酒,大家就能海阔天空地聊起来,"她说,"而且,说不准,往往还会再来一瓶酒。很快,一支吉卜赛乐队被招来,说不定某些亲密的朋友被哄下床来参加聚会,一场绝对正宗的'超燃欢聚'很快上演。"克拉里解释说,这种超燃欢聚"就是一群人享受美好时光的纵情自娱自乐"。她继续说道:"到了早上6点,乐队就散了,我们回到楼上,迅速地洗个澡。然后,男人们上班的上班,孩子们上学的上学,女士们则带着厨师去逛市场。"许多年后,无论身在美国何处,只要能够办到,克拉里就会重新点燃那种欢乐聚会的精神。

1937年,克拉里再次见到了冯·诺依曼,当时在夏季,他正好到布达佩斯旅行。克拉里再婚了,这次嫁给了比她大18岁的银行家翁多尔·拉波奇。冯·诺依曼的第一次婚姻即将走到尽头,他与玛丽耶特将于下个月离婚。

"我俩一开始只是通通电话,"克拉里说,"但很快就变成去咖啡店里坐下来聊天,而且一聊就是好几个钟头,一直在那儿说。话题也是天南海北,无所不包:从政治和古代史,一直到美国和欧洲之间的差异,甚至讨论养小狮子狗或大丹犬的好处。"

冯·诺依曼8月17日离开后,他们就继续通过信件和电报进行交流。"事情变得非常明了,我们就是天造地设的一对,"克拉里回忆道,"我很坦率地对我那好心又善解人意的老公说,无论是他还是其他任何人,也不论他们做任何事,都取代不了约翰尼的脑子。"

拉波奇似乎在没有多少敌意的情况下同意了离婚,但一大堆繁文缛节却在阻止冯·诺依曼和克拉里这对幸福的恋人结婚。法院的听证会一再被推迟。匈牙利当局拒绝承认冯·诺依曼的离婚,而美国当局则要求他正式放弃匈牙利公民身份,然后才会给克拉里发放签证。

直到次年下半年,在欧洲处于战争边缘的情况下,克拉里离婚的事似乎才接近终结。冯·诺依曼9月抵达哥本哈根,与玻尔夫妇住在一起。"这就像一场梦,一场特别疯狂的梦,"冯·诺依曼在给克拉里的信中写道,"玻尔两口子一直在吵架,争论捷克斯洛伐克是否应该屈服,或者量子理论中的因果关系是否还有希望。"[14]

当法国和英国签署《慕尼黑协定》,接受纳粹德国吞并捷克斯洛伐克的苏台德地区时,冯·诺依曼突然来到了布达佩斯,他要把未婚妻接去美国。"我只能说张伯伦先生显然想要帮我个人一个很大的忙,"他在协定达成几天后写信给维布伦,"我非常需要推迟下一场世界大战。"[15]

克拉里离婚之事在10月底完成,两周后,她嫁给了冯·诺依曼。下个月他们乘船去了美国。"我一直确信我父亲是因为感情失意才娶她的,"玛丽娜说,"这样做既是为了减轻玛丽耶特的离弃给他带来的伤害,也是为了给自己找到另一半,由她打理他无法应对的日常生活细节。"[16] 尽管如此,这段婚姻竟一直持续到冯·诺依曼去世。

在普林斯顿,这对夫妇住进了城里最富丽堂皇的豪宅之一。在克拉里的帮助下,这座位于韦斯科特路26号的拥有白色外墙的宅子,很快便成为举办奢华派对的场所,而这些聚会便成了普林斯顿传奇中的点点滴滴。这里饮酒随意,想怎么喝就怎么喝,而冯·诺依曼甚至发现无序及嘈杂有益于优秀的数学计算,他有时会端着鸡尾酒消失在楼上,匆匆写下一些优雅的数学证明。

随着战争爆发在即,克拉里回到了匈牙利,极力说服冯·诺依曼的家人和她自己的家人,要他们也马上离开欧洲(由于法国和英国先前的屈服,让他们以为军事冲突的威胁已经消除)。冯·诺依曼仍在努力争取入伍,日益忙于军事工作,所以他只能在远方忧心忡忡。克拉里的父母、约翰尼的母亲和弟弟迈克尔全都安全地上路了(尼古拉斯似乎稍早已经移民),克拉里留下来处理一些家庭事务。"看在上帝的分上,千万不要去布达佩斯,"冯·诺依曼在8月10日恳求道,"9月初务必离开欧洲!我可是认真的!"[17]

8月30日,克拉里乘"尚普兰号"邮轮从南安普敦起航。[18] 第二天，德国入侵波兰。她安全抵达了，但几个月后，悲剧还是发生了。她的父亲，匈牙利一位富有且有影响力的人，无法适应他的新生活，就在即将于美国过第一个圣诞节的一周前，他卧轨自杀了。他的死使克拉里坠入了忧郁的深渊。

她与冯·诺依曼的关系并不总是一种安慰。他有时冷漠且拒人于千里之外。乌拉姆说："有些人，尤其是女性，发现他缺乏对主观感受的好奇心，或许在情绪的发展上也有不足。"克拉里的丈夫神经紧张，出现了强迫症症状。"要想打开抽屉，总是要反反复复推拉7次才行，"克拉里指出，"电灯开关也一样，也必须反复按7次，才能让它打开或关上。"

维布伦听说冯·诺依曼申请入伍却被拒后，便再次出手相助，于1940年9月任命他为弹道研究实验室科学顾问委员会成员。而当冯·诺依曼展现出他的强大能力时，其他的任命也就纷至沓来了。到12月的时候，他还担任了美国数学学会及美国数学协会战备委员会的首席弹道顾问。自1941年9月起的一年时间里，他担任美国国防部科研委员会（NDRC）的成员，该委员会及其后继者美国科学研究与发展办公室（OSRD）负责协调几乎所有与战争有关的科学研究。该政府机构是由一位有影响力的工程师万尼瓦尔·布什构想和领导的。布什直接向总统汇报，而在布什的领导下，国防部科研委员会和后来的科学研究与发展办公室支持了一大批项目，包括雷达、导弹和近炸引信。但该机构支持的最重要的工作将是原子弹的研究。

1939年1月16日，铀可以裂变的非凡消息经由轮船传到美国。德国化学家奥托·哈恩和他的助手弗里茨·施特拉斯曼发现，铀核受到中子轰击后，似乎会爆炸成碎片，其中包括钡——一种超过铀一半大小的元素。但由于没有已知的放射性衰变模式来解释他们的观察结果，这两位化学家感到非常困惑。哈恩以前的合作伙伴莉泽·迈特纳和她的侄子奥托·弗里希第一次解释了哈恩他们的研究结果背后的物理学原理，弗里希后来将这种核反应称为"裂变"。迈特纳出生于维也纳的一个犹太家庭，但她已皈依基督教。仅几个月前，即1938年7月，迈特纳被人偷偷送出了纳粹德国。[19] 不久之后，她抵达瑞典，在斯德哥尔摩的诺贝尔研究所工作，薪酬不高。

迈特纳和弗里希在圣诞节得知哈恩和施特拉斯曼的实验后，意识到铀的原子核不是刚性的，而是像果冻一样不稳定和摇摆。他们的结论是，中子的撞击会迫使原子核飞散开来，而不是切割出一小块，并在这个过程中释放出巨大的能量。在新的一年里，弗里希将此结论告诉了玻尔，而后者第二天就要乘船去美国了。玻尔答应为他们的理论保密，直到他们的论文被刊物接受为止，但他忍不住在船上就与物理学家莱昂·罗森菲尔德一起研究裂变的细节。罗森菲尔德对玻尔的承诺浑然不知，他在轮船靠岸的当天就乘火车赶往普林斯顿，并在当晚就发表了关于这个发现的演讲。这一消息不胫而走。"你对铀→钡裂解怎么看？"冯·诺依曼在1939年2月2日的一封信中激动地问他的朋友奥特维，"在这里，大家都认为这是极端重要的。"[20]

在哥伦比亚大学，诺贝尔奖得主恩里科·费米听到了这个消息。几个月前，在斯德哥尔摩获诺贝尔奖后，他便和犹太妻子劳拉·卡彭（Laura Capon）直接逃离了法西斯意大利。他立刻明白了这一发现的后果。"就这样一颗小炸弹，"他一边说着，一边用两手合拢比画着，并从办公室的窗户望向曼哈顿，"会让一切都消失。"在加州大学伯克利分校，物理学家罗伯特·奥本海默也明白这一点。他办公室的黑板上，很快出现了一幅炸弹的画。

20世纪40年代初期，冯·诺依曼继续从事炸药和弹道的研究。他成了聚能装药方面的专家，研究出炸药的形状如何确切地影响引爆时爆炸的当量和方向。但他与军事研究相去甚远的其他兴趣也蓬勃发展。1942年，他与著名的印度（后来的美籍）天文学家苏布拉马尼扬·钱德拉塞卡合著了一篇论文，钱德拉塞卡也被邀请到弹道研究实验室研究冲击波。他俩分析了由恒星运动引起的重力场波动，以努力理解星团的行为。[21]

冯·诺依曼于1942年9月从国防部科研委员会辞职并加入美国海军。"约翰尼更喜欢海军将军，而不是陆军将军，因为陆军将军午餐喝冰水，而海军将军只要一上岸就喝酒。"弹道研究实验室的一位主任莱斯利·西蒙如是说。更有可能的是，冯·诺依曼认为海军需要他解决的问题，比国防部科研委员会需要他解决的问题更紧迫。

1942年底，在华盛顿为海军工作了3个月的冯·诺依曼被派往英国执行一项为期6个月的秘密任务。有关他此次战时英国之行的情况鲜为人知。他成功研究出了德国在大西洋的布雷模式，从而帮助了英国皇家海军。但这个问题对他来说简直太容易了。他从英国科学家那里学到的有关爆炸的知识更多，同他们从他那里学到的一样多。他写信给维布伦说，英国的研究人员已经表明，那种爆炸所产生的冲击波含有比"单独的爆炸反应"更大的能量（因此可能造成的破坏也更大），他认为这一事实能够证实"其在空中高能炸药中绝对是普遍存在的"。在巴斯的航海天文历编制局，冯·诺依曼也看到了运行中的国家收银记账机。这是一个机械计算器，它可以被改装来做更多的事情，而不只是如其名字所暗示的那种简单的记账。那天，在回伦敦的火车上，他写了一套该机器的使用指南。

他是如何在英国度过其余时间的仍旧是个谜。考虑到接下来要占据他大部分时间来做的事情，冯·诺依曼似乎与参与原子弹计划的英国科学家和数学家进行了交谈。还有一种诱人的可能性，那就是他可能再次遇到过图灵。两人可能都在思考如何把图灵理论上的"通用计算机"变成电子现实。战争期间，围绕他们行动的保密性意味着，即使在今天也依然没有确凿的证据表明他们重聚了，但有某种东西显然点燃了冯·诺依曼在英国逗留期间对运算的兴趣。这东西也许就是那台收银记账机,又或者是和图灵的一场非常"高能"的促膝长谈。但在 1943 年 5 月 21 日致维布伦的一封信中,冯·诺依曼写道,他"产生了对计算技术的浓厚兴趣"。[22] 他没有太长时间在英国继续追求这些兴趣,因为他突然被召回了美国。世界上最大的科学项目迫切需要他的专业知识。

1939 年 9 月,当希特勒的军队横扫波兰时,几乎没有人会想到基于核裂变的武器能够足够迅速地被制造出来,进而影响当时已拉开序幕的二战进程。改变发生在 1941 年 6 月,一个由杰出科学家组成的专家小组受命代表英国政府研究这一问题。物理学家乔治·P. 汤姆森是 J. J. 汤姆森之子,与其父一样,他本人也是诺贝尔奖得主。在他的领导之下,穆德(MAUD)委员会[23] 得出结论:原子弹最早可以在 1943 年被制造出来。

以下原理相当容易理解。裂变的铀原子释放出 2 个或 3 个中子,这些中子会与其他铀原子发生碰撞。随后这些铀原子也会分裂,释放出更多的中子,继而有更多的原子分裂,以此循环,形成链式反应。如果有足够的物质维持一个链式反应直至"临界质量",巨大的能量就可以在几百万分之一秒内释放。弗里希和理论物理学家鲁道夫·派尔斯曾计算,只要几磅①的铀同位素铀-235 就会爆炸,其能量相当于几千吨炸药的能量。

在穆德报告的基础上,英国首相温斯顿·丘吉尔迅速决定开启核武器研究计划,到了 12 月,一直处于缓慢推进状态的美国炸弹计划也开始加速。

美国科学研究与发展办公室是负责涉核工作的部门,最终变身为

---

① 1 磅约为 0.45 千克。——编者注

负责著名的曼哈顿计划的部门。美国为这项代号为"Y计划"的制造原子弹的庞大工程耗资20亿美元（相当于今天的200多亿美元），其鼎盛时期雇用了10万多人。[24] 1942年9月，46岁的陆军工程师莱斯利·格罗夫斯被指定负责该计划。就在接下来的一个月，格罗夫斯选择奥本海默领导这个绝密级别的核弹研发实验室。

奥本海默不是一个显而易见的人选。作为一个几乎没有管理大型团队经验的理论家，他将不得不以某种方式对科学家施加自己的权威，而其中的许多人都是诺贝尔奖获得者。最糟糕的是，以军方的立场来看，他是一个左翼分子，其最亲近的身边人，包括他的情人、妻子、兄弟和嫂子都曾经或者仍然是美国共产党员，就连奥本海默在伯克利的女房东也是共产主义者。1954年，这些事实被用来剥夺了奥本海默的安全权限，这一公开的羞辱行为实际上终结了他在美国政府部门的工作。

这些对格罗夫斯将军来说都不是事儿，他曾帮助建造五角大楼，并以总能干成大事著称。"他是我见过的最了不起的狠角儿，也是最有能力的人之一，"格罗夫斯的一位下属后来说，"他人高马大，虎背熊腰，但似乎从不疲倦。"[25] 在奥本海默身上，格罗夫斯看到了另一位不知疲倦、能把事情干好的领导人。"他是一个天才，"格罗夫斯在战争结束后说（尽管他最后也会指证奥本海默），"一个真正的天才。为什么？因为奥本海默无所不通。无论你提及什么，他都能跟你说出一大套。嗯，也不尽然，他对体育就一窍不通。"[26] 格罗夫斯不顾军方反间谍部门的劝告任命了奥本海默。

两人同意实施Y计划应该选在一个偏远、荒凉的地方，并最终选定了新墨西哥州北部的一个地点，距离圣达菲40英里。洛斯阿拉莫斯学校是一个专门锤炼来自富裕家庭的瘦弱男孩儿的地方，它坐落在一个台地上，周围是一片荒凉的原野，间或有仙人掌和低矮的松树点缀，景色美极了。学校的所有者正好也乐意将学校出售。

到 1943 年年中，制造两种"枪式"核武器的计划在洛斯阿拉莫斯得到了大力推进。[27] 其设计非常简单，当一颗有裂变材料的"子弹"射进另一个有裂变材料的目标物，进而引发链式反应时，这种炸弹就会爆炸。美国化学家格伦·西博格于 1940 年 12 月发现了钚。[28] 与铀一样，这种新元素也能够进行链式反应，更易于大量提纯。当时的假设是，枪式组件可以用于代号为"瘦子"的钚弹，以及代号为"小男孩"的铀弹。

然而，奥本海默知道，枪式组件本身的机制可能无法足够快地将两大块钚聚合在一起。如果用于制造核弹的钚的衰变速度比铀快得多，子弹和目标物就会在达到临界质量之前熔化，爆炸也就不会发生。作为备选方案，奥本海默全力支持另一种组装临界质量的方法，这是由美国实验物理学家塞思·内德梅耶（Seth Neddermeyer）提出的。塞思·内德梅耶早前帮助发现了介子和正电子，但在后来的几年里，他主要进行心灵致动（psychokinesis）的实验。原则上，内德梅耶的"内爆"炸弹设计直截了当又简单。在钚核周围放置高能炸药，然后确保这些炸药同时爆炸，以压缩钚核，继而熔化：当钚原子被挤压在一起时，其核心中更多的游离中子开始使原子分裂，链式反应开始，核弹爆炸。

然而，内德梅耶的团队人员不足，在枪式弹项目中属于第二梯队。此外，他们早期的实验也没什么希望。按照他们的设想，包裹着炸药的空心铁管应该塌缩成实心的铁棒。但在实验结束后，取出的空心管以不可预测的方式扭曲成一团，表明压缩空心管的爆炸冲击波是不均匀的。要使内爆武器发挥作用，爆炸前沿就必须从各个方向均匀地压缩裂变材料。

当内德梅耶向洛斯阿拉莫斯的科学家和工程师展示他的研究结果时，有人把这个问题比作向啤酒罐里吹气而"不溅起啤酒"。24 岁的费曼在普林斯顿大学获得博士学位后不久就被招募过来，他简洁地总结了团队对这个设计的反应：它太差劲了，他说。1943 年，内爆设计被认为充其量就是一种希望不大的设计。

奥本海默在洛斯阿拉莫斯赢得了在正确的时间做正确决定的声誉。他的下一个决定将被证明是鼓舞人心的。"我们现在迫切需要你的帮助，"他在 7 月致冯·诺依曼的信中写道，"我们这里是有许多理论专家，但我想，若你惯常的敏锐能引导你了解我们所面临的问题的可能本质的话，你就会明白，尽管我们已经有大批的人员，但为何在某些方面仍缺人手。"他邀请冯·诺依曼前来，"如果可能的话，我向你保证，你将成为我们的终身荣誉成员"，并补充说，"比起通信往来，实地来看看更好，能让你对这个多少有点儿像巴克·罗杰斯的计划有更深入的了解"。[29] 冯·诺依曼接受了邀请。

事实上，早在抵达洛斯阿拉莫斯的几个月前，冯·诺依曼就为美国原子弹计划做出了第一个贡献，这是他早期在爆炸和冲击波方面研究的顶峰，也是他访英期间从研究人员那里获得的知识。当他在战后因对美国政府的贡献而受到嘉奖时，他在"Y 基地"的工作未被提及——这不足为奇，因为其中的大部分都是机密。但当杜鲁门总统授予他功勋奖章时，颁奖词中提到他致力于研究"高能炸药的高效使用，进而发现了一种新的攻击性行动的军事原则，并已证明可以提高空军在对日本的原子弹攻击中的效率"。

当报纸报道冯·诺依曼是因为证明了"射偏比命中要好"而获得该功勋奖章时，他非常恼火。实际上，他的真实发现是，大型炸弹在目标上空爆炸时，无论是其爆炸范围还是摧毁程度都要比在地面上爆炸大得多。这一原理众所周知，但冯·诺依曼证明了空中爆炸的效应比人们以前认为的还要大得多，并且提高了计算的准确性，以确定炸弹在空中爆炸的最佳高度。在一份提交给美国海军的报告中，他巧妙地将阿伯丁试验场的实验数据及英国的风洞照片与理论物理学相结合，他写道："即使是较弱的冲击，但如果入射角选择得当，反射冲击也可以是正面冲击的两倍！这种情况发生在掠射角附近，此时较弱的反射冲击似乎是可取的！"[30]

冯·诺依曼在收到奥本海默的信几个月后，于 9 月抵达了这一台地。他的想法"唤醒了每一个人"，当时正在进行枪式弹项目研究的数学物理学家、弹道学专家查尔斯·克里奇菲尔德回忆道。[31] 首先，冯·诺依曼指出，内德梅耶的内爆实验，几乎没有揭示一个真实装置会有怎样的实际表现。冯·诺依曼解释说，只需要增加管子周围的炸药量，就可以使实验中的冲击波变得更加均匀。这需要一种更为复杂的测试方法。其次，冯·诺依曼提出了一种更好的内爆装置的设计，即在钚周围布置楔形炸药。同时引爆时，炸药会产生聚焦射流，压缩钚核心的速度要比简单地用高能炸药包覆核心快得多。他咨询了特勒，特勒自 3 月来到洛斯阿拉莫斯以来，一直在深夜即兴弹奏钢琴，弄得邻居们非常恼火。两人得出的结论是，在这种配置下，内爆装置的效率将远远高于枪式武器，产生同等当量的爆炸所需要的钚也更少。这是个大新闻：如何提纯足够数量的铀和钚来制造炸弹，是该项目的主要瓶颈。

听说了内爆法的优点后，格罗夫斯鼓励科学家们专注于打造"安全的"枪式法。奥本海默开始命令令人印象深刻的乌克兰裔美国化学家乔治·基斯佳科夫斯基研究"爆炸透镜"，以实现数学家提出的装置。就像光学透镜聚光一样，这些聚能装药可聚焦冲击波。在冯·诺依曼的评论的激励下，内德梅耶提出要进行一套更严格的实验，以确定如何才能实现钚核的均匀压缩。解决这个问题的 8 人小组慢慢扩大了规模。

冯·诺依曼继续把他三分之一的时间花在原子弹上。他可能是唯一完全了解这个项目，同时又被允许可随心所欲地进出洛斯阿拉莫斯的科学家。当他做出去洛斯阿拉莫斯的决定时，陆军和海军认为他在弹道与冲击波方面的研究太有价值了，绝不容忽视。结果，冯·诺依曼关于原子弹的大部分理论研究都是在位于华盛顿的美国国家科学院的一间安全办公室里完成的，他还从这里发出了在马萨诸塞州的伍兹霍尔进行一系列小规模爆炸实验的请求。尽管如此，冯·诺依曼每年还是会花一两个月的时间造访这座沙漠中的秘密实验室。他喜欢那种志同道合的情谊，喜欢打扑克，喜欢那种畅快豪饮又吞云吐雾的愉快讨论，这种讨论可以一直持续下去。[32] 匈牙利老乡们也云集于此，当然，一起的还有他的好朋友斯塔尼斯拉夫·乌拉姆。这可不是什么巧合，而是冯·诺依曼在自己加入这个项目后不久，便把他的这位数学家同事也招募进来。

在嬉戏与娱乐之间，冯·诺依曼也在帮助完善内爆炸弹。受命参与该计划的理论家从 IBM 购买了 10 台穿孔卡计算机，以帮助解开流体动力学方程，该方程将揭示爆炸透镜在压缩钚核心时是否能迅速将其引爆。此前，洛斯阿拉莫斯的"计算机"几乎都是使用台式机械计算器的女性。格罗夫斯坚持认为，没钱可以浪费在安置平民上，所以这些"人类电脑"中的许多人都是已参与这个项目的物理学家和工程师的妻子。但是 IBM 的机器不会疲劳，也不需要去学校或托儿所接小孩儿。妇女们被取代了。就现在！

1944 年春天给那些正在加紧研制钚弹的科学家带来了一个不受欢迎的消息。曾在罗马与费米一起工作的犹太裔意大利核物理学家埃米利奥·塞格雷发现，华盛顿州汉福德和田纳西州橡树岭的反应堆生产的钚样品存在问题。塞格雷和三名研究生一起，在距离洛斯阿拉莫斯 14 英里的一个小木屋里研究了几批钚的裂变速率。在收到第一批反应堆级钚后的几天内，研究小组发现其自发裂变率比粒子回旋加速器高出 5 倍。正如奥本海默所担心的那样，用钚制造枪式武器是行不通的。[33] "瘦子"装置被放弃了。

奥本海默6个月前凭直觉决定求助于冯·诺依曼的专业知识，现在终于得到了回报。尽管洛斯阿拉莫斯确信相对简单的"小男孩"（铀弹）会如预期那样爆炸，但不能保证铀的有效载荷能及时产生。无论如何，在做出巨大的公共投资之后，仅搞出一枚核弹是绝对不能令美国政府或军方满意的。只有搞出一枚钚弹，外加能够很容易地生产更多钚弹的专有技术，才能令其满意。

尽管洛斯阿拉莫斯的许多人仍然认为内爆装置不可能及时交付军方用于实战，但格罗夫斯要求项目改变进程，将其放在第一位。奥本海默遵照执行了。两个新的团队得以成立——"小装置"部门和"爆炸"部门，分别研究炸弹核心和爆炸透镜。数十名科学家和工程师的职责一夜之间发生了变化。情况发生了变化，洛斯阿拉莫斯将就内爆炸弹赌一把。

到1944年7月，冯·诺依曼和其他人已经确定了拟在内爆装置中使用的爆炸透镜的形状。现在密集的工作已经展开，以最终确定这个"小装置"的设计。"小装置"是台地上的人对这些炸弹的戏称。每一个部分都必须经过尽可能全面的测试。爆炸部门努力寻找最准确的炸药配比，以产生能均匀粉碎钚的冲击波。铸造完美形状的爆炸透镜被证明是极其困难的。在项目的测试过程中，实际使用了超过20 000个透镜，但另有几倍于这个数字的透镜被否或销毁。引爆器必须是一个电路，既能经受住高空的冷空气及炸弹落下时的冲击，又能同时引爆所有透镜。甚至用来固定炸弹的两半外壳的螺栓数量也是一个关键问题：太少，透镜组装就不够紧密；太多，组装时间又太长。然而，到了1945年2月，尽管实验室里没有人对它能成功抱有信心，然而内爆装置的蓝图已经准备就绪。第一个内爆装置的组装直接开始了。有些透镜上有裂缝和气泡。修复工作需要钢铁般的意志，研究小组像牙医一样在脆性材料上钻孔，然后注入熔融的高爆剂填补空洞。

总共有 32 个透镜、20 个六角形和 12 个五角形的高能炸药块被小心地装配在一起，形成一个截角二十面体。它就像一个超级大的足球。[34] 最外层的弹壳有 47 厘米厚。它的内部是几个体积由大到小的同轴空心球，一个套着一个，每个都有一个相同的致命目的，即最大限度地提高炸弹的爆炸威力。

这个巨大的"末日洋葱"的第一层是 11.5 厘米厚的铝，被称为"推进器"（pusher），旨在通过防止冲击波前沿后面的压力急剧下降，来加强对钚核心的压缩。

接下来是一个 120 千克的天然铀外壳（未精炼的铀，主要由非裂变同位素铀–238 组成，供应充足），即"包覆融合芯"（tamper）。它的目的是延缓内部钚核心的膨胀，从而使爆炸后的链式反应延长几分之一秒。每隔 10 纳秒，包覆融合芯就会将核心固定在一起，另一代中子就会在裂变的钚中爆炸，猛烈地将更多的质量转化为能量。

在这个包覆融合芯上钻通一个孔，将"钚核"——一个 6.2 千克、直径 9 厘米的苹果大小的球插入装置的末端。这是一个亚临界质量，会被冲击波挤压到临界状态。钚核本身由两个半球组成，中间有一个 2.5 厘米长的空洞，用来放置由钋和铍组成的引爆器"海胆"，目的是触发钚的链式反应。

这个引爆器仅有高尔夫球的一半大小，是精密工程的一大杰作。科学家们使用钋同位素钋–210 释放出 α 粒子，撞击铍后释放出中子束。这两种元素可以很容易地分开：α 粒子不能穿透超过百分之几毫米的金属。但引爆器必须经过精心设计，以便在钚核被压缩的瞬间，铍和钋也能充分混合。这是通过在铍块上镀上镍和金，并在表面沉降钋来实现的。铍块本身被一层镀镍和镀金的铍壳包裹着，其内侧表面有细槽，以容纳更多的钋。内爆冲击波会压碎引爆器，瞬间使夹在铍内外球体之间的钋离散。

这个重达几千千克的钚内爆装置于 7 月 11 日至 12 日组装完成。

这枚枪式炸弹从 5 月开始就一直在等待它的有效载荷。铀被小批量运入洛斯阿拉莫斯，从而使子弹和目标物的铸造在 7 月得以完成。因此，"小男孩"在第一颗内爆炸弹制造两周后方才做好战斗准备。但第一颗内爆炸弹不会用于战争，因其本身就是为试验而造的。

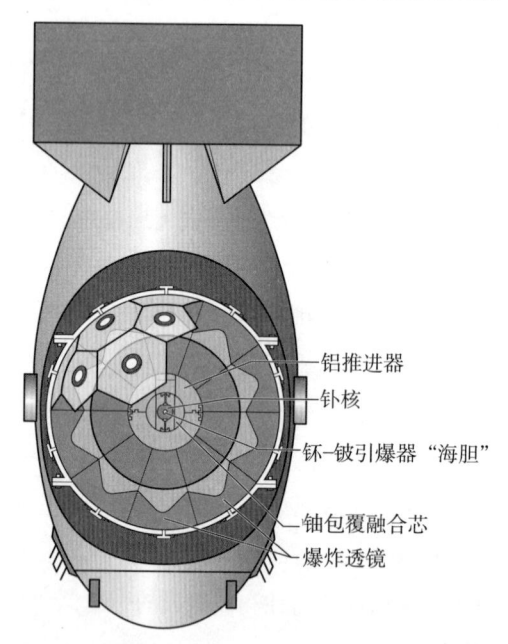

铝推进器
钚核
钋-铍引爆器"海胆"
铀包覆融合芯
爆炸透镜

核弹"胖子"本质上是"三位一体"装置，封装在一个具有保护性的气动钢制外壳里

1943 年 12 月，冯·诺依曼要求进行一次小规模的试验，一次故意的"失败"，以便检验他的流体力学计算结果。他建议，这个爆炸装置可以放在一个 10 英尺宽、足以承受爆炸的装甲箱里。未裂变的钚之后可以通过清理装甲容器内部来回收。奥本海默后来裁定，只有进行全面测试，才能保证这种复杂的装置在战斗中起爆。但是，拟将炸弹放在后来代号为"巨物"的一个容器内引爆的想法被卡住了，于是一个 14 英寸[①]厚、重约 200 吨的钢瓶被制造出来以完成这项测试。

---

① 1 英寸 =2.54 厘米。——编者注

这个容器从来没有被使用过，一个问题是，如果炸弹真的产生一次爆炸甚至是预期规模的一小部分，"巨物"将立即变成200吨的放射性碎片。格罗夫斯担心美国国会会把这价值1 200万美元的"巨物"当作大而无当的累赘而下令将它销毁。然而，数枚500磅重的爆破弹只能炸掉这个容器的头尾。"巨物"那锈迹斑斑的遗骸至今仍矗立在新墨西哥州的沙漠中。

引爆世界上第一枚核武器的计划正在迅速敲定。这次代号为"三位一体"的试验，将于1945年7月16日（星期一）进行。格罗夫斯选择这个日期，是为了与波茨坦会议开幕保持同步，杜鲁门将在那里会见丘吉尔和苏联领导人斯大林。杜鲁门希望通过一次成功的测试来加强自己在有关欧洲未来的讨论中的影响力。

他们必须在离洛斯阿拉莫斯不太远的地方找到一个试验场，这样设备就可以很容易被运到那里，而且试验场必须平整，从远处就能观察到冲击波的效果。负责执行此决定的委员会选择了位于空军阿拉莫戈多轰炸靶场西北角的一片18英里×24英里的狭长地块，位于洛斯阿拉莫斯以南约200英里。

这个"小玩意儿"在7月13日午夜刚过就被卡车从台地运走了。带有铍-钋引爆器的钚核是在7月13日下午插入的。整个炸弹被吊到一座90英尺高的塔的顶部，以便尽可能地模拟空中爆炸的效果。现在除了等待就没有什么可做的了。

7月15日晚上10点，美国物理学家肯尼思·班布里奇带领一个小组回到塔底，开始了准备起爆的程序。几个小时后，他安装好起爆电路的最后一个开关，这样炸弹就可以从S-10000地堡中引爆，该地堡位于塔的南部1万码①处。天空开始下起了毛毛细雨，预示着不

---

① 1码约为0.9米。——编者注

久将有雷暴雨席卷这一地区。在洛斯阿拉莫斯，一些工作人员心急如焚地听着他们小屋外狂飙般的暴风雨声。试验只能在晴朗的天气里进行，否则，辐射微尘随暴雨洒落在人口密集地区的风险就太大了。班布里奇担心，流散的闪电可能会过早引爆炸弹。7月16日凌晨2点，在电闪雷鸣和时速30英里的大风中，震怒的格罗夫斯将军打通了天气预报员杰克·哈伯德的电话，此人三个月前才受聘为"三位一体"试验的首席气象学家。哈伯德提醒怒火中烧的格罗夫斯，他曾建议在7月14日之前或7月18日之后进行试验。接着，他预测风暴将在黎明前减弱，这大概是有史以来最重要的天气预报之一。格罗夫斯发誓，如果哈伯德错了就绞死哈伯德，接着便把试验时间从凌晨4点改到了凌晨5点半。哈伯德很幸运，天气如期放晴了。

在S-10000，班布里奇授权20分钟的倒计时于凌晨5点09分45秒开始。几百名科学家和重要人物聚集在康潘尼亚山（Compañia Hill），这里是位于试验塔西北20英里处的指定观测点。冯·诺依曼也在这些人当中。科学家们都在打赌炸弹的爆炸当量。一些人仍然认为零是最有可能的数字。奥本海默并不太担心试验的成功，选择了300吨TNT（梯恩梯）当量。特勒在炸弹问题上是个乐观主义者，他选择了45 000吨TNT当量，还在现场将一瓶防晒霜递来递去地与身边人分享。科学家们在漆黑一片的现场涂防晒霜的场景，让在场的一些贵宾感到不安。

凌晨5点29分，就在日出之前，一道来自1万码外的电脉冲引爆了钚核周围的32个原子透镜。冲击波最初是凸面的，在穿过精心配置的炸药层时变成凹面，最后熔合成一个迅速压缩的球状前锋。内爆的力量将钚核压缩到原来大小的一半以下。接着冲击波到达钚核的中心，击碎了引爆器，并将钚和铍混合。在接下来的百亿分之一秒内，有9或10个中子被释放出来。这就足够了。大约一千克的液化钚和一些铀包覆融合芯发生了裂变。一克的物质转化为能量，然后一切都蒸发了。

即使在距离爆心 20 英里的康潘尼亚山上，任何没有戴护目镜的人，甚至那些并没有直视爆炸的人，也因这道闪光而暂时失明。东边的几道金光预示着日出。这时，又一轮更凶险的"太阳"升起来挑战它。透过彩色的电焊眼镜观察的人，首先看到了一个向上弯曲的黄色半球，宽度像是太阳的两倍，然后是一个火球，被一股烟柱顶着迅速上升。他们的脸，在那个沙漠的早晨原是冰冷的，突然间仿佛暴露在炎炎夏日的炽热之中。火球变成了红色，在其上方的云层下端被衬染成亮粉色，接着辐射将空气电离成铁蓝色。强光由绿变白，然后便消失不见了。在闪光发生约 40 秒后，山上的人们被呼啸而至的冲击波击中。

"TNT 当量至少有 5 000 吨，或许更大。"冯·诺依曼平静地说。费米把一张纸撕成碎片，在气浪袭来时任其飘散。结果纸屑被吹起大约 8 英尺高。他查阅了之前准备的一张表格，宣布这次爆炸的 TNT 当量为 1 万吨。他俩都错了。对"三位一体"核爆威力的最佳估计是 2 万至 2.2 万吨 TNT 当量。奥本海默诗兴大发，回忆起他读过的古印度梵文经典《薄伽梵歌》中的诗句。"现在我变成了死神，"他说，"世界的毁灭者。"班布里奇则简单粗暴得多，他对奥本海默说："现在我们都成了狗娘养的。"

"战争要结束了。"格罗夫斯的副手托马斯·法雷尔在 S-10000 以南 5 英里的大本营宣布。"是的，"格罗夫斯回道，"在我们向日本投下两颗原子弹之后。"

核爆现场有一个 500 英尺宽、6 英尺深的弹坑。沙子在高温下熔化而形成了一层薄薄的玻璃，后来被称为"玻璃石"。核爆后，一些玻璃像雨滴一样散落开来，最远落在 1 000 码外。大部分玻璃石因沙子里的铁而呈淡绿色，另一些因含有熔化了的核弹支架塔碎片而呈黑色，还有一些则被电线中的铜染成了红色和黄色。在核爆试验后的头几年，如果像佩戴珠宝那样使皮肤与从爆炸现场取出的玻璃石接触，有时会造成轻微的放射性灼伤。

在波茨坦，杜鲁门很快就确定，苏联加入太平洋战争终究不符合美国的利益。当他得到核弹试验成功的消息时，他反复斟酌是否可以在不刺激苏联攻入日本的情况下，将有关原子弹的事情告诉斯大林。最后，杜鲁门悄悄走到这位苏联领导人身边，告诉他，美国现在拥有了一种"具有不同寻常破坏力的新武器"。斯大林完全不为所动地对他说，那就好好地对它加以利用吧。曼哈顿计划中的间谍早就把斯大林需要知道的一切都告诉了他。

在"三位一体"试验的那天早上，"小男孩"已启程前往距东京1 500英里的日本岛屿天宁岛，该岛在前一年夏天被美军占领。到8月2日，三枚"胖子"内爆炸弹的部件也被运到了那里。其中一枚不带引爆装置的，于8月8日被投入太平洋——这是最后一次试验。另一枚已为第二天的投弹准备就绪。第三枚则永远也用不上了。

齐拉特曾成功地为美国制造原子弹而奔走造势。然而，当德国在1945年5月投降时，他认为对平民使用原子弹是错误的。他组织发起了一份请愿书，敦促只有在万不得已的情况下才使用原子弹来对付日本人，并说服维格纳和其他68名资历较浅的科学家在请愿书上签字。但实际上，向日本投下原子弹的决定早已做出。1945年4月23日，格罗夫斯给亨利·史汀生写了一份备忘录，向这位战争部长汇报曼哈顿计划的最新进展。"虽然我们的行动计划是基于更精准、更强大的枪式炸弹，但它也提供了一旦有内爆式炸弹就可使用的可能性，"格罗夫斯写道，"打击目标是日本，而且一直都是。"[35]

早在1943年5月，就有证据表明，德国并没有成为美国政府的瞄准镜锁定的目标。政策制定者担心，假使一颗原子弹未能在德国本土成功爆炸，德国的科学家就会比日本的科学家更容易利用它来帮助自己制造炸弹。某些历史学家认为，种族主义起到了一定作用：日本人普遍被美国公众鄙视。例如，后来的调查发现，在战争期间有数千名日裔美国人被拘捕，实际是基于"种族偏见、战时疯狂和政治领导的失败"，而不是任何真正的安全风险。[36] 另一个动机则是对日本偷袭珍珠港的报复。不管是什么原因，如果参与曼哈顿计划的流亡科学家事先知道，他们帮助建造的原子弹的最终目标是日本帝国，而不是纳粹德国，许多人可能就会退出，甚至根本就不会加入。

冯·诺依曼没有这样的心理负担。他在库恩·贝拉执政时期的匈牙利的亲身经历，以及他所见的纳粹德国的情况，都在他的内心深处植入了对极权独裁统治的恐惧。随着德国被打败，他认为现在对世界和平的最大威胁就是斯大林统治下的苏联。只有快速而坚定地发展核武器才能遏制斯大林，否则，战争可能会以苏联攻入和占领日本而结束，从而让斯大林在太平洋拥有一个前哨基地。这并不是庸人自扰。二战结束后不久，斯大林要求杜鲁门让他实现一个"小小的愿望"：占领日本第二大岛屿北海道。杜鲁门拒绝了。拥有原子弹坚定了美国政府的决心。

格罗夫斯组建了一个委员会，以确定两枚原子弹的潜在目标名单。他和奥本海默都希望冯·诺依曼能加入策划小组，因为冯·诺依曼在处理棘手问题时冷静、不受情感左右，就像他在冲击波和爆炸方面拥有专长一样。5月10日至11日在洛斯阿拉莫斯召开会议后，该委员会准备向格罗夫斯提交他们的建议。此时，美国空军仍固执地推进着拟在1946年1月1日之前夷平日本所有主要城市的计划。空军发出了一份有可能保留至夏天的目标城市名单：京都、广岛、横滨、位于东京的日本皇宫、小仓兵工厂和新潟。情报部门还提供了一份可能目标名单。然而，将造船厂和钢铁厂都包括在内，则暴露出对这种新武器威力的某种天真与无知。冯·诺依曼在5月会议上的记录显示，他在这份名单上唯一同意的目标城市同时出现在了空军的名单上。他在"小仓兵工厂"的旁边写下"O.K."（可以），然后又回头看空军的名单。他从空军的这份名单上划去了"日本皇宫"，并呼吁将来要做出拟轰炸这一目标的任何决定，都应"反馈给我们"。他也否决了新潟，要求在做出决定前提供"更多信息"。

冯·诺依曼最终的投票结果是：京都、广岛、横滨和小仓兵工厂——这也正是全体委员会后来提出的建议。[37] 史汀生完全反对轰炸京都，因为那里是日本的文化中心，是历经近 11 个世纪的日本首都，也是他本人在蜜月期间去过的城市。最终，长崎港被选中替代京都。到了 8 月，横滨已被彻底轰炸，遂从名单上被剔除，剩下的就只有广岛、小仓兵工厂和长崎。

8 月 6 日，"艾诺拉·盖伊号"轰炸机于黎明前从天宁岛起飞。好天气让"小男孩"被投放到广岛的主要目标上，但一场侧风把炸弹吹离了目标相生桥，导致炸弹在广岛医院上空 1 900 英尺（580 米）处爆炸，该医院是由其创始人仿照明尼苏达州罗切斯特的梅奥诊所设计的。

目标委员会曾建议，为了达到最大效果，一枚 1.5 万吨重的炸弹的引爆高度应为 2 400 英尺。[38] 威力越大的炸弹在高度较高的空中爆炸，造成的伤害也越大，但没有人能确切地预测"小男孩"或"胖子"的爆炸威力。冯·诺依曼的会议记录显示，他计算过，在低于最佳高度 40% 或高于最佳高度 14% 的位置引爆，将使受损面积减少约 25%。过低的引爆比过高的引爆更可取。

这次核爆的 TNT 当量约为 1.7 万吨，引发的烈焰风暴造成约 7 万人当场死亡，其中大部分是平民。另有成千上万的人会在当年底死于烧伤和辐射中毒。

三天后，"艾诺拉·盖伊号"再次升空，但这一次是作为搭载"胖子"的 B-29 轰炸机"博克斯卡号"的气象侦察机。小仓的天空本来应该是一片晴朗，却被八幡在前一天遭受燃烧弹空袭后的烟雾笼罩。在三次尝试投弹失败后，"博克斯卡号"飞向了次选目标长崎。在这里，"博克斯卡号"的投弹手也得非常费力才能找准目标。由于燃料即将耗尽，机组人员在最后一刻将"胖子"从云层的缝隙投向了城市北边的一个山谷，此处偏离目标近2英里。当炸弹在海拔约1 650英尺（500米）的地方爆炸时，由于中间山坡的遮挡保护，长崎的居民受到2.1万吨TNT当量核爆炸的影响减轻了不少，估计直接死亡人数在6万到8万不等。

在长崎距离原爆点仅800码的地方，松本成子是幸存者之一。她回忆："当时我和我的兄弟姐妹正在防空洞入口处玩耍，等着爷爷来接我们。"[39]

> 然后，在上午11点02分，天空变成了亮白色。我和我的兄弟姐妹被震得摔倒在地，又被猛烈地撞回防空洞。我们根本不知道发生了什么。
>
> 我们坐在那里，惊魂不定，茫然不知所措，此时，严重烧伤的受害者成群结队、跌跌撞撞地走进了防空洞。他们的皮肤从身上和脸上剥落下来，一条条无力地垂在地上。他们的头发被烧得离头皮仅有几厘米。许多受害者在防空洞入口就倒下了，尸体横七竖八地堆积在那里。恶臭和炎热令人难以忍受。
>
> 我和我的兄弟姐妹被困在里面三天。
>
> 最后，爷爷找到了我们，我们挣扎着回了家。我永远忘不了等待着我们的地狱般的景象。半烧焦的尸体僵硬地躺在地上，眼珠在眼眶里闪着光。牛的尸体躺在路边，它们的腹部奇大无比，肿胀不堪。成千上万的尸体在河里上下浮动，由于吸了河水，尸体膨胀得发紫。"等等我！等等我！"我恳求道，这时爷爷走在我前面几步。我很害怕被落下。

当天早些时候，斯大林向日本宣战，从三条战线攻入日本的傀儡伪满洲国。日本于 8 月 15 日无条件投降。

"小男孩"和"胖子"在几分钟内夺去的生命，比数百架盟军（主要是英国）飞机对德累斯顿进行毫无意义的燃烧弹轰炸夺去的还多。任何后果如此巨大的决定，都不应该不加审查地载入史册，也不应该教导任何学童不加批判地接受这两个城市的居民遭受恐怖毁灭是合理的理念。广岛和长崎原子弹爆炸事件 36 年后，日本科学家和医生在一份关于广岛和长崎的研究报告中写道："这两座城市所经历的，也许就是人类走向毁灭的序章。"[40]

弗里曼·戴森曾在英国轰炸机司令部的研究部门工作，该司令部从 1942 年开始对整个德国的城市进行空袭。他在自传中以残酷的坦白回顾了他在那里的时光。"我开始回顾过去，问自己是如何让自己卷入这场疯狂的谋杀游戏的，"他说，"自战争开始以来，我就一步步地从一个道义立场退到另一个道义立场，直到最后，我完全丧失了道义立场。"[41] 作为整体的第二次世界大战史，同样是一个进步的道义向后倒退的历史。以原子弹轰炸广岛和长崎，是对所谓平民生命是重要的及任何战争都可能"合乎道德"的观点的最后的可怕驳斥。

由海森伯担任科学负责人的德国原子弹项目从未启动。1942 年 6 月，海森伯曾在一次会议上发表演讲，而参加此次会议的就有希特勒手下强有力的军备和战争生产部长阿尔伯特·施佩尔。面对出席会议的军方和产业界领军人物，施佩尔的一位副手要求海森伯估算能夷平一座城市的原子弹有多大。"和菠萝一样大。"他回答，双手捧成杯状，就像费米几年前在自己的办公室里做的那样。施佩尔对此印象深刻，并想大力支持这个项目。他提出要建造比美国的任何一台回旋加速器都大的回旋加速器。然而，海森伯只提了一些适度的要求，并暗示原子弹不可能及时被制造出来，从而影响战争的结果。纳粹便失去了兴趣。

海森伯在战后说，是道义上的顾虑阻碍了他继续推进原子弹项目，但几乎没有证据表明这是真的。他是一个彻头彻尾的德国民族主义者。诚然，他对给希特勒造核弹并不那么热心，但如果当时他相信盟军有可能率先搞出原子弹，那他也一定会竭尽全力那样做。他根本没想过这一假设的结果，因为他认为德国在核研究方面遥遥领先于其他国家。事实也的确如此，至少在1933年之前是如此。

"战争结束了，难道不好吗？"日本投降几天后，10岁的玛丽娜在给继母的一封信中写道，"既然战争结束了，爸爸还会经常出差吗？我希望不会。"[42] 对年幼的玛丽娜来说，很不幸的是，她父亲的日程，如果说有什么不同的话，那就是变得更疯狂了。他颠沛流离的生活给他的第二次婚姻带来了压力。他在家的时候，会和克拉里争吵，激烈程度足以打破他原本的冷静举止。"除了可能有那么两三次，我从没见过他发脾气，"玛丽娜说，"克拉里知道如何彻底激怒他，让他最终爆发。"[43]

次年夏天，玛丽娜和父亲一起进行公路旅行，算是父亲对一直不在她身边的小小补偿。那一年，他们从普林斯顿的家出发，冯·诺依曼开着他的别克汽车——他的"替代坦克"，穿越了整个美国。"他以每小时100英里的速度开车，"她说，"只有我们两个人。我们很长时间在一起，聊了很多。"[44]

他们住在一系列廉价的汽车旅馆里，许多旅馆连室内排水系统都没有。他们到达圣达菲时，他给她买了两条当地美洲原住民部落制作的银色和蓝绿色腰带。"我们一到洛斯阿拉莫斯，父亲就流露出男孩儿般的热情，带我参观那些允许我进入的区域，"她说，"所有与炸弹研究有关的建筑都是严格禁止进入的。"他把她介绍给他在曼哈顿计划中的同事，包括斯塔尼斯拉夫和弗朗索瓦·乌拉姆夫妻。"这座神秘的城市，"她继续说道，"其存在被揭秘还不到一年，以我城里人的眼光来看，它有令人吃惊的原始面貌，只有泥泞的小路，没有人行道。在脆弱的木制建筑中，开放式的楼梯通向二楼的公寓。"[45]

约翰和玛丽娜·冯·诺依曼（11 岁）在圣达菲
（图片由玛丽娜·冯·诺依曼·惠特曼提供）

玛丽娜说，她的父亲在旅途中每晚只睡三四个小时，但犹如奇迹一般，他们竟平安无事地抵达了最终的目的地——加州的圣巴巴拉。克拉里在那里与他们相会。玛丽娜的父亲又秘密出差了，而玛丽娜和她的继母则留在海滨度假。"那是我这辈子晒伤最严重的一次。"她回忆道。[46]

那是 1946 年 7 月。冯·诺依曼去了比基尼环礁，这是马绍尔群岛的一个田园诗般的珊瑚礁。在那里，他将见证"十字路口行动"，这是自"三位一体"试验以来的第一次核武器试验。但这不会是最后一次。

那一年,冯·诺依曼还和德国天才理论物理学家克劳斯·福克斯一起申请了一项专利。福克斯是德国共产党(KPD)的一员,于1933年离开德国。他在1942年成为英国公民,并应鲁道夫·派尔斯的邀请,加入了英国的秘密原子弹项目"合金管计划"。第二年,福克斯和派尔斯一起搬到美国,参与曼哈顿计划。从1944年8月开始,福克斯在洛斯阿拉莫斯的理论物理部工作,在那里,除了其他工作,他还帮助设计了内爆炸弹。1946年4月,福克斯和冯·诺依曼参加了在洛斯阿拉莫斯举行的热核武器会议。他们共同撰写的专利被委婉地称为"核能利用方法和手段的改进"。事实上,该专利包含了热核武器的计划。

福克斯和冯·诺依曼的设计是特勒的"经典超级"(Classical Super)计划的一个版本,试图在地球上模仿将恒星变成超新星的物理过程。特勒的想法是在武器的一端使用一枚枪式裂变炸弹来触发聚变反应。他希望爆炸产生的冲击波和热量会引起失控的聚变反应,并沿着一管液体氘(或可在较低温度下点燃的氘和氚的混合物)传播。[47]特勒估计,这种炸弹可能释放的能量相当于1 000万吨TNT,比"小男孩"高出1 000多倍。[48]挑战在于一瞬间创造出与太阳中心相当的温度和压力,或地球中心的温度和压力的数百万倍,而这种高温与压力是开始和维持核聚变沿燃料柱一路向下所需的。福克斯和冯·诺依曼意识到,他们可以利用核裂变炸弹产生的辐射。

枪式装置的爆炸会释放出大量的X射线。他们的专利提议使用这种辐射来加热一个被氧化铍外壳包裹的核聚变燃料球(包覆融合芯)。包覆融合芯和燃料几乎会立即蒸发。他们认为,高温的氧化铍气体会挤压燃料,使其足以开始聚变。利用电磁波来压缩目标的方式,现在被普遍称为"辐射驱动内爆"。当时却是第一次有人想到这一点。

冯·诺依曼和乌拉姆的计算最终表明,"经典超级"构型永远无法达到维持核聚变反应所需的温度和压力。基于它的福克斯-冯·诺依曼炸弹可能会失败。直到数年之后,利用现代热核武器所依据的乌拉姆-特勒构型,这一问题才得以解决。这一构型成功的关键之一就是采用了辐射驱动内爆。苏联热核武器研发小组成员、物理学家格尔曼·贡恰罗夫(German Goncharov)说,1946年在申请该专利时,还没有为这一想法背后的物理过程建立模型的方法。[49]他还说,这个提议"远远超前于它所处的时代。在美国,这项提议的巨大概念潜力,还需要5年的时间才能完全具体化"。到那时,福克斯将会在英国的监狱里苦苦挣扎,因为福克斯,这个忠诚的共产主义者,还是一个忠诚的苏联间谍。1948年3月,他把构型的细节告知了苏联。

福克斯-冯·诺依曼专利在美国仍属机密,但其内容现已为人所知。从20世纪90年代开始,后苏联时期的俄罗斯开始解密和发布与他们的核弹计划有关的历史文件,包括通过间谍活动获取的曼哈顿计划的大量文件。1950年,福克斯因违反英国《官方保密法》被判14年监禁,在服刑期间,他声称在发现辐射驱动内爆上,他多少是有贡献的。而冯·诺依曼则绝口不提这件事。他或许不想让别人注意到,他的绝密研究是和一个尽心尽力的苏联间谍一起搞的。

这一情报激励了苏联科学家。他们饶有兴趣地注意到了利用辐射加热包覆融合芯和燃料的新的点火方法。而福克斯情报材料的主要作用,就是说服苏联科学家敦促他们的政府启动自己的超级项目。"苏联的政治领导层解读了有关超级炸弹的新的情报文件……这是美国可能已经取得相当大进展的迹象,"贡恰罗夫说,"所以他们……决定启动一项中央政府正式支持的全面计划。"[50]

在测试其第一枚裂变炸弹的前一年,也就是早在杜鲁门决定加速美国的"超级"计划之前,苏联就迅速走上了通往1955年11月22

日测试第一枚完全成熟的热核武器的道路。冯·诺依曼决心帮助美国遏制斯大林,却在无意中帮助苏联启动了氢弹计划。

　　二战结束很久后,冯·诺依曼的洛斯阿拉莫斯之旅仍在继续,他和克拉里一起研究特勒的"超级"计划。这种设计甚至比内爆武器还要复杂,需要裂变炸弹的爆炸来触发内部的聚变反应。为了进行相关运算来检验他们的设计是否可行,从事"超级"计划研究的科学家和工程师需要一种新型机器,而宾夕法尼亚大学摩尔电气工程学院(后文简称"摩尔学院")正在开发这种机器。冯·诺依曼很快便参与进来。第一台现代计算机即将问世。

未来的计算机可能只有1 000个真空管,重量可能只有1.5吨。

——《大众机械师》,1949年3月

第 5 章
现代计算机的曲折诞生

从 ENIAC 到苹果

冯·诺依曼有关 EDVAC 报告的第一份草案成为计算机史上最具影响力的文件。他在其中提供了第一个"完整的机器逻辑框架",计算机设计师现在将此配置称为"冯·诺依曼体系结构",今天几乎所有的计算机,包括智能手机、笔记本电脑、台式电脑等,都是根据冯·诺依曼体系结构设计的。

1945年春天的一个早晨，一直忙于为洛斯阿拉莫斯的原子弹筛选日本目标的冯·诺依曼，从台地回到了家中，然后倒头便睡，一直睡了12个小时。"约翰尼一连两顿饭都没吃，他还从来没有这样让我担心过呢，"他的妻子克拉里在回忆录中写道，"更不用说，他一觉竟能睡这么长时间，我以前还真不知道。"[1]

那天深夜冯·诺依曼醒来了，他开始以极快的速度发出预言，但他结结巴巴，就像非常紧张一样。"我们正在创造的，"他告诉她，

是一个恶魔，其影响将会改变历史，如果说还能有历史留下来的话，看不清这一点是不可能的。这不仅涉及军事方面的原因，而且以某些科学家的观点来看，不去做那些可行的事也是不道德的，哪怕它会带来可怕的后果。而这仅仅是个开始！正在变为现实的这一能量之源，将使科学家成为任何国家中最令人厌恶也最易受通缉的公民。

但紧接着，冯·诺依曼就从谈论原子的力量，突然转向了机器的力量。他认为机器的力量"将不仅变得更重要，还不可或缺"。

他说:"只要人们能跟上它们创造的步伐,我们就能进入远远超越月球的太空。"而他也担心,如果我们跟不上,那这些机器就有可能比他正在帮助制造的炸弹更危险。

"在推测未来技术可能性的细节时,"克拉里继续说道,"他让自己陷入了如此的犹豫,以至于我最后建议他吃几片安眠药并喝一杯非常烈的酒,让他回到当下,对自己预测的不可避免的末日前景放松一点儿。"[2]

不管那天晚上萦绕在他脑海中的幻象的本质是什么,冯·诺依曼都果断地从纯数学转向了一心一意地创造令他害怕的机器。"从那时起,"克拉里总结道,"约翰尼对未来事物的形态之迷恋和专注便再未停止。"

冯·诺依曼对计算机技术的兴趣可以追溯到20世纪30年代。[3]早年在为美国军方工作期间,他得出结论:为爆炸建模所需的计算将很快超出当时台式计算器的数字处理能力。据记者诺曼·麦克雷说,冯·诺依曼曾预测,"计算机将会有一定的进步,其部分工作方式必然会与大脑一样。这样的机器将会与所有的大型系统,如电信系统、电网和大型工厂连接"。在20世纪六七十年代计算机被连接在一起形成ARPANET(美国高级研究计划局网络,简称"阿帕网")之前,互联网已经被反复设想了很多次。

难道冯·诺依曼对计算机技术的兴趣是在战争期间被图灵激发的?这两人很有可能是彼此激发。英国国家研究开发公司(NRDC)的首任负责人、科学家托尼·吉法德坚持认为确实如此。[4] 1971年,他对计算机科学家兼史学家布莱恩·兰德尔说:"他们相遇了,彼此激发了火花。可以说,他们的脑子里各有一半的画面,事实也是如此,而等到他们真正相遇时,这两部分便合在一起了。"[5]

无论1943年冯·诺依曼在英国经历了什么(现在这条线索似乎

已经消失），当返回美国后，他在洛斯阿拉莫斯就成了计算机技术的主要倡导者。1944年1月，他写信给美国科学研究与发展办公室应用数学小组的负责人沃伦·韦弗，请求他帮助找到美国国内最快的计算机器。内爆装置的数学运算快要失控了。乌拉姆这样回忆道：

> 我记得在与冯·诺依曼的讨论中，我提出了通过蛮力进行计算的建议和计划，尽管这得一步一步来，非常费劲，还涉及大量的计算工作，需花费更多的时间，但可以得到更为可靠的结果。就在那时，冯·诺依曼决定利用"即将问世"的新型计算机。[6]

韦弗向哈佛大学的物理学家霍华德·艾肯推荐了冯·诺依曼，艾肯正期待着IBM制造的自己设计的一台机电计算机的问世。这台ASCC（自动序列控制计算器）将被重新命名为哈佛Mark I（马克一号）。冯·诺依曼登门拜访了艾肯，然后返回洛斯阿拉莫斯，并建议将他们的一个机密问题改头换面，以消除能够反映其真实用途的任何痕迹。艾肯不知道，他的机器将进行的第一批运算任务之一就是对原子弹冲击波的一系列模拟。但事实证明，哈佛Mark I的速度比洛斯阿拉莫斯的穿孔卡计算机还慢（虽然结果更精准），而且无论如何，它已经被海军的工作预订了。冯·诺依曼继续坚持在美国各地奔波多年，充满热情地寻找强大的计算机器。

马丁·史瓦西是最早使用电子计算机进行研究的天文学家之一，他说："在战后的这些年里，每当你参观一个现代大型计算机装置时，你总会发现有人在研究冲击波问题。如果你问他们怎么会开始做这个，他们总会说是冯·诺依曼让他们做的。因此，他们成了冯·诺依曼行走于现代计算机舞台上的足迹。"[7]

奇怪的是，韦弗并没有把宾夕法尼亚大学摩尔学院正在开发电子机器的消息告诉冯·诺依曼。冯·诺依曼的导师奥斯瓦尔德·维布伦也没有告诉他，而正是维布伦在1943年4月批准了该项目的资金。较早的计算装置，如哈佛大学的Mark I或康拉德·楚泽的Z3，都是用齿轮、继电器开关和传动装置的位置来表示数字的。但是摩尔学院的ENIAC没有任何移动的部件。由于采用了真空管，而且只有电路，其设计者便大胆地预测，该机器的计算速度将比之前的机器快数千倍。

也许无论是韦弗还是维布伦，对这个未经考验的开发团队是否真的能够把ENIAC造出来都没有信心。又或许，他们认为冯·诺依曼立时三刻就需要一台机器，而ENIAC预计还要两年才能准备就绪。不管怎么说，冯·诺依曼是一次在阿伯丁的弹道研究实验室开完会后，在等回家的火车时偶然得知这台机器的消息的。

赫尔曼·戈德斯坦曾是密歇根大学的一名数学家，后于二战期间应征加入美国军队。当他即将被派往太平洋时，正在努力为弹道研究实验室招募科学家的维布伦半道截和，给他提供了一份更好的工作。就在戈德斯坦接到登船出发命令的同一天，有人通知他到阿伯丁试验场报到。戈德斯坦明智地选择了维布伦和阿伯丁，在那里，戈德斯坦被分配到计算火炮射表的团队，这些计算与维布伦在一战期间受雇负责督测的那种炮弹弹道在本质上相同。

1944年夏天的一个晚上，在阿伯丁火车站的月台上，戈德斯坦看到了一个他认识的人——他听过此人的讲座，而此人是美国当时除爱因斯坦外的最著名科学家。戈德斯坦向冯·诺依曼做了自我介绍，两人在等火车的时候聊了起来。戈德斯坦解释说，自己的职责包括与费城的摩尔学院联络，并提到了他们正在与该学院合作的一个项目，即一台每秒能进行超过300次乘法运算的电子计算机。

戈德斯坦说，听到这里，"我们谈话的整个气氛，就从轻松愉快的幽默瞬间变成了类似于数学博士学位口试"。[8]

据戈德斯坦说，那次偶遇后不久，8月7日，他安排冯·诺依曼参观了摩尔学院正在制造的机器。戈德斯坦说，冯·诺依曼在那里看到的一切"改变了他后来的人生"。[9]

ENIAC占据的空间宽约30英尺，长约56英尺。沿着墙壁排列的是计算机的内部结构：大约18 000个真空管，以及排列在8英尺高的面板上的一排排电线和开关。

"如今我们都认为个人电脑就是一个能随身携带的物件，"在1950年加入该项目的数学家哈里·里德说，"但ENIAC实际上是一种你完全可以住在里面的东西。"[10]

ENIAC是约翰·W. 莫奇利（John W. Mauchly）的发明，他曾经是一名物理老师，大萧条致使他从事研究工作的梦想破灭。他最早获得了马里兰州巴尔的摩的约翰斯·霍普金斯大学的奖学金，不过他并没有读完本科就于1932年获得了该校物理学博士学位。他做过一段时间的研究助理，但不幸的是，他开始在大学求职时，正是近代以来经济衰退时间最长的时期之一。莫奇利的学术求职之路陷入停滞。于是，他只在宾夕法尼亚的一所小型文理院校乌尔辛纳斯学院找到一份工作，成为物理系的系主任，实际上也是物理系唯一的成员。战争爆发时他还在那里工作。

虽然一场全球性灾难让莫奇利的雄心壮志受挫，但另一场灾难让他的前途变得更好。1941年，他在摩尔学院读了一门电子学课程。就是在这里，科学家们接受了再培训，以便为战争行动提供帮助。就这样，34岁的莫奇利遇到了22岁的J. 普雷斯伯·埃克特（J. Presper Eckert）。埃克特是当地一位房地产巨头的儿子，也是个电子学方面的"青年天才"，管理这门课程的教学实验室。两人一起炮制了几个雄心勃勃的计划，拟打造一台机器来计算火炮射表，这项任务消耗了摩尔学院越来越多的资源。

具体到一门火炮，其射表由数百条弹道轨迹组成，显示了在不同条件下于不同高度发射的炮弹的射程。每种枪械和弹药的组合都需要自己的射表。摩尔学院的计算始于弹道研究实验室测试射程的数据。他们在不同的高度发射了大约10发炮弹，并测量和记录了每一发炮弹的飞行距离。然后，摩尔学院再来计算其他的弹道轨迹。考虑到风阻因素，轨迹会随炮弹的高度和速度而变化。计算射表中的一条轨迹，可能就需要一个人用台式计算器工作长达两天。到了20世纪30年代，同样的任务可以用微分分析仪在20分钟内完成。该分析仪是麻省理工学院的万尼瓦尔·布什和他的同事发明的一种巧妙的工具。微分分析仪是一个把房间挤得满满当当的设备，看起来有点儿像一组用螺栓组合起来的过度设计的桌式足球桌。一旦为一个问题配置好了合适的轴、齿轮和轮子，分析仪的一只机械臂将被用来跟踪输入曲线，这些运动将被机械地转化为所需的输出。该仪器并不便宜。美国陆军为摩尔学院支付了费用，条件是一旦战争迫在眉睫，弹道研究实验室就可以征用它。1940年，它被征用了，弹道研究实验室派戈德斯坦中尉来担任联络官。

1942年底，摩尔学院安排了一个小组操作这台分析仪，另有一个100名女性组成的团队，每周6天使用台式计算器计算轨迹。在大约一个月的时间内，两个团队各完成了一份射表。但是，尽管这些女士非常努力，她们还是越来越落后于计划。

莫奇利已了解任务积压的情况。这个团队的成员包括他的第一任妻子、数学家玛丽·奥古丝塔·沃尔兹尔（Mary Augusta Walzl）。1941年9月，摩尔学院聘请莫奇利担任助理教授，他开始仔细地观察这台分析仪，想知道是什么让它运转起来的，并开始考虑一种能更快完成这项工作的电子替代品。他在一份备忘录《高速真空管在计算中的应用》中列出了他的初步想法。1943年春天的某个时刻，戈德斯坦偶然看到了这份备忘录。戈德斯坦认为，莫奇利描述的方法值得一试，并说服弹道研究实验室的官员相信其重要性。ENIAC 的合同于当年 6 月签署，弹道研究实验室还拨款 15 万美元，以保证项目能够在 15 个月内完成。这台计算机的最终成本远远超过 50 万美元，相当于今天的 800 万美元。

ENIAC 的研制工作正式开启，现在其代号为"PX 项目"。电气工程师约翰·布雷纳德被任命为该项目的首席研究员，负责监督预算，埃克特成为项目的总工程师。而最早提出此项目构思的莫奇利却被降级为兼职顾问。由于有许多教师在从事与战争有关的工作，所以摩尔学院需要他继续教学。

最初，埃克特带领了一个有十几位工程师的小团队，分别设计和测试机器的电路。但当项目于 1944 年全面开始建设时，参建队伍却迅速扩大。一个由 34 名"线路工"、组装工和技术人员组成的生产团队被请来安装这台机器的组件，他们要将组件连接起来，并焊接大约 50 万个连接点，这都是制造这台计算机所必需的。虽然 ENIAC 是由男性设计的，但实际建造它的繁重、精细的工作却几乎完全是由女性完成的。她们连晚上和周末都在苦干，直到彻底完工。[11] 该项目的工资单记录中隐藏着近 50 名女性的名字，或许还有更多的女性的名字只是以姓名首字母的形式出现在名单上。

尽管她们如此努力，但军队首领仍充满无法抑制的挫败感，因为战时采购困难的部件，不仅有真空管，还有电阻、开关、插座、数英里长的电线等更普通的部件，致使项目进展一直拖延。历史学家托马斯·黑格说："有大约 18 个月的时间，ENIAC 始终还差 3 个月工期才能完成。"[12]

当冯·诺依曼于 1944 年 8 月到达现场时，ENIAC 距离完工还差一年多的时间。他对这个项目的最初贡献之一，就是让资金源源不断地流入。冯·诺依曼不仅是科学界的重量级人物，还是一个在政界和军界都有相当影响力的人。他令人信服地论证，这台机器的用途将

第 5 章 现代计算机的曲折诞生

远远超出它最初的设计目的。1945年12月，这台机器终于准备就绪，他的预言成真了。ENIAC的第一项任务并不是进行射表计算，而是解决来自洛斯阿拉莫斯的氢弹问题。

洛斯阿拉莫斯派出了两位物理学家尼古拉斯·梅特罗波利斯和斯坦·弗兰克尔去弄清楚这台新机器是如何工作的，这样他们就可以从它身上获取它所能给予的所有计算能力。他们得到了赫尔曼的妻子、数学家阿黛尔·戈德斯坦的帮助，她后来编写了ENIAC的使用手册；另有6名新培训的操作人员也给予了帮助，她们全部是女性，其中4人拥有数学学位。只有这两位物理学家知道计算任务的真正目的，即通过解出三个偏微分方程构成的方程组，来决定需要多少珍贵的氚才能点燃特勒的"超级"炸弹。[13] 就像美国早期的许多炸弹研究一样，这些细节仍然是机密，但据赫尔曼·戈德斯坦说，在接下来的几周内，有100万张穿孔卡片被运到摩尔学院。特勒利用这些成果为他的炸弹造势：1946年4月，在洛斯阿拉莫斯举行的一次秘密会议上，他宣称这台计算机证明了他是正确的，他的"超级"炸弹能行。正是在这次会议上，冯·诺依曼和福克斯在他们的专利上展开了合作，福克斯却将专利的细节泄露给了苏联。

冯·诺依曼对ENIAC的兴趣，远远超出它作为能制造出更好炸弹的工具的用途。从看到这台机器的那一刻起，他就在构想一种截然不同的计算机。

关于ENIAC的许多缺陷，它的设计师们在项目初期就认识到了。在其所消耗的150千瓦电力中，有超过一半是用于加热或冷却真空管的。尽管对新批次有严格的压力测试和不使用不合格产品的程序，但每隔几天就会有一个真空管炸裂。为了最大限度地减少故障部件和断开连接造成的运转中断，ENIAC的组件被安排在标准化的插件单元中，可以进行快速拆卸和更换。即便如此，这台机器宕机的时间还是远远多于正常运行的时间。1947年12月，ENIAC已经按照合同要求被转移到弹道研究实验室，按《纽约时报》一则报道的说法，该机器有17%的时间花在了设置和测试上，41%的时间花在了故障排除和解决问题上，只有5%的时间（每周约两个小时）是在实际工作。[14]

ENIAC是作为一种战争机器诞生的，其目的只有一个。但随着战争的结束，射表计算与其他紧迫的问题都在争抢使用这台机器的时间，该机器的"存在理由"已成为其最大的障碍。冯·诺依曼比这个项目的任何人都看得更清楚，也许比世界上任何人都看得更清楚。更重要的是，他清楚地知道如何设计一个远比ENIAC灵活且更容易重新编程的后继者。ENIAC团队讨论他们机器的缺陷已经有一段时间了。现在，有了冯·诺依曼参与，一项创建后继者的提议很快就准备好了，以供弹道研究实验室的高层审查。8月29日，在戈德斯坦和冯·诺依曼在场的情况下，一个高级别委员会批准了该计划。在摩尔学院，新机器的研发工作的代号很快被命名为"PY项目"，并就其设计展开了紧张的讨论。到第二年3月，团队同意由冯·诺依曼来总结他们的想法。他其实能做的远不止这些。

冯·诺依曼现在已经非常精通电子工程这一新兴领域。他对不同真空管的相对优点有自己的见解，并热衷于为新机器设计电路。但他毕竟不是一个工程师，他是一个数学家，拥有超凡的能力，能把问题表面的复杂性进行分解，并将它们转变成最基本的形式。现在，他把这种天赋运用到ENIAC团队的五花八门的想法中。"约翰·冯·诺依曼不是唯美主义者，"黑格和他的同事们说，"但他对ENIAC的智识反应，堪比一个加尔文主义的狂热信徒——掌管了一座华贵的大教堂，开始粉饰壁画，把装饰性的枝枝蔓蔓一律去除。"[15]这种冲动催生了一种新机器的设计，它将激励一代又一代的工程师和科学家按照其形象制造计算机。

有趣的是，冯·诺依曼正是通过参与20世纪初那场撕裂数学的基础性危机，为他对计算机技术做出最尖端贡献做好了思想准备。一个看似不可能的历史转折，却将现代计算机的知识根源与希尔伯特的挑战——证明数学是完备、一致和可解的——纠缠在一起。希尔伯特发出挑战后不久，智力活跃但心理脆弱的奥地利数学家库尔特·哥德尔表示，要证明数学是完备或一致的是不可能的。在哥德尔取得突破的5年后，23岁的图灵以一种其他逻辑学家完全预料不到的方式，攻击希尔伯特的"判定问题"，并想象出一台机器来证明数学是不可判定的。这两位逻辑学家的形式主义，将有助于冯·诺依曼将现代计算机的结构具体化。作为其冥思苦想的结晶，冯·诺依曼有关 EDVAC 报告的第一份草案，将成为计算机史上最具影响力的文件。[16] 计算机科学家沃尔夫冈·科伊（Wolfgang Coy）说："今天，该报告已被当作现代计算机的出生证。"[17]

在希尔伯特对完美数学的追求搁浅仅 10 多年后，他的计划出人意料地结出了惊人的果实。

有关哥德尔在计算方面做出惊人贡献的故事，始于 1930 年在柯尼斯堡举行的为期三天的数学基础会议即将结束之际。数学领域的许多有身份的人士都参加了该会议，包括年轻的冯·诺依曼。[18] 哥德尔的研究尽管最终会毁掉希尔伯特的计划，但他已经着手推进它了。在其博士论文中，哥德尔研究了希尔伯特所要求的基本证明之一：证明"一阶逻辑"（也被称为"谓词演算"）是完备的。

一阶逻辑是一组规则和符号，而这些规则和符号可以表达诸如亚里士多德经典逻辑中的形式论证或"三段论"。[19] 这种符号逻辑的美妙之处在于，该系统将自然语言形式化，将语句剥离成最基本的逻辑框架。通过 1917 年到 1922 年的一系列讲座，希尔伯特帮助发展了一阶逻辑。1928 年，他和他的学生威廉·阿克曼就这个主题编写了一本经典教科书。[20] 希尔伯特知道一阶逻辑存在不足之处，并在书中提出要求，对这种语言中的定理的可靠性进行证明。当然，我们可以用一阶逻辑来述说一些相当奇怪的事情。[21] 希尔伯特问道，如果一个人从真实前提出发，那么一阶逻辑得出的结论是否也总是真实的呢？或者用数学术语来说，一阶逻辑是"完备的"吗？这正是 23 岁的哥德尔要在自己的论文中加以证明的。

在柯尼斯堡会议的第二天，哥德尔做了一场 20 分钟的演讲，概述了他的证明，表明一阶逻辑确实是完备的。然而，对一位初露锋芒的年轻逻辑学家而言，尽管这项研究着实令人印象深刻，但其结果是数学界预期的，他所使用的方法也都是成熟的。哥德尔的陈述得到了一众与会的数学和哲学领域名人的颔首赞许。但是这位年轻的数学家还是暗自留了一张"王炸"。

直到会议的最后一天，在闭幕前的圆桌讨论接近尾声时，哥德尔才打出了这张牌。他仅用一句话，就不动声色地把本次会议之前的议程贬得一文不值，将数学的大厦根基变成了熊熊燃烧的废墟。"人们甚至可以，"他谦逊小心地说，"举出一些命题的例子（实际上是类似哥德巴赫或费马的那一类命题的例子），尽管在内容上是真实的，但在古典数学的形式体系中是无法被证明的。"

换言之，数学中存在着无法以数学运算去证明的真理，数学是不完备的。他随口提到哥德巴赫和费马是令人惊讶的。哥德巴赫猜想（任一大于 2 的偶数都可以写成两个素数之和）和费马大定理（当整数 $n>2$，方程 $x^n + y^n = z^n$，除了 $xyz = 0$ 外，没有其他的整数解）是两大悬而未决的算术问题。[22] 哥德尔的意思是，即使在教给小学生的数学中，也可能潜藏着永远无法被证明的真理。

哥德尔宣布了 20 世纪最重要的智力成就之一。当人们对这一发现的反应甚至比对他的论文的敷衍赞扬还要不当回事儿时，他一定非常气愤。在场的人礼貌地漠视了他精心准备的一句重磅炸弹，就好像他在晚宴上讲了一个糟糕的笑话一样。

哥德尔的声明至少应该引起与会者的一两个问题。例如，一个数学命题怎么可能是真的，却又无法被证明？然而，似乎只有一个人充分理解了哥德尔成就的意义，并想要了解更多。圆桌会议结束后，作为希尔伯特计划值得信赖的传播者，冯·诺依曼一把拽住哥德尔的袖子，把他引到一个安静的角落，仔细向他请教他所用的方法。

第二天，希尔伯特发表了他的退休演说。在这场充满激情的演讲中，他再次宣称数学中没有解决不了的问题，并说出了后来写在他墓碑上的那句话："我们必须知道——我们将会知道。"但是哥德尔却证明希尔伯特错了。

哥德尔证明的核心是对"说谎者悖论"的重述。在通常的形式中，这个悖论可以这样表述："这句话是假的。"尴尬的是，这只有在句子是假的情况下才是真的——这个事实已经困扰了语法家和逻辑学家几个世纪。哥德尔从不可证明性而非错误性的角度重新定义了它，设计出一个类似的陈述（并称之为"G"），即"命题 g 在系统中是不可证明的"。

这本身并不矛盾。但是，哥德尔把这个命题的主题 g 变成了 G 本身，从而把这个陈述转回到它自己身上。现在，如果 G 命题不能被证明，那么它就是对的。相反，如果 G 可以被证明，那么它就是错的。但这意味着原来的表述——G 是不可证明的，已经被正式证明了。因此，G 也是对的。在一个数学系统中，相同的表述若在其中既是对的又是错的，那就是毫无用处的。因此，最好还是选择第一个选项：数学中存在对的但又不可证明的表述。在其后来的生涯中，哥德尔自己所拥护的是柏拉图的那个观点，即数学真理在某种意义上是"存在的"，它们只能被发现，而不能被创造。

哥德尔所做的，远不止创造出又一个逻辑悖论。他的整个证明都是用算术语言写成的，这就是一个数学定理。他创造了一个具有独创性的系统，现在被称为"哥德尔配数"，即将数字分配给逻辑语句，然后严格按照《数学原理》[①]中规定的算术规则和公理来对它们进行计算。

任何人都可以想出一个任意的系统，能够把形式逻辑的字母和符号转换成数字。也许当你还是个孩子的时候，你会用"秘密"代码给你的朋友写字条，每个字母都配有一个数字。哥德尔以同样的方式开始，为《数学原理》中的每个符号分配一个唯一的数字。[23]但与任何原始编码手法相似的地方也就到此为止了，因为哥德尔接下来会使用一组算术规则给每个语句和每个语句集合（包括那些构成定理的语句）分配一个唯一的数字。这一过程是可逆的，因此每个哥德尔配数都可以被解码成原始表达式。

在哥德尔的证明中，他确保了对语句的每一个逻辑运算所对应的数字进行并行的算术运算。所以，想象一下，"所有的橘子都是绿色的"这个语句，它的哥德尔配数是 3778（实际上的哥德尔配数要长得多）。而这个语句的否定式"不是所有的橘子都是绿色的"，其哥德尔配数也许就是原语句哥德尔配数的两倍：7556。如果这真的是哥德尔的系统，我们在解码数字 7556 时就会发现，它确实代表了"不是所有的橘子都是绿色的"这句话。此外，将任何语句的哥德尔配数加倍，总是会以这种方式得到原语句的否定句。令人难以置信的是，哥德尔确保了他的系统中的所有逻辑运算都有一个算术等量。因此，哥德尔配数的语句接续相随（例如三段论），通过算术关系联系在一起，就像语句本身通过逻辑规则联系在一起一样。一个证明就包括一组这样的逻辑推断。证明的基础是几个公理——它们本身就是逻辑陈述。

[①] 《数学原理》是由英国哲学家伯特兰·罗素和其老师怀特海合著的一本关于哲学、数学和数理逻辑的巨著。哥德尔于 1931 年发表的论文《《数学原理》及有关系统中的形式不可判定命题》是 20 世纪逻辑学和数学基础方面最重要的文献之一。——编者注

任何有效的证明都必须有一个哥德尔配数，这个数字可以使用算术规则从公理的哥德尔配数中推导出来。

随着他的编码系统的建立，哥德尔能够提供一个过程，使得任何证明都可以通过简单的数学来检验。首先，按照哥德尔方案的解密规则，要对证明的哥德尔配数进行分解。最终，这将揭示此证明公理的哥德尔配数。然后只要查验哥德尔配数的公理是否确实是那些系统（即《数学原理》的公理）允许的即可。这个过程是重复性的，所以哥德尔定义了一个"原始递归函数"的组合——本质上是数学循环——来进行解码，由此产生一种算法，一种可以测试任何定理的证明检验机器。定理是否有效的问题变成了做加法的问题。（尽管相当复杂！）将受测定理的哥德尔配数放入机器，转动手柄，直到公理的哥德尔配数弹出，然后查阅系统的基本公理列表，即可看到它们是否在列。

最后，哥德尔生成了一个算术语句——也可以说成一个复杂的和——它反映了这样一个语句：命题 g 在系统中不可证明。然后，他证明了这一语句的哥德尔配数本身可以是 g。也就是说，哥德尔通过算术来谈论算术的本质，在原来的语句上增加了另一层自我参照。他的惊人发现是，数学语言可以用来构建与数学相关的元语句。

一代又一代的哲学家和神秘主义者都对哥德尔定理做过大量的研究，他们宣称的结论一个比一个疯狂。认知科学家道格拉斯·霍夫施塔特在自我参照的循环中，看到了我们自我认知的一抹微光，即人类意识的本质。[24] 有些人甚至认为，这项工作为上帝的存在提供了证据（不然又有谁能让这些真理自由漂浮，任由数学家发现？），在哥德尔去世后，他的论文中的一个尚未完成的关于上帝存在的证明被发现了，这支持了上述说法。

但是，他那晦涩难懂的论文的一个显著结果并没有得到普遍认可。早在 1930 年，哥德尔就编写了一个计算机程序，远远早于任何能够运行它的计算机的出现。[25] 他一下子就消除了句法和数据之间的严格区别。他已经证明，设计出一个严格的系统是有可能的，在这个系统中，逻辑语句（与计算机指令非常类似）可以用数字表示。或者就像冯·诺依曼于 1945 年在高等研究院阐述其计划制造的计算机时所说的那样，"那些给指令编码的'单词'在内存中像数字一样被处理"。[26] 这就是现代编码的本质，也是软件最核心的概念。任何程序在由计算机的中央处理单元逐行执行之前，都要被转换成二进制机器代码，每个数字对应一个被硬连接到芯片上的任务。哥德尔证明中的原始递归函数，在现代计算机程序中以"for 循环"指令的形式出现，用于重复执行一个代码块。计算机内存中用于引用的数字地址会让人想起哥德尔配数，其中，数字充当逻辑语句的跟踪代码。

"如今，懂得现代编程语言的人在阅读哥德尔当年写的关于不可判定性的论文时，会看到一连串共有 45 个编号的公式，看起来与计算机程序非常相似，"数学家马丁·戴维斯解释说，"这种相似性并非偶然。为了说明在《数学原理》中作为证明代码的属性在《数学原理》中是可以表达的，哥德尔必须处理许多设计编程语言和用这些语言编写程序将面临的相同问题。"[27]

在柯尼斯堡会议之后，冯·诺依曼一直在思考哥德尔的证明。11 月 20 日，他兴奋地给哥德尔写了信。"采用你曾经成功运用的方法……我得到了一个在我看来很了不起的结果，也就是说，"冯·诺依曼继续夸张地说，"我能够证明数学的一致性是不可证明的。"

冯·诺依曼答应把自己的证明寄给哥德尔，并说很快就可以出版了。但是已经太迟了。哥德尔大概察觉到，冯·诺依曼在他俩的柯尼斯堡交谈之后，正跟在自己后面紧追不舍，于是早就把自己的论文寄给了一家杂志社。[28] 现在，他给冯·诺依曼寄去了一份副本。冯·诺依曼垂头丧气地回了信，对哥德尔表示感谢。"既然作为你早期成果的自然延续和深化，你已经建立了一致性不可证明的定理，"冯·诺依曼补充道，"我显然不会再发表关于这个主题的论文。"此言一出，冯·诺依曼便悄然放弃了针对数学史上最显著的成果发表观点的机会。

哥德尔的第二个不完备定理的结果，甚至比他的第一个定理更令人震惊。正如冯·诺依曼所指出的，基于哥德尔的早期定理，任何复杂到包含算术的系统都不可能被证明是一致的，至少不使用系统本身的工具是如此。也就是说，哥德尔已经表明，我们不可能证明与我们常识性的计数概念相矛盾的陈述，如 2+2 = 5 本身永远无法被证明。

当其他人还在纠结于哥德尔的研究时，冯·诺依曼立刻明白了就连希尔伯特甚至是哥德尔本人都难以接受的东西。"我个人的观点，"他说，"当然很多人也所见略同，就是哥德尔表明希尔伯特计划基本上是没有希望的。"冯·诺依曼称，哥德尔是自亚里士多德以来最伟大的逻辑学家，并放弃了对数学基础的研究。1938 年奥地利被纳粹德国吞并后，维也纳大学拒绝为哥德尔提供教职，部分原因是他"总是在自由主义的犹太人圈子里行走"。冯·诺依曼发起了一场运动，要把他带到高等研究院。"哥德尔是绝对不可替代的，他是我敢做出这样断言的唯一一位在世的数学家，"他在给弗莱克斯纳的信中写道，"把他从欧洲的废墟中救出来，是当下任何人对科学所能做出的伟大贡献之一。"[29]

冯·诺依曼成功了。在普林斯顿，哥德尔认定他家里的暖气片和冰箱在释放有毒气体，并把它们移走，致使他在最初几年的冬天里瑟瑟发抖。哥德尔有时会趁冯·诺依曼不在时溜到他家里，随手拿起一本书就开始看。一旦看完，哥德尔就会把书放回原处，然后扬长而去，甚至连一个字也不对冯·诺依曼年轻的妻子说。他经常和爱因斯坦一起从高等研究院走回家，一路沉浸在政治、物理和哲学方面的温和争论中。表情严肃的年轻逻辑学家和年过六旬的爱交际的物理学家虽然是一对奇怪的组合，但他们彼此还是从对方的陪伴中获得了极大的乐趣。在他的朋友爱因斯坦和冯·诺依曼于20世纪50年代去世后，哥德尔就基本不再发表原创作品了。1978年，他的妻子阿黛尔因重病住院，哥德尔也在忍受着困扰他一生的偏执狂的多次发作。由于害怕被人下毒害死，他拒绝进食，慢慢地开始挨饿。5个月后，阿黛尔康复出院回到家里，并很快就说服瘦骨嶙峋的哥德尔住院。可惜太晚了。哥德尔于1979年1月14日去世，体重仅66磅。

阿黛尔和库尔特·哥德尔

1931年，哥德尔证明了数学既不能被证明是完备的，也不能被证明是一致的。5年后，对希尔伯特提出的三个问题中的最后一个，即"数学是可判定的吗？"[30]，图灵给出了否定的答案。正当图灵准备发表自己的证明时，美国逻辑学家阿朗佐·丘奇（Alonzo Church）将自己的一篇论文寄到了剑桥。丘奇用自己的形式化逻辑体系，即"λ演算"，得出了他对"判定问题"的对应答案。[31]

在通常情况下，丘奇的论文或多或少会使作为年轻逻辑学家的图灵的研究成果无法发表。数学领域的第二名很少获得奖励。但是图灵对这个问题的解题方法是如此惊人的新颖，以至于他的剑桥大学导师马克斯·纽曼建议他继续发表论文,并请丘奇阅评此文。丘奇答应了,甚至同意从第二年开始在普林斯顿指导图灵的博士学业。

在图灵那篇著名的论文中,他描述了一种假想的机器,可以在无限长的纸带上读、写或擦除符号,纸带会被分成正方形的空格。[32] 机器的前端可以沿着纸带向左或向右移动,每次移动一个方格,就可以读取在那里找到的符号。根据查找到的内容,机器会从其有限的打印、擦除、移动等指令集中执行一个或多个指令。其在每个方格上的动作都取决于图灵所称的该机器的"m-配置"(m-configuration),即机器的内部状态,它还可以根据所读取方格内容的不同而改变。图灵给出了这样一个机器的简单例子,它在空白纸带上打印二进制序列01010101……会从任意一个空白方格开始,并在相邻数字之间留下一个空白方格。[33]

只要给出适当的指令,图灵的假想机器就可以进行加法、乘法和其他基本的数学运算,尽管图灵没有费心去证明这一点。[34] 相反,他构建了一系列指令表来完成各种辅助任务,比如搜索和替换一个符号,或者擦除某一特定类型的所有符号。在论文的后半部分,他利用这些数据构想了一个"通用计算机",能够模拟任何其他图灵机。今天的计算机程序员已认识到图灵的策略:现代程序会利用各类程序库中被称为"子程序"的更简单的程序。子程序简化了程序的结构,更简单的程序更容易被理解、改进和排除故障。

虽然图灵用了纯粹抽象的术语来描述他的计算机,但建造一台计算机是很容易想象的。一台能执行单一任务的图灵机可能包括一个扫描器、读写头(擦除字符无疑要复杂一些)和一个可以来回移动"无限长"纸带卷的马达。"m-配置"及其可能的输入和输出被"硬连接"到设备中,因此当扫描器读取一个符号时,读写头会根据指令表进行移动、擦除或打印。

这种机器被称为"程序控制"计算机。现代洗衣机就是一种由程序控制的计算机。ENIAC 也是如此（不过，与洗衣机不同的是，它可以通过重新配置来处理其他任务，就像老式电话可以通过交换总机将电缆插入适当的插座那样）。在这两种场景中，按一个按钮或轻点一个开关就会触发一系列计算事件，将一种事物（脏衣服，带有靶场数据的穿孔卡）转换成另一种事物（干净衣服，带有计算出的火炮轨迹的穿孔卡）。

然而，图灵描述的通用计算机是完全不同的。当输入另一台图灵机的指令表时，通用计算机可以准确地进行模拟。图灵首先描述了一个系统，它可将指令表转换成机器能够消化的形式：一连串可以写入纸带的字母。图灵称这是对机器的"标准描述"。今天，我们可以称之为"程序"——一种存储于计算机内部而非接入计算机的符号。[35]

通用计算机是使用图灵所定义的子程序及指令集精心构建而成的，虽然复杂，却是有限的。图灵仅用 4 页多一点儿的篇幅，就完整地描述了这台了不起的设备。只要给出适当的指令，通用计算机就能执行各种各样的任务。

"我们可能会先验地认为这是不可能的。怎么可能会有这么一种自动机，其有效性至少可媲美任何我们能够想象到的自动机，比如那种规模和复杂性都是其两倍的自动机？"冯·诺依曼在 1948 年这样问道，"然而，图灵却证明了，这是可能的。"[36]

图灵因发明了通用计算机而闻名，但他发明通用计算机的起因——解决希尔伯特的判定问题，却常常被忽视。尽管如此，图灵论文的整个逻辑结构却都是以回答该问题为唯一目的而组织起来的。[37]他通过论文证明，不可能存在一般的、系统的过程来决定一阶逻辑的任何特定陈述是否可证明，从而打破了希尔伯特的最后一个梦想。

当图灵撰写论文的时候，"计算机"并不是机器，而是人。事实上，"他们"几乎都是使用台式计算器、笔和纸工作的女性（尽管图灵用男性代词指代她们）。图灵基于这些"人类计算机"建立了他的机器模型（例如，机器的"m-配置"对应的是一种"心态"）。在《论可计算数及其在判定问题上的应用》的最后一部分，图灵认为他的机器能够实施任何人类可以实施的算法过程。相反，一个人可以计算图灵机所能计算的任何东西（假定此人不会无聊死的话），但是没有机器不能计算的。

通用图灵机现在被认为是通用"程序存储"计算机的抽象原型，它和今天的任何笔记本电脑或智能手机一样，能够执行计算机内存中的应用程序。克拉里说，更早期的机器"只能演奏一种曲调……就像一个八音盒"。"相比之下，'通用'机器就像一种乐器。"[38]

自20世纪50年代起，通用计算机就被公认为理论计算机科学的基石。人们经常把图灵的名字和可编程计算机相提并论，于是就有了他发明了计算机的神话。图灵确实设计过一台计算机［即ACE（自动计算引擎），这是他在1945年看到冯·诺依曼关于EDVAC的报告后，为英国国家物理实验室设计的］，而且图灵在人工智能领域也做出过切实的重大贡献，这些事实都使得将神话与现实区分开变得更加困难。但《论可计算数及其在判定问题上的应用》是一部抽象逻辑的作品，它公开宣称的目的是解决希尔伯特的判定问题。就像薛定谔在之前一年发表的关于一只既死又活的猫的著名描述一样，图灵的机器是一个思想实验。"薛定谔并没有打算提高当时猫安乐死的最高水平，"黑格说，"图灵也没有提出要建造一种新型的计算机。"[39]

事实上，图灵对当代计算实践的唯一贡献，也许就是他对法恩大楼里的一位昔日老同事的影响。冯·诺依曼对图灵的研究高唱赞歌，之后还会敦促那些正忙于自己的计算机项目的高等研究院的工程师读一读图灵这位英国人的晦涩论文。"冯·诺依曼把自己对《论可计算数及其在判定问题上的应用》的了解带到了摩尔学院的实践舞台上。"埃德蒙·谷轮说，冯·诺依曼大概是图灵最热情的拥护者，"由于图灵的抽象逻辑研究，冯·诺依曼明白，通过使用存储在内存中的编码指令，一台拥有固定结构的计算机在原则上可以执行任何写有专门指令表的任务。"[40] 随着1945年6月30日EDVAC报告的发布，冯·诺依曼将哥德尔和图灵的抽象思考变成了程序存储计算机的典范蓝图。

冯·诺依曼有关EDVAC报告的第一份草案是一份奇怪的文件。他提到电子元件，主要是为解释他不会讨论它们的理由，因为他的目标是描述计算机系统，而不是拘泥于工程学的细枝末节。他说："为了避免这种情况，我们将基于一个假设元素来进行考虑，这个元素的功能基本上就像真空管一样。"[41] 他的"假设元素"是一个理想化的"神经元"，但去掉了生理学上的复杂性。这在今天看来似乎很奇怪，但冯·诺依曼、图灵、诺伯特·维纳及其他为"人工智能"这一领域做出奠基性贡献的思想家们，确实曾把计算机当成"电子大脑"来思考。今天，在计算机硬件的语境中，使用"大脑"或"神经元"这样的词，似乎幼稚得让人发笑。然而，我们却连眼睛都不眨一下，就接受了以同样拟人化的"记忆"一词来指代"存储"。

冯·诺依曼的EDVAC报告中的理想化神经元，最早源自神经生理学家沃伦·麦卡洛克和数学家沃尔特·皮茨在1943年发表的一篇文章。[42] 他们描述的是一个大大简化了的神经元的电子版本，它把许多输入信号加在了一起，如果这个信号总和超过某个阈值，就会发出一个信号。而一个真正的神经元要比这复杂得多，例如，将数千个输入信号加起来会产生一系列脉冲，而不是一个光点。麦卡洛克和皮茨认为，尽管如此，神经元仍可以被有效地视作开关。他们表示，这种模型的神经元网络可以学习、计算、存储数据和执行逻辑函数，简而言之，它们可以进行运算。它们是否像麦卡洛克后来声称的那样"在实质上证明了所有通用图灵机的等价性——无论是人造的还是天生的"，直到今天仍然是争论的焦点。

冯·诺依曼第一次采用了麦卡洛克和皮茨的术语与标记法来描述

第5章　现代计算机的曲折诞生

程序存储计算机的结构。他们的论文是冯·诺依曼在整个 EDVAC 报告中唯一引用的论文。根据冯·诺依曼的描述，组装过程中有 5 个不同的组件或"器官"。前三个组件分别为：一个"中央运算"单元，用于执行加法和乘法等数学运算；一个"中央控制"单元，用于确保指令按适当顺序执行；一个单独的"存储器"单元，可同时存储计算机代码和数字的单一"器官"。第四和第五个组件是输入和输出单元，负责将数据搬进或搬出计算机。为了与麦卡洛克和皮茨的论文精神保持一致，冯·诺依曼将自己的机器对应于人类的神经系统。输入和输出单元分别对应于将信号从受体传递到中枢神经系统的感觉神经元，以及将神经冲动传递回肌肉和器官的运动神经元。介于两者之间的是联络神经元，负责信号调节，相当于他在报告中指定的前三个单元（中央运算单元、中央控制单元和存储器单元）所执行的任务。

戈德斯坦收到这份报告时，简直欣喜若狂。他祝贺冯·诺依曼提供了第一个"完整的机器逻辑框架"，并将这种流线型设计与 ENIAC 进行了对比，指出 ENIAC"充斥着满满一堆小玩意儿，它们唯一存在的理由就是吸引了约翰·莫奇利"。[43]

计算机设计师现在将此配置称为"冯·诺依曼体系结构"，今天几乎所有的计算机，包括智能手机、笔记本电脑、台式电脑等，都是根据冯·诺依曼体系结构制造的。这种设计的根本缺陷，现在被称为"冯·诺依曼瓶颈"，是指令或数据必须从内存中连续找到和提取，就像站在一条直线上，只能向前或向后传递信息。这个任务比任何后续处理都要花费更长的时间。这一缺陷被该体系结构的巨大优势抵消，而这些优势源于它的简单。例如，ENIAC 有 20 个模块可以进行加减运算，而在 EDVAC 中只有一个。更少的电路意味着更小的出错概率，以及更可靠的机器。

冯·诺依曼强调，机器的内存要很大。他历数了洛斯阿拉莫斯所需要的那些数字处理能力，对此他十分清楚。EDVAC 报告要求计算机的存储容量为 8 000 个单词，每个单词长为 32 位，远高于 ENIAC，后者只能存储 20 个 10 位数字。"就像 ENIAC 是因射表问题而成形一样，"历史学家指出，"EDVAC 是因原子弹流体动力学而成形的。"[44]

冯·诺依曼的报告用了很大篇幅来阐述延迟线，这是埃克特在 1944 年初发明的一种廉价的大容量电子存储器。在遇到莫奇利之前，埃克特已经把自己的电气工程技能应用于战时雷达系统的开发。这项研究的目标之一，就是找到能够区分来自静止和移动物体的信号的可靠方法。埃克特独创的解决方案是把传入的电子雷达信号转化为声波，并让它们通过一个装满水银的管子。通过将声波转换回电脉冲而使信号在管子的另一端恢复。管子的长度是刻意选择的，目的是使信号延迟足够长的时间，让雷达天线正好转完一圈。然后将延迟信号从新信号中减去，只留下移动物体的光点。在从事 ENIAC 的研究时，埃克特就意识到这些"水银延迟线"可以用来存储和检索数据。数据可以或多或少无限期地存储在管子中，方法是将退出的信号重新输入设备；数据也可以被覆写，方法则是通过"捕捉"管子中出现的相关脉冲集并将其替换为新数据。取决于其长度的不同，延迟线可以存储多达数百位数字。

在 ENIAC 的约 18 000 个性能不稳定的真空管中，大约有 11 000 个被用于存储。第一代的 EDVAC 式计算机所需的管子数量减少了近 90%，因为它们是通过在水银管中循环声音信号来存储数字的。延迟线很快就被取代了。首先是阴极射线管，将数字以点电荷的形式存储在荧光屏上。然后是磁芯存储器，改变陶瓷环的磁化强度来存储 1 或 0，让位于半导体存储芯片，这种芯片由许多微型晶体管和电容器组成，其存储的信息比早期的那些水银管要多数百万倍。但是，今天计算机的工作内存基于与埃克特延迟线相同的原理，即任何可以暂时保存数据的设备，只要定期对存储在其中的比特进行刷新，就可以永久地保存数据。[45]

EDVAC 报告永远不会有一个完成的版本。1945 年夏天，冯·诺依曼有了更紧迫的任务。他寄给戈德斯坦的"第一份草案"是突然停笔的，留下了一些空白，以待后来补充参考文献和注释。报告对输入和输出单元的描述很少，冯·诺依曼后来又寄出了有关程序如何被记录和从磁带中读取的细节，这些内容将被加进未来的第二稿中。然而，戈德斯坦对这份不完整的报告很满意，很快就把它打印成文了。在没有通知冯·诺依曼、莫奇利和埃克特的情况下，他把报告草案发给了几十位科学家和工程师，这些人当时在美国和其他地方正忙着设计自己的计算机。图灵也在受到启发的人当中，9 个月后，他在自己的计算机计划——自动计算引擎中引用了这份报告。

对于这份报告，并非所有人都满意，戈德斯坦分发的报告的扉页上只有约翰·冯·诺依曼的名字。埃克特和莫奇利还指望申请计算机设计方面的专利，所以他们对此非常愤怒。ENIAC 的发明者指责冯·诺依曼夸大了自己对该项目的贡献，并重复了他们做过的工作。"当然，约翰尼学得很快，这是他的天性，"莫奇利写道，"但他选择把我们所描述的模块称为'器官'，并用假设的'神经元'来替代假设的真空管或其他可以执行逻辑功能的设备。很明显，约翰尼在改写我们的逻辑，但它仍然是同一个逻辑。约翰尼并没有改变我们已经为 EDVAC 制定的基本概念。"[46]

他们两人指责冯·诺依曼骗走了他们应得的数百万美元，当他们得知冯·诺依曼自己还为他们最大的商业对手之一做顾问，并因此赚了数千美元时，他们的斥责声便更大了。即便在冯·诺依曼去世后，他们的怨恨也依然久久没有散去。1977 年，埃克特抱怨道："他把我们所有的想法都通过后门出卖给了 IBM。"[47]

数学家出身的工程师阿瑟·伯克斯曾参与 ENIAC 和冯·诺依曼的 IAS 计算机的工作，他后来仔细研究了那个时期的书面记录，以追溯程序存储思想的演变。"在接触到约翰尼的模型之前，"他总结道,"我认为我们摩尔学院没有一个人想到过 EDVAC 的体系结构模型。"[48] 戈德斯坦也与冯·诺依曼在普林斯顿共事过,他对此也表示赞同。"很明显,通过撰写他的报告,冯·诺依曼将计算机领域的思想具体化了,这是其他人从未做过的。在摩尔学院的所有成员中,他是不可或缺的一位。"

然而,埃克特和莫奇利的指控也并非毫无道理。例如,冯·诺依曼在 EDVAC 报告中故意不提 ENIAC 项目,这也许是真的。但 ENIAC 当时仍然是一个国家机密,对此绝口不提能使冯·诺依曼的报告的第一份草案得以广泛传播。后来,尽管冯·诺依曼从未声称自己是 EDVAC 的唯一幕后构想者,但他也没有刻意否认这一点。埃克特和莫奇利暗示,钱无疑帮助冯·诺依曼减轻了良心上的痛苦。有好几年,IBM 向冯·诺依曼支付每年为期 30 天的咨询费,金额相当于他一年的工资(当然,他同时继续从高等研究院领取工资)。但是,冯·诺依曼是从 1951 年才开始为 IBM 工作的。1945 年,该公司第一次跟他接触时,他正决心筹集资金搞自己的计算机项目,因此回绝了 IBM。假如钱是他首要的考量,那他为什么还要等上 6 年才接受 IBM 的聘用呢?

有证据表明,冯·诺依曼之所以淡化埃克特和莫奇利的作用,其实有着更高尚的动机。他一心想要加快计算机的发展,担心 ENIAC 的发明者所追求的商业路线会因商业秘密和诉讼而扼杀计算机的进步。当 1946 年 3 月冯·诺依曼得知两人的主张时,他怒不可遏,辩称他是 EDVAC 部分专利的共同或唯一发明者。"如果我意识到我实际上是在为一个商业集团提供咨询服务,那我绝不会在大学从事我的咨询工作。"他事后很快向他的律师抱怨道。[49]

冯·诺依曼在第二年证实,EDVAC 报告的目的就是"努力澄清和协调团队的想法"和"进一步……发展高速计算机技术",其途径就是尽快和尽可能广泛地传播这项工作。"我个人的观点一直是,现在仍然是，这样做完全正确且符合美国的最大利益。"[50]

冯·诺依曼计划在高等研究院制造自己的计算机时，曾在给弗兰克尔的信中表示："我当然打算尽己所能来使这一领域尽可能多地'处于公共范畴'（以专利的观点来看）。"[51] 高等研究院的那台计算机的大部分专利权，都于 1947 年年中移交给了美国政府。高等研究院的计算机团队，总共向数个国家的大约 175 家机构发送了一系列详细的进展报告，从而在全球范围内帮助推动整整一代计算机的问世。"这些报告的显著特点，"在二战期间和战后都与图灵共事过的 I. J. 古德表示，"是它们对每个设计决策都给出了思路清晰的理由，这一特点在后来的报告中几乎没有再现。"[52]

围绕与 ENIAC 和 EDVAC 相关的知识产权及专利权的争夺战，持续了数十年。法官于 1973 年 10 月 19 日做出的最终裁决，一定会令冯·诺依曼感到满意：自动电子数字计算机被认为属于公共范畴。

美国法律规定，一项发明被证实处于正常投入使用状态后，允许发明人在长达一年的时间里提出专利申请。1945 年 12 月，ENIAC 开始投入使用，执行洛斯阿拉莫斯的计算任务，并于 1946 年 2 月正式对外公布消息，这一消息在《纽约时报》的头版头条上被大肆宣传。但是相关的专利申请却是在 1947 年 6 月 26 日才被提出，也就是发明被公开一年多之后。此外，法官认为，从 1945 年年中就开始传播的冯·诺依曼的 EDVAC 报告，无论如何都早已透露了制造电子数字计算机所需的概念。法官给了埃克特和莫奇利最后一击，认为他们根本不是第一个发明自动电子数字计算机的人，"而是从一位名叫约翰·文森特·阿塔纳索夫（John Vincent Atanasoff）的博士那里衍生出了这个主题"。这位美国物理学家和他的研究生在艾奥瓦州立大学建造了一台电子数字计算机。阿塔纳索夫-贝瑞计算机（简称"ABC"），由 280 个三极管和约 3 000 个存储二进制数字的电容器构成，全部被安装在一对同轴旋转鼓上。与ENIAC相比，重仅700多磅的ABC就像一个书桌大小的"小不点"，它既不是通用计算机，也不是程序存储计算机（它唯一的用途是求解联立方程组）。莫奇利总是否认曾受其影响，但在1941年在摩尔学院开始教授电子学课程的几个月前，他确实到艾姆斯实验室去见识了阿塔纳索夫-贝瑞计算机，并熟悉了它的设计和文档。

这场联邦法院系统历史上历时最长的案子结束了，最终裁定这项20世纪最有价值的发明不能申请专利。大约10年后诞生的开源运动，很快就规避了企业保密性，倡导自由分享信息推动创新的种种好处。由于冯·诺依曼，这些原则从一开始就融入了计算机技术。

1946年后，冯·诺依曼就不再定期访问摩尔学院了。此时，ENIAC最初的团队已经散伙，因专利权的争议而四分五裂。EDVAC是最著名的理论计算机，存在于冯·诺依曼的报告描述中。然而，一台名为EDVAC的真实计算机在1949年被运到了弹道研究实验室。由于没有了埃克特和莫奇利的领导，或者说没有了冯·诺依曼和戈德斯坦的领导，这台机器变得越来越复杂且庞大，随着一批批后续项目团队制造的体系结构背离报告第一草稿中所描述的朴素体系结构，真空管便越积越多。由于受到技术问题的困扰，臃肿的EDVAC在抵达阿伯丁试验场三年后才开始运算有用的东西；而此时，它已经被其他根据冯·诺依曼的激进设计制造的计算机超越。[53]

一些著名大学的邀请函令冯·诺依曼应接不暇，他们都希望他把新计算机项目落户在自己学校。诺伯特·维纳希望把他的朋友冯·诺依曼吸引到麻省理工学院，问冯·诺依曼的计划如何才能"符合普林斯顿高等研究院呢？你将会遇到这样一种情况，你需要一个触手可及的实验室"，他补充说，"而实验室不是在象牙塔里生长的"。[54]

芝加哥大学提出给冯·诺依曼安排教授职位，并让他领导一个新的研究所。哥伦比亚大学和哈佛大学也找上门来。普林斯顿高等研究院意识到自己可能会失去最耀眼的明星之一，该院富有远见的院长弗兰克·艾德洛特说服董事会立即向冯·诺依曼提供10万美元。"学者们已经对这种工具的可能性表达了极大的兴趣，"冯·诺依曼向艾德洛特保证，"它的建造将会带来人类目前只能梦想的可能解决方案。"[55]

冯·诺依曼主要从军方赞助者那里获得了其余所需的约20万美元，他说服陆军、海军的将军们相信，计算机技术的进步对于许多活动都是不可或缺的，诸如设计喷气式飞机或导弹、模拟海战中敌人的反应，当然还有制造超级炸弹等。不同寻常的是，他说服他们应该公开这个项目的所有细节。他认为，获得他们所需的这款强大机器的最可靠和最快捷的途径，就是让其他人从他的初期项目中学习。

冯·诺依曼的首要任务现在已经明确。在这个时候，他遇到了老友格列布·瓦塔金（Gleb Wataghin），这是一位俄意混血的物理学家，刚从巴西回来。"我猜你对数学已经不感兴趣了，"瓦塔金揶揄道，"听说你现在脑子里就只想着炸弹。"[56]

"这话完全不对，"冯·诺依曼回答道，"我想的事情可比炸弹重要得多，我正琢磨计算机呢。"

然而，"电子计算机计划"并没有像维纳猜想的那样，在普林斯顿高等研究院受到热烈欢迎。"他公开表示自己对黑板、粉笔、铅笔和纸以外的其他数学工具有极大的兴趣，这显然让他的一些数学同行对这一渊博的抽象概念感到震惊，甚至惊骇，"克拉里说，"他提出的在研究院的神圣穹顶下建造一台电子计算机的提议，至少可以说没有得到掌声。"[57]

他们的抵制都是徒劳的。冯·诺依曼以他个人的全部力量推动这个项目，向任何愿意听的人兜售这台机器的好处：

> 我认为可以冷静地说，这样一台计算机的问世，将为数学家、物理学家和其他学者打开众多知识领域的大门，就像一台200英寸的望远镜将带来以目前任何现有工具都无法观测的宇宙景象一样。[58]

在为陆军和海军工作时，他强调该计算机的近期实际应用，而对他的科学家同行和高等研究院董事会，他则强调该机器将会取得哪些发现，而在战略上对这些发现可能是什么则含糊其词。"这个规划中的装置，或者说它将成为首个代表性的装置种类，它是如此新颖，只有在将其投入运行后，其许多用途才会变得清晰，"他向一名董事解释道，"这些目前还不能或者不容易预测的用途，也许才是最重要的。其实，从定义上说，它们是我们现在还无法认识到的用途，因为它们离当下的可行性实在是太远了。"[59]

高等研究院计算机项目开始慢慢蓄势待发。冯·诺依曼最初只聘用了两个人，一个是担任主任的戈德斯坦，一个是伯克斯。二战刚结束时，高等研究院的办公用房很紧张，部分原因是艾德洛特在战争期间和战争结束后就立即批准为国际联盟的工作人员及其家属提供避难所。戈德斯坦和伯克斯不得已只能挤在哥德尔隔壁的房间里。他们占用的这间办公室本来是为哥德尔的秘书预留的，但这位偏执、孤僻的数学家从未雇过秘书。

埃克特没有被说服加入高等研究院的计算机项目，而是选择与莫奇利合作。冯·诺依曼只能另外找一位总工程师，他找到了朱利安·毕格罗。毕格罗曾受雇于麻省理工学院，负责将维纳在战时提出的一些不切实际的想法变得可行些。毕格罗适合这份工作的最明显证据，就是他开去冯·诺依曼家接受面试的那辆车——颇有年头的一辆老爷车，只有最高水平的工程师才能驾驶它跑远路。现在，不断壮大的团队得找地方安顿下来。艾德洛特把地下室的锅炉房给了他们，就在男厕所的旁边，倒也很方便。1946年圣诞节前，为计算机建造新大楼的资金已经到位，电子计算机项目被安置在一座低矮的单层建筑里，隐藏在一片树林后面，离研究院的其他大楼尚有一段距离。

团队有了栖身之所，但高等研究院的计算机并没有像冯·诺依曼所希望的那样迅速变为现实。他最开始认为，一个10人的团队可以在三年内完成这项工作。现实是，他的计算机直到1951年才能使用。洛斯阿拉莫斯敦促冯·诺依曼为大量积压的核弹计算任务找到可计算的资源。1947年4月，冯·诺依曼意识到他的机器还需要几年时间才能完成，于是突发奇想，将ENIAC改装成他在EDVAC报告中所描述的那种原始的程序存储计算机。

冯·诺依曼和赫尔曼、阿黛尔·戈德斯坦夫妇一起策划了ENIAC的改装。[60] 尽管只有26岁，阿黛尔却已经拥有了数学硕士学位，对ENIAC了如指掌。到7月，她已经准备好一份改装计划，为用户提供了51条不同的程序编写指令，以及详细的线路更改和开关设置，使ENIAC能够解码和执行这些指令。1947年3月，ENIAC最初的操作员之一琼·鲍尔蒂克（Jean Bartik）[原名贝蒂·琼·詹宁斯（Betty Jean Jennings）]，领导的一个团队被聘请为新机器编程——这是第一次有人被专门聘来完成这项任务。计算机程序员这个职业就此诞生了。然而，来自洛斯阿拉莫斯的工作任务需要可靠的人来接触核机密，并了解ENIAC的缺陷。冯·诺依曼的妻子是少数符合这一描述的人之一。

克拉里在她的回忆录中称自己是一个"数学白痴"，她对自己的看法带有极度没有安全感的色彩，毫无疑问，嫁给大约地球上最聪明的男人更加剧了这种不安全感。乌拉姆说，克拉里是"一个非常聪慧、神经非常紧张的女人，她的内心很纠结，总觉得人们关注她只是因为她是伟大的冯·诺依曼的妻子，事实并非如此"。[61]

她没有受过高中以上的教育（十几岁时被送到一所英国寄宿学校），在普林斯顿大学人口研究办公室的创始主任弗兰克·W. 诺特斯坦（Frank W. Notestein）手下做一份战时的工作。诺特斯坦的研究小组因人口预测而闻名，例如，他们研究了欧洲和苏联战后人口的变化。对于像克拉里这样自称对数学一窍不通的人来说，这根本就不是一份想干就能干好的工作，尤其是她似乎还在那里发展得很好，不仅很快升职，还在1944年拒绝了该大学提供的一个学术职位。她的兴趣很快从预测人的活动转向预测氢弹内部中子的运动。

1945年12月15日，冯·诺依曼从洛斯阿拉莫斯发来电报说："若行，携骑马及滑冰之物，机会难得。"[62] 战争结束了，克拉里在圣诞节期间第一次参观了这座秘密实验室。笼罩在冯·诺依曼生命中的神秘面纱终于被揭开了。人们欢迎克拉里进入这个由科学家、技术人员和他们的家人所组成的紧密团体。冯·诺依曼没有说谎：在阿什利池塘滑冰的前景的确很好，这个池塘是以农场学校的创始人命名的，冬天的时候，池塘会结厚厚的冰。派对、深夜的牌局及那里众多的匈牙利人，也一定勾起了克拉里对在布达佩斯过的那种曼妙生活的回想。在这大漠之中，她再次发现，她孤身一人在普林斯顿生活期间竟然错过了那么多，其中也包括她的丈夫。她也开始了解到一些关于特勒"超级"计划的事情，以及负责研究这枚炸弹是否可行的数学家和物理学家所面临的规模宏大的问题。特勒得出结论，这项任务不是机械计算器或IBM的穿孔卡计算机能完成的。在冯·诺依曼的指导下，他们开始在宾夕法尼亚大学摩尔学院秘密建造的计算机上模拟点火过程。冯·诺依曼对计算机的"极大兴趣"现在已经变成痴迷。克拉里发现了其中的"bug"（"漏洞"）。在丈夫的鼓励下，她自己开始熟悉ENIAC。1947年夏天，洛斯阿拉莫斯国家实验室聘请她做顾问。"我学会了如何把代数方程式转换成数值形式，"多年后，她回忆道，

"然后再按照计算机运算的顺序把数值输入成机器语言。"换言之,她"跻身第一批'程序员'行列"。她用今天许多程序员所熟悉的语言来描述她的新职业。她说,这是一个"非常有趣且相当复杂的拼图游戏","简直太有趣了"。[63]

与此同时,冯·诺依曼和乌拉姆开发了一种新技术,利用概率模型为以传统方法无法精确求解的方程提供近似答案。克拉里的任务就是利用 ENIAC 的数值运算能力来研究核武器内部中子扩散的数学问题,这正是这类问题的症结所在。她一定很高兴听到这种新技术被巧合地命名为"蒙特卡罗法",这是她和约翰尼第一次见面的城镇的名字。

利用随机性的力量来解决问题的想法,是乌拉姆因病毒性脑炎住院治疗时在康复病床上想到的。医生要乌拉姆让自己发炎的大脑多休息,他便开始玩纸牌来打发无聊时光。[64] 由于乌拉姆无法管制自己的大脑活动,他开始计算如何将手上的牌打成赢牌的概率。[65] 计算很快就失去了控制,因为有太多可能的纸牌组合。"在花了很多时间试图通过纯粹的组合计算来预估它们之后,我就想,除了'抽象思考',也许一个更实用的方法就是把纸牌摆一百遍,然后简单地观察并统计赢牌的次数。"

乌拉姆意识到,从本质上看,现实世界的许多问题与玩纸牌计算赢牌的概率惊人地相似。通过建立一个模型,然后反复运行它以揭示最可能的结果,可以使复杂的情况变得易于处理。乌拉姆后来解释道:"在计算机上模拟一个物理过程,然后在纸上做实验,要比在现实中做实验便宜得多。"[66]

"蒙特卡罗法"第一次使模拟链式反应成为可能。中子聚合可能会有数量巨大的不同表现方式,多到无法计算。但是,通过数百次绘制单个中子的随机路径,人们可以建立一个精确的链式反应图像,而这正是洛斯阿拉莫斯国家实验室迫切需要的那种分析,用以提高原子弹的效率。

在冯·诺依曼下一次去洛斯阿拉莫斯时，乌拉姆向他介绍了这个想法。冯·诺依曼当时正准备离开，乌拉姆便跳上了送冯·诺依曼去火车站的汽车，在漫长的路途中，他们一起把相关的细节一一补齐了。1947年3月，冯·诺依曼向洛斯阿拉莫斯国家实验室理论部门的负责人罗伯特·里克特迈耶发送了一份长达11页的计划书，拟在电子计算机上运行"蒙特卡罗"炸弹模拟程序。计算机现在每天运行各类"蒙特卡罗"模拟成千上万次，应用范围从优化股票投资组合到测试新材料的性能。

冯·诺依曼描述了一种由一系列同心壳组成的简化原子弹。每个壳层的组成（被选择用来反映实际金属和合金的性质），将决定中子减速、触发裂变、被吸收或被反射回核的概率。冯·诺依曼提出用随机数来选择每一个相互作用的结果，以此来勾勒100个中子穿过炸弹的路径。他还列出了一份共有81个步骤的计算表，该计算步骤将使单个中子通过"蒙特卡罗"程序中的一环。

在接下来的几个月里，冯·诺依曼和戈德斯坦一直在撰写报告，阐明他们的编程方法。为规划"蒙特卡罗"程序，他们引入了流程图，此方法至今仍被用来表示计算机的算法。高等研究院的一间办公室成了规划计算机模拟的中心，被称为洛斯阿拉莫斯的"普林斯顿附属部分"。阿黛尔·戈德斯坦和里克特迈耶是第一批使用者，但他们很快就离开了，准备进行其他裂变计算，代号为"河马计划"（Project Hippo）。从那时起，由克拉里负责"蒙特卡罗"，她开始把冯·诺依曼的流程图转换成可执行的计算机代码。[67]

克拉里和约翰尼在1948年4月8日到达阿伯丁，但约翰尼很快就离开了。梅特罗波利斯在几周前就已经到了，准备运行克拉里开发的"蒙特卡罗"程序。但是ENIAC还未准备就绪。几个月来，弹道研究实验室的工作人员一直在努力工作,计划将其转换为 EDVAC 风格的"程序存储"模式,尽管这一计划在 1947 年 12 月就已被《时代》周刊报道,[68] 但还没有开始重新配置。

原先计划的 51 条"硬性"指令已经扩展到 60 条。由于阿黛尔正在进行"河马计划"的计算,于是鲍尔蒂克及其团队与数学家理查德·克利平格一起承担了这项任务,理查德希望用 ENIAC 模拟超声速气流。鲍尔蒂克的团队已经找到了如何为扩展的指令集重新连接 ENIAC 的方法,并编写了一系列转换完成后要运行的程序。

最后,梅特罗波利斯和克拉里使用阿黛尔与弹道研究实验室团队的旧有计划作为模板,为 ENIAC 提供了更广泛的词汇表,以及 79 个可能的指令。三周后,ENIAC 准备就绪。现在,这台机器实际上已经是一台程序存储计算机,是未来千百万台计算机中的第一台。"在克拉里·冯·诺依曼的帮助下,计划得以修改完成,我们承诺在 ENIAC 上实施这些计划,"梅特罗波利斯说,"我们的一系列问题,即这第一版的'蒙特卡罗',全都是以新的模式运行的。"[69]

在致里克特迈耶的信中,冯·诺依曼提出了用穿孔卡片来表示某一时刻的单个中子的想法。卡片上还会有一个预先生成的随机数,它将决定中子的命运。在中子被吸收、分散或裂变之后,一张新的卡片就会产生,并手动反馈到机器中。至 1947 年 12 月,这种方法被放弃了。克拉里的程序使用了 ENIAC 的新计算能力来加速模拟。

一个中子在炸弹内的旅程会持续整整 10 纳秒(在核物理中这一间隔被称为"震动"),这通常意味着在新卡片上穿孔之前,中子会被分散几次。冯·诺依曼还想出了一种从内部生成伪随机数的方法,将一个 8 或 10 位数的二进制数平方,然后使用中间的位数(也可以通过对其平方产生下一个"随机数",以此类推)。冯·诺依曼的"中间平方法"得出的数字并不是真正随机的,这一点他自己也知道。"任何一个考虑用算术方法产生随机数的人，都形同作恶。"他后来指出。[70] 但对于他的目的而言，这些数已经足够好了，事实证明，对许多其他人来说也是如此。

计算任务从 4 月 28 日开始，到 5 月 10 日，第一轮"蒙特卡罗"运算便结束了。"我听尼克在电话里说，ENIAC 的奇迹真的发生了，"乌拉姆不久后致信函冯·诺依曼说，"产生出 25 000 张卡片！！"[71]

ENIAC 的上机时间非常宝贵，为了完成这项任务，项目团队夜以继日地努力工作。"克拉里在'阿伯丁之困'后非常虚弱，人都瘦了 15 磅。"冯·诺依曼对乌拉姆说。[72] 和乌拉姆一家一起度假的计划被取消了，克拉里在普林斯顿医院做了检查，一个月后她抱怨道："各种各样的检查和治疗到现在都让人很烦。"[73] 尽管如此，她还是写了一份关于 ENIAC 转换和使用的报告。这份文件经过增加篇幅和编辑，会成为她和梅特罗波利斯负责监管的"蒙特卡罗"诸多运算的明确记录。

克拉里于 10 月回到了弹道研究实验室。历史学家最近复原了第二轮"蒙特卡罗"运行的完整程序，即 28 页由克拉里编写的代码。[74] 相关计算于 11 月 7 日完成。冯·诺依曼在给乌拉姆的信中写道："克拉里在'阿伯丁历险'中活了下来，而且这次比上次要好。"[75] 接着，她于 12 月孤身前往洛斯阿拉莫斯，但在特勒和费米等人面前捍卫自己工作的压力，几乎把克拉里推到了极限的边缘。在一次通话中，冯·诺依曼发现她"极度沮丧"，于是写信给她，声称自己担心得"魂不守舍"。尽管如此，不到 6 个月后，她前往芝加哥，与后来的诺贝尔奖得主、理论物理学家玛丽亚·格佩特·梅耶一起研究对"蒙特卡罗"算法有无可能进行改进。但梅耶打算改进计算方法的想法最终被否决了，因为已经没有更多时间留给 ENIAC 来运行洛斯阿拉莫斯国家实验室想要的"蒙特卡罗"模拟了，所以冯·诺依曼选择了保险的做法，以避免新的且可能带来麻烦的改进。

"事情有点儿颠倒过来了，"在"蒙特卡罗"第三轮运行即将开始前，克拉里给乌拉姆写信道，"请为我祈祷，希望一切都好。"[76]"蒙特卡罗"程序的最后一个问题，终于在1949年6月24日成功解决了。6月28日，克拉里精疲力竭地回到家，报告说她"把所有机密文件都带到了普林斯顿"——可能是指显示不同材料发生裂变概率的核横截面数据。10大箱穿孔卡片被发往洛斯阿拉莫斯。7月7日，克拉里继它们之后跳上了飞机，准备在全世界最优秀的物理及数学领域的精英面前再次回顾已做的所有运算。1950年，她最后一次回到阿伯丁。这次的任务是对特勒的"超级"计划设计进行测试，核心问题是裂变炸弹是否能够触发更强大的聚变装置。模拟测试证实，特勒的集成装置产生不了足够的热量来实现这一目标，因此这一设计最终被放弃了。特勒和乌拉姆后来设计的"阶段性内爆"氢弹的点火方式则非常不同。

1950年对"超级"计划进行计算之后，克拉里退出了计算技术的前沿。洛斯阿拉莫斯很快就有了自己的计算机，并被古怪地命名为"MANIAC I"，由梅特罗波利斯领导的团队制造。[77]克拉里的专业知识依然有用武之地。"你能仔细帮我们看看，我们有任何做得完全离谱的地方吗？"一封洛斯阿拉莫斯的来信如是问道，当时那里的研究团队正准备进行更多的炸弹模拟。但受困于缺乏安全感，以及不断恶化的抑郁症，克拉里不再自己动手编写代码，即便她丈夫的高等研究院计算机于1952年开始可靠运行时也是如此。

克拉里对早期计算技术的全部贡献，直到最近才被披露出来。如今，在一台ENIAC的模拟机上应用她的"蒙特卡罗"代码已可靠地给出了预期的数字，实际描绘出冯·诺依曼帮助建造的内爆炸弹中的中子命运。世界上第一台电子程序存储计算机通常被认为是建造于英国曼彻斯特大学的小型实验机（SSEM）。1948年6月21日，在阿伯丁重新配置的ENIAC上运用克拉里的代码两个月后，这台计算机运行了它的第一个程序。[78]那台"曼彻斯特宝贝"在52分钟内循环执行了 17 条指令，确定了 262 144 的最高系数是 131 072，这是一个聪明的小学生可以用更少的时间完成的计算。克拉里的 800 条指令的程序于 4 月在阿伯丁运行，用于调整原子弹的结构。在该程序中有一个"闭合子程序"，即一种闭环路径，每当程序主体引用它时，它就会被执行。闭合子程序的发明，通常归功于计算机科学家戴维·惠勒，但克拉里的代码至少比他早一年就已经利用了一个闭合子程序，以便通过冯·诺依曼的"中间平方法"生成随机数。

在一些地方，关于面貌一新的 ENIAC 是否真的构成了一台真正的"程序存储"计算机的争论仍在激烈进行。然而，毫无疑问，克拉里的"蒙特卡罗"代码是有史以来第一个实际执行过的真正有用而复杂的现代程序。

拖延已久的高等研究院的机器终于在 1951 年高调投入使用。总工程师毕格罗算得上一个完美主义者。他和戈德斯坦几乎在每一个重要的决定上都意见相左。只有冯·诺依曼才能让事情继续下去。"他用了一些绝妙的技巧阻止赫尔曼和我吵架，"毕格罗回忆道，"我们相安无事，还算融洽；冯·诺依曼会把这个放在那里，把那个又放在这里，使事情平稳地进行下去。"[79]

当毕格罗获得为期一年的古根海姆奖学金时，戈德斯坦很快任命电气工程师詹姆斯·波默林临时代替他。这台计算机接近完工已有一段时间，尽管它是按照毕格罗的设计建造的，但最后在毕格罗不在的时候完成了。作家乔治·戴森回忆道，这台机器的外观相当于"一台 V-40 涡轮增压发动机，约 6 英尺高，2 英尺宽，8 英尺长"。"这台计算机本身，"他继续说道，"采用铝制边框，重量只有 1 000 磅，在当时是一个微处理器。曲轴箱两边各有 20 个汽缸，每个汽缸都装有一个 1 024 位的内存管，而不是活塞。"[80]

此时，在戈德斯坦和冯·诺依曼的大量进展报告的帮助下，高等研究院后来的众多型号的计算机源源不断地被制造出来。梅特罗波

第 5 章 现代计算机的曲折诞生　　163

利斯的 MANIAC I 于 1952 年在洛斯阿拉莫斯投入使用。第二年，位于橡树岭和阿尔贡的国家实验室分别公布了 ORACLE（橡树岭自动计算机和逻辑机）和 AVIDAC 计算机。然而，最重要的是 IBM 701 计算机，它于 1953 年向公众推出，是 IBM 公司的第一台商用计算机。

IBM 701 是一款专为科学研究而造的机器，它是 IBM 公司发展的转折点，当时这家公司的大部分收入仍来自销售穿孔制表机的后代产品。毕格罗在加入冯·诺依曼在高等研究院的项目之前，在 IBM 工作过几年。1938 年，他说："IBM 是一家以机械为导向的公司，电子计算的概念几乎令其反感。"[81] 在冯·诺依曼及其项目之后大量涌现的计算机的刺激之下，该公司迅速转变发展方向，开始生产以 EDVAC 为模板的数字程序存储机。毕格罗说，IBM 701 就是"我们机器的复制品"。[82] 到 20 世纪 60 年代，IBM 生产了全球约 70% 的电子计算机。"或许，"特勒对他的传记作者们说，"IBM 公司有一半的钱都是欠约翰尼·冯·诺依曼的。"[83]

冯·诺依曼了解他帮助发明的机器的潜力吗？当然。1955 年，他经深思熟虑后指出，自 1945 年以来，计算机的"总容量"几乎每年都会翻一番，[84] 并且他经常在谈话中暗示，他预计这一趋势将继续下去。他的观察预言了"摩尔定律"，该定律以英特尔的联合创始人戈登·摩尔的名字命名。戈登·摩尔在 1965 年预测，集成电路上的元件数量每年将翻一番。①

由于历史的机缘巧合，这位对现代计算机的逻辑和数学基础可能有着最深刻理解的人，也有实力、影响力和管理技能来建造一台计算机，同时具有准确的判断力，以确保由他发起的创造更快更强机器

---

① 摩尔在 1965 年的预测是每年翻一番，其在 1975 年修改了这一预测，称每两年会翻一番。——审校者注

的竞赛（至少在一开始）公开进行。"冯·诺依曼为我们清除了脑海中的蜘蛛网，这是其他人做不到的，"毕格罗在很久以后写道，"一股计算能力的浪潮，即将打破并淹没科学领域和其他很多领域中的一切，万物将永远不会是原来的样子。"[85]

奥马尔·利特尔：我得到了猎枪。你拿到了公文包。一切尽在博弈中，对吧？

——《火线》，2003 年

第 6 章
博弈论

经济学的一次革命

冯·诺依曼的证明将博弈论确立为一门学科，用真正的数学术语来描述人类的合作和冲突。他首创了"零和"一词来描述全面冲突的博弈，而"零和"现在已经成为人们的常用语。他与莫根施特恩合著的《博弈论与经济行为》永远地改变了社会科学，深刻地影响了自 20 世纪 50 年代以来的经济和政治决策，被称为"迄今为止，社会科学中最重要的理论"。

冯·诺依曼为人理性。有时，有些人可能认为他过于理性。他和第一任妻子玛丽耶特为女儿玛丽娜（当时只有两岁）达成的孩子监护权安排或许就是最好的例证。两人商定，玛丽娜在 12 岁之前将和母亲一起生活，但放假时和父亲在一起。之后，当玛丽娜"接近理性的年龄"时，她将和父亲一起生活，以受益于他的天赋奇才。[1]

"这是一份经过深思熟虑的、用心良苦的协议，"玛丽娜在她的回忆录中说，"但他们太缺乏经验了，没有意识到青春期往往是人生中离理性最远的年龄段。"[2]

玛丽娜注意到，她父亲的来信经常反映出，"他毕生的愿望，就是要把秩序和理性强加给一个本来就无序和非理性的世界"。[3]博弈论源自冯·诺依曼的一个强烈愿望，即在人类历史上最"无序和非理性"的一个时期找到简洁的数学方法来解决棘手的现实世界问题。博弈论的答案有时看起来冷漠、不按常理出牌、不顾及人类情感的复杂性，然而却很有效。顺便提一句，玛丽娜长大后成了一位著名的经济学家，还是总统的经济顾问委员会的第一位女性成员，因此冯·诺依曼夫妇当年的监护权安排也是如此。

博弈论到底是什么？可能和你想象的大不一样。战争期间，在伦敦的一辆出租车上,冯·诺依曼曾向数学家雅克布·布洛诺夫斯基提到这个术语。布洛诺夫斯基在其《人类的攀升》一书中这样描述他们之间的那次交谈:

> 我因为是一个热衷于下棋的人,所以就很自然地对他说:"你是说,博弈论就是下国际象棋的理论吗?""不,不。"他说。"下国际象棋并不是博弈,国际象棋是一种定义明确的计算形式。你可能无法找出答案,但在理论上一定存在一个解决方案,一个任意位置的正确步骤。但说到真正的博弈,"他说,"那就完全不一样了。现实生活绝不像下棋那样。现实生活是由虚张声势和坑蒙拐骗的小伎俩、揣摩他人如何判断自己的真实意图等行为构成的。在我的理论中,这就是博弈的含义。"[4]

冯·诺依曼并不是以这种方式分析冲突的第一人。尽管由于他所描述的原因,现代博弈论教科书中关于国际象棋的内容并不多,但似乎正是国王之间的博弈,首先激发了德国和奥匈帝国的数学家对冲突心理的理论研究。冯·诺依曼便是其中之一。他也许不是一个杰出的棋手,但当他于1925年迁居苏黎世时,他立即加入了该市著名的国际象棋俱乐部,这是世界上历史最悠久的国际象棋俱乐部之一。[5]

在伟大的国际象棋战略家中,首屈一指的是普鲁士的传奇棋手伊曼纽尔·拉斯克,从1894年开始,他连续27年夺得世界国际象棋冠军。拉斯克最初热爱的是数学,他在柏林、海德堡和格丁根都学习过数学,戴维·希尔伯特把他纳入了麾下。尽管有希尔伯特的支持及一系列令人印象深刻的论文,拉斯克还是颇费周折才在德国获得了永久职位,因为他是犹太人。在曼彻斯特和新奥尔良做过临时讲师之后,他开始以下棋为生,并在业余时间从事数学研究。

拉斯克以避免教科书式地走棋、险中求胜的招式和让对手陷入混乱而闻名。心理学才是他对弈时的核心。据说，拉斯克从不像他对面的人那样使劲儿下棋。[6] 他警告："如果一个人仅仅依靠他完全能够理解的战术，那么随着时间的推移，他的想象力势必受到削弱。"[7]

拉斯克将国际象棋、战争及经济和社会生活的斗争做了对比。他认为，一个完美战略家的任务，就是用尽可能少的努力赢得上风。[8] 在他所著的《国际象棋手册》（1925年出版）的最后一章中，拉斯克表达了要用一种新的数学方法来解决冲突的志向。他的导师希尔伯特在实力方面如日中天，其要使数学和科学公理化的梦想也依然继续存在其追随者的心中。拉斯克指出，为什么不建立一个关于人类合作与异议的严谨理论呢？

拉斯克预言："一旦取得第一个适度的成功，'博弈科学'将不可阻挡地发展。"致力于推动这一新学科的机构，将"培养出能够在谈判问题上把大众从可怕的平庸浅薄中提升上来的教师"，并彻底改变政治，"助力全人类的进步和幸福"。他写道，归根结底，他们的目标是通过提供达成协议的理性方法，使战争成为过时的东西。[9] 有些人曾经认为，博弈论是愤世嫉俗的产物。而另外一些人可能会说，这门学科的根源是一种天真的愿望，即数学可以帮助建立持久的和平。

1925年，拉斯克的手里还没有实现其宏伟抱负的工具。迈向"竞赛科学"的首个决定性步骤，将在第二年的年底展开。1926年12月7日，冯·诺依曼在格丁根向数学家们揭示了他对极小极大定理的证明。冯·诺依曼这篇发表于1928年的论文《论客厅博弈论》（*On the Theory of Parlour Games*）[10] 阐述了他的证明，将博弈论确立为一门学科，用真正的数学术语来描述人类的合作和冲突。

冯·诺依曼从小就对游戏和玩具背后的科学原理很感兴趣。在他桌子上的小摆设中，有一个装满肥皂泡的玻璃管和一个旋转盘。"在摇动玻璃管之后，他会一边观察肥皂泡的变化规律，一边思考着表面张力在使它们服从熵定律中的作用。而关注木盘上的指针在一次又一次旋转中落于何处,激发了他关于概率模型的想法。"玛丽娜说,"假如当时有乐高积木,他可能会用它们做一个计算机模型。"[11]

冯·诺依曼已经帮助他的一些匈牙利同事完成了关于国际象棋策略的数学论文。作为希尔伯特的门徒之一,冯·诺依曼仍然被这位伟大的数学家影响,梦想着将公理方法扩展到心理学等模糊科学中。他自然会被涉及博弈的数学研究吸引。

在冯·诺依曼的那篇论"极小极大"的论文中,开篇就剥离了一场策略游戏的最基本部分。以"拉米"之类的纸牌游戏为例:每个玩家都会被发到一手牌,且在每一轮中都必须决定出什么牌。做出此决定是基于他们手中的牌,以及所有玩家先前打出的牌。如果他们手上的牌打不了,就要从牌垛中抽一张牌,同时轮到下家出牌。当玩家将手中的牌全部打光时,纸牌游戏就结束了,这时输家就会按手里剩下的牌得分。

在不失去游戏的任何重要元素(好玩除外)的情况下,牌局可以有一系列结果,其中有些结果完全依赖于概率(冯·诺依曼称之为"平局"),有些结果则"依赖于玩家的自由决定"(他称之为"步骤")。在牌局的最后,每个玩家都会获得一笔收益(点数或金钱),这取决于所有"平局"和"步骤"的最终结果。"参与者该如何……把牌打好以争取最有利的结果呢?"冯·诺依曼问道。"我们将试图调查玩家对彼此的影响,也就是说,要调查这样一个事实(往往也是所有社交事件的典型现象!)的后果,即每个玩家都会影响其他玩家的结果,即便他只对自己的结果感兴趣。"

没有一个玩家能够完全控制自己的收益,因为他们既不能决定"平局"的结果,也不能决定其他参与者所采取的"步骤"。冯·诺依曼证明,在数学术语中,"平局"并不重要,因为机遇的影响可以通过修改可用的策略及玩家的获利大小来解释。最终,一场游戏可以简单地表现为每个玩家选择一个单一策略（实际是他们在游戏中所使用的所有策略的组合），然后计算他们各自的策略选择（以及其中的运气因素）所带来的各自收益。

冯·诺依曼未能在多人游戏方面更进一步，所以他转而思考只有两个对手且各自的获益总和为零的情况。"仅仅成功是不够的。其他人必须失败。"艾丽丝·默多克曾经写道。冯·诺依曼首创了"零和"一词来描述全面冲突的博弈，在这种博弈中，一方的损失就是另一方的收益。博弈论影响的一个迹象是，"零和"现在已经成为人们的常用语。

在冯·诺依曼的论文中，参与者 S_1 和 S_2 分别选择了策略 x 与 y，而不知道对方的选择是什么。在游戏的结尾，玩家 S_1 的获得量为 g，g 取决于 x 和 y。相反，玩家 S_2 损失了相同量 g，因为这是零和博弈。冯·诺依曼想象的是双方之间的一场拔河比赛。"在这样一个双人游戏中，很容易想象出双方相互缠斗的场面，"他说，"$g(x, y)$ 的值被两边操纵，S_1 想让它最大化，S_2 想让它最小化。S_1 控制变量 x，S_2 控制变量 y。那会发生什么呢？"[12]

想象一下，我们改变游戏规则，让两个玩家提前知道对手的策略。冯·诺依曼的博弈论假设所有玩家都是完全理性的。[13] 对 S_2 而言，最合理的策略就是确保玩家 S_1 的收益尽可能地小。但玩家 S_1 也是极为理性的，因为知道 S_2 是一个贪心不足之人，所以 S_1 会选择确保自己获得最大可能收益的策略，如果正如 S_1 所预期的那样，那 S_2 将会尽力把 S_1 采取策略后的可能收益剔肉到骨。玩家 S_2 将最大损失最小化的努力，就是所谓的"极大化极小"策略。这是 S_2 在一个偏执狂的世界里所能做的最优项，在这个世界里，其他玩家肯定会把你往最坏处想。假定对手不肯输得比他肯定要输的更多，S_1 所能做的最优项就是众所周知的"极大化极小"策略，这将确保 S_1 获得最大的可能收益。冯·诺依曼开始证明，每个双人零和博弈同样都有一个

"解"。对于每个玩家来说，假定其要面对的是一个理性的玩家，而且这个玩家也只会为自己全力以赴，那么这个"解"就是一种能够保证其最优结果的策略。

这类博弈的一个非常简单的例子，就是经典的切蛋糕难题：一个倒霉的家长要将一块蛋糕分给两个敌对的子女，遂决定让其中一个子女切蛋糕，另一个选择自己想要的那块。如果第一个子女如博弈论要求的那样理性，他会采取极大化极小策略来尽可能均匀地切蛋糕，因为他预测他的兄弟姐妹会选择更大的一块，所以他想把剩下来的那块小蛋糕的量最大化。第二个子女会采取极小化极大策略（在这个基本的例子中）是显而易见的：选择较大的那块。

在这场博弈中，极大化极小和极小化极大不谋而合：在面对聪明自私的兄弟姐妹时，无论对切割者还是选择者而言，其最优的可能结果同样都是半块蛋糕，最多再留一点儿或拿一点儿碎屑。这被称为"鞍点"，类似于一个两侧有险峰的山口，它是翻越山脉的路径所能到达的最高点，也是山谷连接两侧的最低点。

大多数双人的零和博弈比切蛋糕要复杂得多，而且许多博弈没有鞍点。冯·诺依曼提议要证明的东西，也远非不言自明。事实上，博弈论的另一位早期先驱、法国数学家埃米尔·博雷尔已经得出结论，这个问题没有普遍的解决办法。[14] 20世纪20年代初，博雷尔写过几篇关于博弈论的论文，他对"最优策略"的定义与冯·诺依曼的定义相同，即"最优策略"是一个完全理性的玩家所做出的选择，因为他想要尽可能地多赢或尽可能地少输。尽管博雷尔证明了在只有3到5种策略可供选择的双人博弈中存在解决方案，但他对在所有情况下都存在最优解持怀疑态度。

博雷尔关于这方面问题的论文一直都默默无闻，直到1953年，他的一位法国同胞莫里斯·弗雷歇将这些论文交由数学家伦纳德·萨维奇翻译成英语。[15] 在一篇附带的评论中，弗雷歇把博雷尔说成是这一领域的"开路先锋"。[16]

当冯·诺依曼得知这一消息时,他震怒了。"他从洛斯阿拉莫斯之类的什么地方给我打电话,非常生气。"萨维奇回忆道,"他用英语写了一篇批评这些论文的文章。这篇批评文章并不尖锐,他还写得彬彬有礼,这是他的特点。"冯·诺依曼永远不会忘记被伯克霍夫和哥德尔抢先打败的事实,也不会放弃自己作为博弈论发明者的主张。冯·诺依曼在回应中说,他在构建自己的证明时,并没有看到博雷尔的论文。如果他那时就看到了,那结果"基本上就是令人沮丧的"。[17] "在那段时期里,我一直认为在'极小极大定理'被证明之前,没有什么好发表的,"他补充说,"据我所知,如果没有这个定理,就不可能有以此为基础的博弈论。通过推测这个定理的不正确性——他确实也这么做了,博雷尔实际上已经推测出我们今天所了解的这个理论的不可能性。"

在法国之外,冯·诺依曼于1928年发表的论述极小极大的论文,被公认为博弈论的奠基之作。这个证明的关键是"混合策略",也就是他后来用另一个简单的双人零和游戏"配硬币"予以说明的概念。两位各有1便士的玩家会悄悄地把硬币转到正面或反面。如果两枚硬币均为正面或反面,那其中一个玩家可赢得两枚硬币;如果两枚硬币一正一反,那两枚硬币归另一位玩家。这里不存在鞍点:你要么赢,要么输,在知道对方的选择前,谁也没有可以采取的"最优策略"。先不考虑任何被迫玩这个游戏的人会很快被无聊到想要退出,对于"配硬币"游戏,这里有一个明显的"取胜"策略,即随机出正面或反面。长时间来看,这种"混合策略"能让玩家保持输赢平衡。但一个"纯策略",即要么一直是正面要么一直是反面,却总是会让精明的对手利用你的天真。

冯·诺依曼唯一的博士生伊斯雷尔·霍尔珀林(Israel Halperin)将冯·诺依曼称为"魔术师"。"无论你给到他什么,他都能简单地推导出符合逻辑的结论,不管是代数、几何还是其他什么,"霍尔珀林说,"他总有办法搞出令自己与众不同的结果。"[18] 匈牙利数学家罗兹·佩特(Rózsa Péter)对冯·诺依曼能力的评语更令人不安。"别的数学家证明他们所能证明的,"她宣称,"冯·诺依曼则证明他想要的。"[19]

冯·诺依曼的极小极大证明就是这样的。他用 6 页密密麻麻的代数推导出了一个结论:每一场双人零和博弈都有一个解决方案,要么是纯策略,要么是混合策略。

人们熟悉的许多游戏都要求玩家使用混合策略获胜。每个打牌高手都知道,不可预测性会让对方失手。冯·诺依曼意识到其研究的意义,于是在论文的结尾写了一段华丽的文字:"数学结果与凭经验得来的博彩取胜规则相一致,例如,打扑克时虚张声势的必要性,可以被认为是对我们理论的实验证实。"

博弈论如今是作为经济学的一个分支而为世人所知的,但在其 1928 年的论文中,冯·诺依曼仅仅简要地涉及这种联系。"任何事件,"冯·诺依曼说,"如果从其对参与者的影响来看,都可以被视为一种策略博弈。"他将这种参与者之间的相互影响描述为"古典经济学的主要问题"。"那么,"他沉思道,"在特定的外部环境下,绝对自私的'经济人'会如何行动呢?"

过了 10 多年之后,冯·诺依曼才回过头来重新研究这个问题。此前,博弈论一直没有什么重大的发展。同一时期,他还找到了其他经济途径进行探索。1932 年,冯·诺依曼在普林斯顿举办了一场半小时的讲座,题为"关于经济学的某些方程及布劳威尔不动点定理的推广"。他用德语发表了这次脱稿演讲,尽管在场的大多数人照理应该能听懂他的话,但冯·诺依曼像开机枪一样的语速,外加他总是不等别人反应过来就把黑板擦得一干二净的习惯,使得他未能将自己的想法立即传播给更广泛的听众。4年后，有人邀请他在维也纳再做一次报告，这一次他事先写好了讲稿。作为会议记录的一部分，这篇内容满满的9页演讲稿于1937年公开发表。[20] 1945年，他的朋友、匈牙利左翼经济学家尼古拉斯·卡尔多（原名米克洛什·卡尔多，后来成为卡尔多男爵）让人将这篇论文翻译成了英文。[21]"约翰尼对此也是赞同的，"卡尔多说，"其实，他很感激任何能让他的模型获得更广泛受众的努力，因为他当时太专注于手上正在做的事情了（我认为可能就是计算机）。"[22] 后来，冯·诺依曼从洛斯阿拉莫斯发回了他做的更正。正如卡尔多猜测的那样，他当时正在研究"别的东西"。

正如人们现在所了解的，冯·诺依曼的"经济扩张模型"表明了一个经济体会"自然地"达到最大的增长率——一个由生产、消费和衰退周期驱动的"动态均衡"。在冯·诺依曼的模型中，当达到均衡时，所有的商品都会尽可能便宜和尽可能充足地被生产出来。以往的模型倾向于假设均衡存在，但冯·诺依曼证明，此种均衡的出现完全是他的公理的直接结果，其中包括一个假设，即无限的劳动力供应是有保证的，例如，"所有超过生活必需品的收入将被用来再投资"。

冯·诺依曼的证明运用了拓扑学领域的一个强大成果，这个成果是伯图斯·布劳威尔发现的，正是这位数学家用"直觉主义"惹恼了希尔伯特。布劳威尔的"不动点定理"指出，就某些数学函数而言，至少有一个该函数的输出结果与初始输入的数字相同。在坐标图上画出该函数，在这些特殊的"不动点"上，x和y坐标将是相同的。[23]

有一种方法可以将布劳威尔的拓扑证明可视化：想象将两张描绘同一个地方但比例尺不同的地图叠加在一起。只要把小地图放在大地图范围内，那么无论两张地图的相对方向如何，至少会有一个点被大头针穿过时落在两张地图的同一个地理空间点位上。

冯·诺依曼强调，他的模型不是对现实经济的详细模拟，而是一个粗略的隐喻。他觉得经济学还没有准备进行更具体的研究。"经济学作为一门科学,只有数百年的历史。"他后来解释道。

> 当取得第一个真正重要的进步时,自然科学已经有一千多年的历史了……经济学的方法并不比其他领域的方法差。但是我们仍然需要大量的研究来发展基本的概念——那些真正有用的想法。[24]

但在私下,他可没有那么讲究。"如果这些书在几百年后的某个时候出土,人们不会相信它们是由我们这个时代的人写的,"冯·诺依曼在1947年向一位朋友这样吐露,他指的是该学科的一些最为人所称道的当代作品,"相反,他们会以为那些书是和牛顿同时代的,因为它们的数学是那么原始。跟先进的科学,譬如物理学所处的状态相比,经济学还差着十万八千里。"[25]

不出所料,大多数经济学家都认为冯·诺依曼的这篇被翻译成英文的论文令人费解。守旧派认为他使用拓扑学定理来证明关键结果,这本身就是一种怪异、做作的数学行为。一些人认为冯·诺依曼是在倡导奴隶经济,源源不绝的劳动力拿着仅能维持最低生活水准的工资。但他的本意并非如此,尽管他的模型暗示,长远来看,工资的急剧上涨将拖累经济增长,并压低工资总体水平。还有一些人批评该模型的某些前提不切实际。英国数学经济学家戴维·钱珀瑙恩非常理解这篇论文,他称赞"以数学方法解决理论经济学中一个高度普遍化的问题确实非常优雅",但他也注意到,这一结果的得出仰赖于"极度人为的假设"。

尽管普遍反响冷淡,这篇《一个一般经济均衡模型》还是引发了一场革命。数学家们受冯·诺依曼成就的启发,纷纷投身经济学,并开始将新鲜的方法应用于这门沉闷的科学。到了 20 世纪 50 年代，这个主题发生了转变。不动点定理被用于经济学来证明关键结果，包括冯·诺依曼自己的博弈论，一位名叫约翰·纳什的后起之秀就这样做了。据估计，共有 6 位诺贝尔奖得主受到了这项研究的影响。[26] 其中就包括肯尼斯·阿罗和吉拉德·德布鲁，他们分别于 1972 年和 1983 年获得诺贝尔经济学奖，获奖原因是他们对一般均衡理论的研究为自由市场经济的运行建立了模型。在冯·诺依曼于普林斯顿发表讲座半个世纪之后，历史学家罗伊·温特劳布将他的论文描述为"数学经济学中最重要的一篇"。[27]

但恰如冯·诺依曼历来的做派，在任何其他人真正认识到其研究的重要性之前，他早已经大步向前很久了。在这篇翻译的论文发表的前一年，他出版了《博弈论与经济行为》，这本书永远地改变了社会科学，深刻地影响了自 20 世纪 50 年代以来的经济和政治决策。在 1928 年的"极小极大"证明之后，是德国经济学家奥斯卡·莫根施特恩这位新朋友的鼓励，让冯·诺依曼重新回归博弈论的研究。

莫根施特恩是个怪人。人高马大而又盛气凌人的他，会穿着一身整洁漂亮的西装，骑马穿过普林斯顿。他于 1902 年 1 月 24 日出生在格尔利茨——当时属于普鲁士西里西亚省，在奥地利长大。他的母亲是德意志皇帝腓特烈三世的私生女，在他搬到美国后，莫根施特恩自豪地把他外祖父德皇的画像挂在了家里。[28]

在学校里，他和同龄人一样有着民族主义激情。"如果没有德国人和德国取得的成就，世界会是什么样子？"他在给一位朋友的信中写道，还恶狠狠地补充道，"所有会毁掉健康思想的外来污物都必须用暴力清除。"[29]

莫根施特恩并不是一个能力很强的数学家，在维也纳大学攻读政治学学位期间，他就不再学习数学这门学科了。他最初被引入了保守派思想家奥斯马尔·斯潘的圈子,斯潘的授课在学生中广受欢迎。斯潘认为,在资本主义民主制度下,受压迫的大众不可避免地会投赞成票给社会主义的政权。他的结论是建立一个强大的专制国家,这受到了当时欧洲新生的各法西斯政党的热烈拥护。斯潘歌颂希特勒,并最终加入了德国纳粹党。

最终,莫根施特恩不再受制于斯潘的那一套说辞,转而主要通过犹太经济学家路德维希·冯·米塞斯,发现了奥地利学派的古典自由主义。米塞斯相信自由市场的力量,这使他与其他犹太教授产生了分歧,那些教授大多数是左翼的进步主义者。没有他们的支持,米塞斯无法克服那些非犹太教职员对他的普遍反感,也从来没得到过终身教职。但他的影响力依然非同小可。

在涌入米塞斯办公室参加私人研讨会的那些人当中,有后来的诺贝尔奖得主弗里德里希·哈耶克,他对中央计划和社会主义的批评影响了像玛格丽特·撒切尔、罗纳德·里根和智利独裁者奥古斯托·皮诺切特这样的经济自由主义者。莫根施特恩曾参加"米塞斯研讨会"很多年,尽管他在日记中抱怨,作为"唯一(其实有8个!)的纯雅利安人",他对这些研讨会感到"不舒服",并谴责"在这个傲慢的犹太人圈子中的不愉快的讨论"。[30]

1925年,23岁的莫根施特恩提交了他的博士论文。他给维也纳大学的教授们留下了深刻的印象,并在他们的帮助下获得了洛克菲勒资助的奖学金。在接下来的三年里,莫根施特恩前往英国、美国、法国和意大利游历。在英国,给他留下最深印象的是统计学家弗朗西斯·埃奇沃思,后者作为德拉蒙德政治经济学教授刚刚从牛津大学退休。结果,在多年漠不关心之后,莫根施特恩对数学产生了新的敬意。"在德国,"莫根施特恩在埃奇沃思于翌年去世后写道,"每个初学者都认为……他应该建立'全新的'基本原理及全新的方法论。然而,在英国,数学的应用要比其他地方更普遍,仅此一条,就吓跑了那些本来对经济学就只有一半兴趣的半懂不懂的人。"

在做研究期间,莫根施特恩对经济周期的潮起潮落产生了兴趣。在哈佛大学和哥伦比亚大学与专家共事后,莫根施特恩把这一课题作为其资格论文的重点,这使得他赢得了授课的权利,并成为终身教授。美国的教授们试图通过对经济统计数据的仔细分析来解释经济的繁荣和萧条,他们的终极目标是预测经济衰退。但莫根施特恩却因对数学的了解而变得悲观。他的论文是对经济预测的持续攻击,他认为进行经济预测是绝对不可能的。当他的长篇大作在1928年发表时,评论都是一片骂声。"人们觉得,"有人说,"莫根施特恩博士在文中所宣扬的,只能用讽刺来形容,尽管他公开宣称的意图并非如此。"第二年在华尔街崩盘后,莫根施特恩买的股票却在股价暴跌之际逆势上涨。

莫根施特恩论点的关键在于,任何预测都会受到企业和公众的影响,而他们对预测的集体反应会使预测失效。任何更新的预测都将面临同样的问题。莫根施特恩在福尔摩斯探案小说《最后一案》中发现了这种猜测与反猜测的循环,其中阿瑟·柯南·道尔笔下的精明侦探被死敌詹姆斯·莫里亚蒂教授追杀,而如果能抓住福尔摩斯,莫里亚蒂教授肯定会杀了他:

> 这里可以做一个恰当同时也很有趣的类比:在被死敌莫里亚蒂追赶之际,夏洛克·福尔摩斯坐上了一列中途要停靠一站的由伦敦前往多佛的火车,他在中途下了车,而没有继续前往多佛。他在火车站见到了莫里亚蒂,心想这人够聪明,原本他以为莫里亚蒂会乘坐更快的火车到多佛等他。事实证明,莫里亚蒂这次对福尔摩斯的预判是对的。但是,如果莫里亚蒂更聪明些,认定福尔摩斯的能力更大,因此他能够真正预测福尔摩斯的行动,那又会怎么样呢?那他(莫里亚蒂)显然只会去中途的那个停靠站。福尔摩斯自然也会仔细推算到这一点,因此他(福尔摩斯)就会

选择去多佛。如此一来，莫里亚蒂采取的行动也会不同。如此这般考虑多了，也就不会有任何行动了，又或者那个不够聪明的人就会在维多利亚车站把自己交到另一个人的手上，因为再怎么逃跑都没有必要了。这样的例子随处可见，比如下国际象棋、制定战略等，处理这些问题时还需要掌握专门的知识，而这只会让分析变得更难。[31]

莫根施特恩继续写了与这个难题相关的文章，批评其他经济学家未能在他们的理论中解释这种无限回归。但他也没有进一步解决这个问题。20世纪30年代中期，当他正在做相关研究时，一位数学家告诉他，有位名叫约翰·冯·诺依曼的人曾在其1928年发表的一篇博弈论论文中讨论了这个问题。[32] 莫根施特恩的兴趣一下子被调动起来，但还不至于要费力地读完冯·诺依曼的"极小极大"证明。莫根施特恩当时在维也纳担任奥地利商业周期研究所所长，从1928年至1931年这一职务是他和哈耶克共同担任的，之后哈耶克跳槽去了伦敦经济学院。

1938年1月，应卡内基国际和平基金会的邀请，莫根施特恩利用休假机会到美国讲课。他走后由其副手赖因哈德·卡米茨在所里承担其工作。3月12日，德国军队开进奥地利，卡米茨（战后担任奥地利财政部长）佩戴着全套的纳粹徽章，兴高采烈地出现在研究所。莫根施特恩被认为"在政治上难以忍受"，并且被立即解除了所长职务。但"德奥合并"似乎已经治愈了莫根施特恩的反犹主义。1938年之后，他日记中那些对犹太人的嘲笑和讥讽基本上消失了。他在奥地利的家人还被迫自证他们的雅利安血统（他们照做了，一直追溯到了16世纪）。

他得到的消息称，也许是拜卡米茨所赐，他已经上了盖世太保的黑名单，于是决定不回奥地利了。他收到了许多大学的工作邀请，最终接受了普林斯顿大学的讲师职位。部分因为他希望与冯·诺依曼见面，但主要原因还是他想利用这个职位作为滩头阵地，通过套近乎的方式获得近在咫尺的高等研究院那"工资翻番且轻松无烦恼的"[33]教授职位。"我要是在高等研究院有个职位就好了。"他嘟囔着。[34]

莫根施特恩发现普林斯顿同爱因斯坦在5年前描述的差不多："一个古色古香且仪式感很强的村庄，里面都是踩着高跷的矮小半神。"[35] 不久，他娶了比他小15岁、漂亮的红发银行出纳多萝西·扬，这使上流社会大为震惊。那年开学后不久，他见到了冯·诺依曼。

莫根施特恩与冯·诺依曼

"这很奇怪，"莫根施特恩说，

多年以后，我们谁也记不起第一次见面的地点，但记得第二次见面的地点。那是 1939 年 2 月 1 日，我在拿骚俱乐部做了一场关于商业周期的午餐后演讲，他和尼尔斯·玻尔、奥斯瓦尔德·维布伦等人也在那里。那天下午，他和玻尔都邀请我去法恩大楼喝茶，我们一起坐了几个小时，谈论博弈和实验。这是我们第一次谈到博弈，而玻尔的在场使我们的会面更上档次。当然，观察者对实验的干扰是尼尔斯·玻尔在量子力学中提出的著名问题之一。[36]

玻尔将由经济行为体相互影响而引起的扰动与波函数坍缩相类比。冯·诺依曼看似不同的兴趣之间有一个搞笑的习惯，即以有趣的方式相互碰撞。

莫根施特恩继续讨好高等研究院的教职员，尤其是物理学家和数学家。他越比较，就越对普林斯顿大学感到不满。"系里缺少火花，"他抱怨道，"这也太老土了。"[37] 更糟心的是，无论他如何使出浑身解数，也永远无法赢得他所渴望的奖赏：莫根施特恩终究一直待在普林斯顿大学，直到 1970 年退休。然而，他的确成功地与冯·诺依曼交上了朋友。

莫根施特恩很快就着了魔似的寻求冯·诺依曼对其研究的意见，并渴望得到这位数学家的认可。他高兴于冯·诺依曼和他一样鄙视当代经济学。莫根施特恩写道，这一学科需要"引入新的思想形式"。[38] 至于这些新形式是什么，莫根施特恩却一点儿头绪也没有。"对我来说糟糕的是，我看到了这一切，也觉得这很有必要，可暗地里却自我怀疑，感觉我无法把控它，"他哀叹道，"这大概是因为我从未接受过必要而广泛的数学训练。这太令人伤心了！"[39]

两人很快意识到他们有共同之处。莫根施特恩提出的那个"无解"问题涉及看似无穷无尽的推理链，正是博弈论可以解决的。假设数以百万计的经济参与者都在争当第一，那我们能从他们的反应中收集到有用的信息吗？如果能，那猜测和反猜测的循环，就有可能聚集成对所有参与者来说都是最优的成套策略。

正是这个问题重新点燃了冯·诺依曼对博弈论的兴趣。他毕竟已经解决了双人博弈的问题：以分蛋糕为例，对结果的预测，并不会改变兄弟姐妹中任何一人的策略选择。冯·诺依曼由此开始思考将他的理论扩展至任何数量的玩家之间的博弈。1940年夏天，霍尔珀林每周都会拜访冯·诺依曼好几次，发现后者完全沉浸在研究中。霍尔珀林说，有时冯·诺依曼会不停地和他交谈一个半小时，但在其他时候，"他会站在一旁，陷入沉思，棕色的眼睛凝视着天空，嘴唇无声而快速地蠕动。在这种时候，没有人敢去打扰他"。[40]

莫根施特恩也开始动笔写论文，欲向经济学家们介绍博弈论。当冯·诺依曼建议他俩共同撰写时，莫根施特恩很高兴。"我开始和约翰尼讨论博弈，"莫根施特恩在1941年7月12日写道，"太有意思了。我们可能在9月前完成。"[41]他设想最终成品将是一本"大约100页的小册子"。但接下来，莫根施特恩说，却是"一段我从未经历过的工作量最为密集的时间"。冯·诺依曼正忙着响应美国军事大佬的召唤，在全美各地奔波。"他一踏进家门，"克拉里说，"就给奥斯卡（莫根施特恩）打电话，然后他们就会花大半夜的时间写这本书。"[42]

莫根施特恩对经济学现状的不满，以及他那薄弱的数学底子越发显得严重。"我既不能也不想放弃集合论，"他在日记中吐露道，"我真是个白痴，在维也纳大学的时候没有学习数学，甚至仅把它作为副科，反而去学愚蠢透顶的哲学，白白花了我那么多时间，现在却所剩无几。"他被冯·诺依曼的天才折服，也为之不安。"约翰尼打电话给我。他喜欢我的手稿……这让我非常高兴，"他当天写道，并补充说，"他一刻不停地工作。这简直太疯狂了。"[43]

几周已经延长到几个月。由于无法对这一新兴理论的任何技术方面做出有意义的贡献，莫根施特恩只能不断地激发经济方面的讨论，并通过提出有趣的问题来为冯·诺依曼充当陪衬。[44] 克拉里也厌倦了两人看似永恒的合作，因为喜欢收集大象形象的装饰品，她表示除非这本书里有涉及大象的地方，否则她不会再和这本书有半毛钱关系。她的厚皮动物适时地出现在第 8.3 节的一张集合论图示中，隐藏在显而易见的地方。

就连普林斯顿大学出版社也被这本书越来越长的篇幅吓到了，扬言要叫停这个项目。然而，1943 年 4 月，这本"小册子"完成了：1 200 页的打字稿最终被送给出版商，砰的一声砸在了责任编辑的桌子上。

莫根施特恩对这本书的主要贡献是序言，后来它成为《博弈论与经济行为》中最被广泛阅读的部分。他在写这篇序言的时候，对自己的学科已经彻底失望。"经济学家根本不知道科学是什么意思，"他私下里抱怨道，"这让我十分反感所有这些垃圾。"[45] 在 20 世纪的大部分时间里，凯恩斯的思想影响了世界各国政府的决策，他是"经济学界有史以来最大的骗子之一"，莫根施特恩说，"但在他面前，大多数人都五体投地"。

莫根施特恩在其所写的序言里的措辞虽然更文明，但传达的信息却大同小异：皇帝没穿衣服。《博弈论与经济行为》一上来就对当时的经济学进行了一场毁灭性的评估。经济学家急于解决的那些社会问题，还没有得到足够精确的表述，无法用数学来分析。个体的行为被完全忽视了，尽管他们的决定在总体上影响着经济，恰如分子的运动决定气体的整体性质一样。

在一定程度上，经济学领域缺乏有意义的进展，都是数据匮乏造成的。在 17 世纪彻底改变了物理学的牛顿力学，是建立在天文学家几千年来的系统观测基础上的。《博弈论与经济行为》指出，"这样的情况在经济学中却从未有过"。经济学仅仅根据很少的证据，就做出了全面的概括。数学曾被拿来当作粉饰门面的道具，以掩盖经济学脆弱至极的立本之基。"经济学家经常指出更大、更'紧迫'的问题，并将阻碍他们对这些问题进行阐释的一切其他问题抛开，"该书继续写道，"在更先进的科学领域，比如物理学，以往的经验表明，这种浮躁态度只会推迟进步。"《博弈论与经济行为》的适当目标，就是通过用严格的数学术语捕捉最简单的交互形式来着手克服这些缺点。在这个催人思考的开场白之后，紧接着600多页的各种证明的密集阐述，均由集合论和泛函分析引申而来，主要出自冯·诺依曼的手笔。

《博弈论与经济行为》开篇就讲到个体与自然的对抗，即如"鲁滨孙漂流记"那样的经济。因为没有任何其他人在一旁阻碍，而且鲁滨孙所处的荒岛条件也允许，所以鲁滨孙可以满足自己的任何欲望。如果他喜欢椰子，那恭喜他交了好运，但要是他想吃菲力牛排，或者聆听贝多芬的《第五交响曲》，那可就没法得到满足了。这是一个很容易解决的数学问题：在其流落的荒岛条件允许的范围内，最大限度地满足鲁滨孙的欲望。在博弈论中，这种情况类似于单人纸牌游戏。鲁滨孙的策略选择取决于岛上有什么资源是他可以取用的，就好比单人纸牌游戏玩家的最有效策略取决于牌组中的纸牌顺序一样。

如果另一个人，"星期五"，来到鲁滨孙的岛上怎么办？那么鲁滨孙如何才能获得某种最优结果的问题就大不相同了。这已经不再是囿于岛上资源而使每个人的欲望最大化的简单问题。一旦他们的需求之间存在任何重叠，他们便会立即产生利益冲突。"这当然不是一个最大值问题，而是几个相互冲突的最大值问题的奇怪而又令人不安的混合。"冯·诺依曼和莫根施特恩指出。

他们解释说，古典数学的工具，如微积分，在这种情况下是没有用的。这让许多经济学家感到震惊，因为他们刚刚开始在自己研究的领域中跟进使用微积分。"关于这个伪最大值问题的普遍误解，"两人接着说,"有一个特别引人注目的表述是,社会努力的目的是'为尽可能多的人带来尽可能大的好处'。一个指导原则不能由同时最大化两个(或更多)函数的要求来制定。"

当然,正确的方法就是博弈论。冯·诺依曼解释说,他将首先彻底探索双人零和博弈,然后将该理论推广到有任意数量参与者的博弈,其收益总和不一定为零。

然而,首先,任何声称能够确定一个人的"最优"策略的理论,都需要一种简单的方法来量化他们的好恶。企业家的目标可以很容易地按照成本和利润来衡量,但生活中有比金钱更重要的东西,博弈论的领域包括任何可能发生冲突的情况。

经济学的正统观点是,偏好既不能被度量,也不能用数字秤来称重,只能进行先后排名。当莫根施特恩将这一点告诉冯·诺依曼时,后者很快就发明了一种革命性的理论,让个人的好恶在"幸福"或效用的尺度上被赋予一个数字,就像温度计给出一碗汤的温度读数一样。"我还清楚地记得,"莫根施特恩说,"当我们设定相关的公理时,约翰尼竟从桌子边站起来惊讶地喊道:'难道没有人明白吗?'"[46]显然,没人明白。

首先,冯·诺依曼说,我们必须接受"一个人的偏好体系是全面而完整的这样一个事实"。也就是说,在任意两个事件或物体之间做出选择时,人们总是能够选择他们最喜欢的那个(例如,你更愿意去看电影还是看电视并叫个外卖呢?)。此外,让我们假设人们不仅可以在两个不同的选项中做出决定性的选择,还可以在事件的不同组合中做出选择。例如,我们出门去电影院的时间有点儿晚了,所以我们有50%的概率会错过电影,如果那样的话,我们肯定会去打保龄球。或者我们也可以叫外卖……

冯·诺依曼说,只要这些适度的假设成立,人们就可以计算效用值（传统单位是"效用"）。为了校准效用表，可以选择一对事件。[47]其中一个事件一定是你最害怕的灾难，可将它的效用赋值设为 0。另一个事件是你可以实际想象到的最美妙的体验，可给它的效用打个 100。这类似于用水的冰点和沸点来校准摄氏温度计。[48]

想象一下，今天是你的生日，你最喜欢的人组织了一个很棒的派对，有很多的礼物，包括果冻、冰激凌和一个硕大的巧克力蛋糕。嘿，快看！约翰·冯·诺依曼从一阵烟雾中出现。他现在心情很坏，向你提出了一个建议。与其搞什么生日派对，还不如买一张彩票，它会让你有机会赢得效用值为 100 的"天堂愿景"。缺点是，如果你输了，你将立刻被判活在噩梦中。问题在于赢的概率是多少，你才会愿意接受冯·诺依曼的提议。如果彩票的赢率是 75%，那么你的生日派对的效用值为价值 ×100=75。一个更不愿意冒险的人，可能会要一张赢率为 98% 的彩票才肯做此交易。因此，对他来说，生日派对的效用值就是 98。

冯·诺依曼现在可以在博弈论的语境中定义"理性"的含义了。他提出，如果在任何情况下，一个参与者所采取的策略最终都是为了最大化其相对于别的理性参与者的收益，那么他的行为就是理性的。冯·诺依曼解释说，这种回报"当然被认为是最小的，而如果其他人犯错误（行为不理性），他可能会得到更多"。对"理性行为"的描述可以归纳为"一整套规则"，告诉参与者如何在博弈中可能出现的每一种情况下行动，以实现这一目标。[49]这在很大程度上简化了数学，因为鉴于效用理论，参与者所追求的一切都可以用一个数字来概括。

冯·诺依曼完成了一项按理说不可能完成的任务，他用一种严谨的方法，给笼统的人类欲望和偏好赋予了数值。"迄今为止，社会科学中最重要的理论"是诺贝尔奖得主丹尼尔·卡尼曼在 2011 年对冯·诺依曼成就的描述，当时距《博弈论与经济行为》首次出版已有

60多年。[50] 效用理论，以及作为其核心的理性计算个体的概念的影响，将迅速触及象牙塔之外。

在效用理论的帮助下，冯·诺依曼开始了对双人博弈的分析。某些这样的博弈足够简单，玩家可以完全明确地规定所有的理性行动。一字棋（井字棋）的最优策略很容易推算出来——最优玩法的规则用一张纸就可以写下来。正如大多数孩子很快就意识到的那样，如果双方都只采取最优策略，游戏就会不可避免地以平局告终。

冯·诺依曼给出了两种博弈的表述方法，这两种方法至今仍被博弈论学家使用："扩展式"表述和"标准式"表述。两者是等价的，而冯·诺依曼建议使用对解决手头问题最实用的那一个。

扩展式表述类似于一棵树。每一个步骤都是一个分支点，称为节点。从每个节点辐射出来的分支都是可能的步骤。每根树枝的末端都是一片叶子，对应着游戏的最终结果。如果某人在一个潮湿的下午感到厌烦，他可能会画出井字棋的完整图表。最短的分支将有5步之长，这是第一个玩家想赢需要的最小步数。最长的只能有9个节点：游戏必须在这个节点结束，因为网格已经满了。

然而，国际象棋的"树"很快就会变得非常杂乱。走过三步之后，棋盘上的棋子就可以是多达1.21亿个不同的可能配置之一。在帮助发明数字电路设计原理和现代信息理论的同时，美国数学家克劳德·香农计算出至少有10^{120}种可能的国际象棋棋局，远超宇宙中基本粒子的数量。

冯·诺依曼将国际象棋和井字棋称为"完美信息"的博弈——博弈中的所有走法对两个玩家都是可见的。他指出，所有具备完美信息的双人零和博弈都有一个"解"，只要博弈不永远进行下去。[51] 井字棋显然符合这一标准。尽管不太明显，但国际象棋也符合这一标准，因为有各种各样的规则会让博弈以平局告终：例如，如果双方在棋盘上都没有足够的棋子来将死对方，或者同样的点位出现三次。

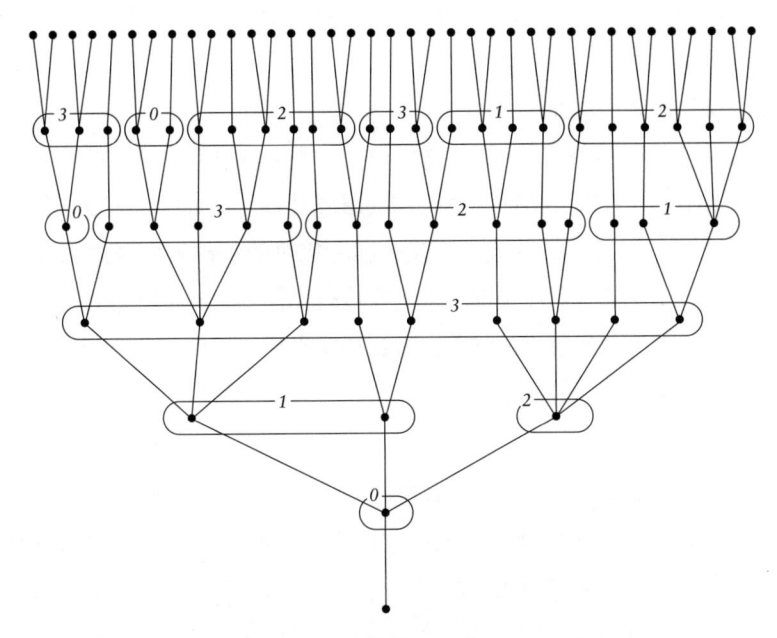

冯·诺依曼和莫根施特恩对博弈扩展式表述的图解

所有具有完美信息的博弈都必须以获胜或平局结束，而且关键在于，在"博弈树"的每个节点上，每位参与者总是只有一个最优的招数。冯·诺依曼对这个命题的证明，使用了"逆向归纳"的方法，这是一种数学过程，就好似从每根分枝的末端开始，修剪掉那些"非理性"的招数，直到抵达主干。

例如，从显示白方获胜的叶子开始，一个节点一个节点地向后推进，并剪掉白方最后打成平手或输棋的任何分支。如果白方的某一招数让自己更早获胜，那么就剪掉较长的树枝。最终，这将揭示白方获胜的最优路径。接下来，检查这个分支上所有黑方出招的节点。如果其中任何一个招数的结果是黑方平局或获胜，那么你所处的分支就不是白方的最优路径：砍掉它。想象一下，对"棋局树"上的每一片叶子都这样做一遍，那么，所剩下的就是两个理性的对手实际会走的棋

第 6 章　博弈论　　　　　　　　　　　　　191

局。博弈从头到尾都是完全确定的。"这表明，"冯·诺依曼说，"如果这个国际象棋理论真的被人们完全了解，并且计算能力足够的话，那就没有什么可玩的了。"

当冯·诺依曼在伦敦的一辆出租车后座上告诉布洛诺夫斯基"国际象棋不是一种博弈"时，他确切的意思是，计算机可以通过编程来找到这种"完美"的游戏。不过，国际象棋的狂热爱好者大可放心，地球上尚无任何机器能足够强大到完成这项任务，甚至没有人知道一盘完全理性的国际象棋最终是白方赢还是平局。然而，有一个很小但很有限的机会，也许在某个地方，有人正穿着睡袍坐在客厅里，已经玩过国际象棋。

博弈的扩展式表述可能会变得混乱。标准式表述（现在也称为"策略式"或"矩阵式"表述）能以表格的形式呈现博弈的收益（效用值）。冯·诺依曼给出了几个例子。"配硬币"的标准式表述如下：

"配硬币"的标准式表述，显示硬币匹配时获胜玩家的收益

单位：便士

	正面	反面
正面	1	−1
反面	−1	1

还有一些游戏，乍一看和"配硬币"游戏一点儿都不像，但仔细观察就会发现它们其实是双人零和博弈。为了证明这一点，冯·诺依曼解决了莫根施特恩的源自柯南·道尔的那个"无解"问题。冯·诺依曼为福尔摩斯和莫里亚蒂找到了最优策略，也为侦探找到了逃脱机会。

冯·诺依曼设定莫里亚蒂在多佛或坎特伯雷抓住并杀死福尔摩斯

的效用值为 100。如果福尔摩斯成功逃到欧洲大陆，则会导致莫里亚蒂损失的效用值为 50。如果福尔摩斯因为莫里亚蒂搭乘了去往多佛的快车而在坎特伯雷下车，从而避开莫里亚蒂，那么这是一场平局，因为福尔摩斯没有到达欧洲大陆，追逐还在继续。

莫里亚蒂的收益表

莫里亚蒂	福尔摩斯	
	多佛	坎特伯雷
多佛	100	0
坎特伯雷	−50	100

对于莫里亚蒂来说，去坎特伯雷带有触发最糟糕的−50 收益的风险，因为福尔摩斯将彻底逃掉。无论在哪个特定的日子，莫里亚蒂都宁愿去多佛。然而，如果他太过意料之中地喜欢多佛，福尔摩斯就会事先猜中他的策略，故在坎特伯雷下车。所以莫里亚蒂必须把坎特伯雷留在多重备选方案中。

莫里亚蒂的最优策略是乘快车去多佛，概率为 60%。他应该在坎特伯雷下车，概率只有 40%。这样一来，无论福尔摩斯如何选择，莫里亚蒂的平均收益都是一样的。[52] 福尔摩斯的策略恰好相反：在坎特伯雷下车的可能性为 60%，不然就一直坐火车到多佛。

在《最后一案》中，福尔摩斯在坎特伯雷下了车，并躲在行李后面，此时莫里亚蒂乘坐的开往多佛的专列呼啸而过。两人都采取了冯·诺依曼分析中所描述的最可能的路线，但实际上，胜算概率对莫里亚蒂有利。根据冯·诺依曼的假设，"当夏洛克·福尔摩斯乘坐的火车驶出维多利亚车站时，他已有 48% 的被杀概率"，而福尔摩斯全身而退的概率仅有 16%。随着莫根施特恩认为的"无解"问题得到巧妙解决，莫根施特恩在《博弈论与经济行为》的一处脚注中收回了他早先的悲观看法。

冯·诺依曼曾承诺，继1928年的论文之后，他将对扑克游戏进行博弈论方面的分析。大约15年之后，他真的提供了一篇这样的分析。打扑克是一种信息不完美的游戏，并且就很多方面而言，信息不完美的游戏说的就是打扑克。玩家不知道其他参与者手里拿的是什么牌，这正是扑克游戏好玩和刺激的地方。打扑克的最优策略必须包含这种不确定性。任何打过扑克的人都知道，赢牌的关键在于"虚张声势"的造势技巧（和科学）：手拿烂牌还要下高注。

"正是冯·诺依曼对扑克游戏的分析，让我成了一名博弈论学家。"肯·宾默尔说。宾默尔曾参与策划许多拍卖活动，以便将未使用的无线电带宽出售给英国的电信公司。

> 我知道玩扑克的高手经常会虚张声势，但我只是不相信冯·诺依曼所说的，极力虚张声势竟然是最优策略。可我怎么也不该怀疑大师啊！经过大量痛苦的计算后，我不仅不得不承认他是对的，而且发现自己从此无可救药地沉迷于博弈论。[53]

为了简单易懂，冯·诺依曼以两人扑克游戏作为研究对象。书中三分之一的篇幅都在讨论双人零和博弈。每个玩家一开始手上的5张牌共有2 598 960种组合，所以冯·诺依曼将这种复杂性抽象化，赋予每个玩家一个数字，比如在0到100（1—99）之间。所有的数字被分到的概率是相同的，因此，如果一个玩家分到的是66，那么他完全可以认为，他拿到更高牌的可能性是对手的两倍。[54]

扑克游戏有很多不同的特色玩法。例如，在"抽牌"变体中，玩家可以用手中的一些纸牌交换其他纸牌，并且会有几轮叫牌。对于这些复杂情况，冯·诺依曼一概略去。在他的小模型中，只允许两种叫牌：叫高（H 英镑，即金额 H 英镑）或叫低（L 英镑），并且只允许一轮下注。如果"叫高"的价码远远高于"叫低"的，游戏就是"有风险的"。

两名玩家会同时发出他们的初始叫牌（这又与真正的扑克游戏不同，在真正的扑克游戏中，是由一个玩家先出牌的），然后比较他们的叫牌。如果双方都一样叫出了或高或低的牌，他们就会比较"牌点"，手中"牌点"更强的玩家得到 H 英镑或 L 英镑。如果两个玩家的"牌点"相同，那么他们就要继续下注。如果他们的"牌点"不同，那么手中"牌点"更低的玩家就有一次选择机会。他可以喊"过牌"，只给对方 L 英镑，而且双方不会亮牌。或者，他也可以通过将自己的叫牌改成"叫高"来"看牌"，这时双方玩家均会亮出手中的牌进行比较，就好像他们一开始都"叫高"了一样。

这些都是适用于冯·诺依曼版本扑克游戏的所有规则，足以解释"虚张声势"的逻辑。他确定，双方玩家的极小极大策略，自然是在一手好牌的情况下叫高。下高注和下低注的相对大小决定了一个阈值，而一旦超越此阈值，玩家就应该总是叫高。如果下高注是下低注的 2 倍，那么在任何高于 50 点的情况下，加大下注都是可行的；如果是 3 倍，则加大下注要高于 66 点；而若是 4 倍，加大下注只能是 75 点以上的牌。此模式一目了然：在"风险较大"的游戏中（即那些叫高牌远远大于叫低牌的游戏），需要手中有更好的牌来叫高。[55]

冯·诺依曼接着又想到，如果玩家抽到的那张牌的牌值低于上述阈值，他们应该怎么做。他发现在这类情况下，尽管玩家在大多数时间都应该叫低，但他们也可以偶尔抛出较高的叫牌。在一手烂牌的情况下，玩家叫高的概率究竟应该多大，同样取决于下高注和下低注之间的比例。对于 2 倍、3 倍和 4 倍的比例，玩家应该分别以 1/3、1/4 和 1/5 的概率叫高。[56] 这与真正的扑克游戏的"虚张声势"没有什么不同。

"出于讨论的目的，我们对扑克游戏进行了极端简化，所以'虚张声势'只是以一种非常初级的形式出现。但表征是明确无误的。"冯·诺依曼说。

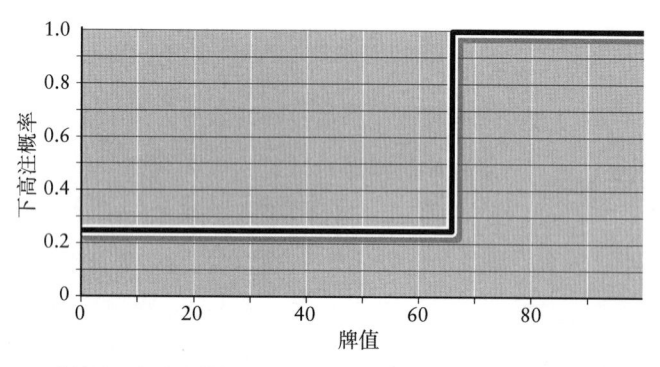

下高注是下低注价值的 3 倍时，冯·诺依曼式扑克游戏的最优策略

然而，虚张声势可能有两个目的。一是手中牌本来就烂仍叫高，就是要忽悠对手误以为自己有一手好牌，从而诱使对方过牌。二是让对手揣摩玩家叫高是否就一定意味着玩家真的有一手好牌。如果有人只用好牌下高注，他们的对手很快就会叫"过"，从而减少他们的收益。

冯·诺依曼证明了后一个是更好的解释：如果对方玩家坚持最优策略（他们用一手烂牌打赢的牌局，与被对手虚张声势而输掉的牌局扯平），虚张声势的失败并不会导致重大损失。然而，聪明的对手很快就会偏离他们的"最优"策略，当不搞虚张声势的玩家叫高时，他们就会叫"过牌"，然后自己再抛出更多的虚张声势的叫牌。正如宾默尔所说："虚张声势的意义不在于你即便拿到一手烂牌都能打赢，而在于当你拿到一手好牌时，你还想鼓动对手用一手不好不坏的牌下注。"[57]

冯·诺依曼对双人零和博弈的详尽论述通过扑克游戏得到了圆

满的展示。他制定了博弈论的公理，并提出了诸如"博弈""策略"等术语的正式定义。他还给出了对自己的极小极大定理的证明，且比 1928 年的那个原初证明要简单得多。1938 年，埃米尔·博雷尔的学生让·维尔（Jean Ville）发表了一个关于极小极大的简单代数证明。莫根施特恩在高等研究院图书馆偶然发现维尔的研究结果后知会了冯·诺依曼，而冯·诺依曼又使维尔的证明更加简化了。在《博弈论与经济行为》的其余部分中，冯·诺依曼试图将自己的结果扩展到任意数量对手的博弈，并扩展到凡是存在互利可能性的情况中。进展至此，他有些举步维艰。继冯·诺依曼和莫根施特恩的不朽大作之后，博弈论后来陆续增加的内容，大部分都出自那些急于填补空白的人之手。

《博弈论与经济行为》中提出的多方及非零和博弈的方法，需要找到一些技巧，以将它们简化为双人零和的情况。鉴于冯·诺依曼的极小极大定理要确保每一个这样的博弈都有一个理性的解，他认为分析这些"假的"双人博弈，可以为每一方揭示最优策略。

冯·诺依曼从一种三方博弈策略入手。他的理由是，比起各自为战，参与者往往会试图联手干掉其中一个对手。任何玩过《大富翁》或《卡坦岛拓荒者》这类三人游戏的人应该都会注意到，这样的诡计通常都是很自然地发生的，彼此几乎无须说一个字。"各自为战"很快就变成了两个较弱的玩家合力对外，以阻止业已领先的玩家彻底胜出。这种不义联盟在游戏中形成得有多早，以及能持续多久，将决定最终的赢家和输家是谁。

《大富翁》或《卡坦岛拓荒者》过于复杂，不适合作为三人游戏的有用模式。因此，冯·诺依曼发明了一个简单的"游戏"，其唯一目标是让其中的两名参与者结成"一对儿"，而把第三名参与者冷落在一旁。每个玩家都会悄悄地写下另一个玩家的名字，然后三个人都会揭晓他们各自的选择。如果两名玩家互相选择了对方，他们就各得 0.5 分，第三人则被扣去 1 分。否则，谁也别想得到任何东西。一个理性的玩家很快就会明白，要想取胜，唯一的方法就是在比赛开始前"私下里"进行谈判，并达成交易。即便是这么个毫无意义的游戏，也可以从中提出一些在日常生活中会突然出现的有趣问题。例如，人们怎么知道承诺会被遵守呢？如果承诺实际上更像是一份合同，那么需要怎样的机制来执行它？冯·诺依曼说："观察游戏规则如何做到绝对公平，而参与者的行为却并不一定遵守规则，这是很有启发性的。"事实上，他说，谈判本身也可以被视为一场博弈，后来的一些理论家对此做了研究。

在《博弈论与经济行为》中，冯·诺依曼为他的博弈模式增加了复杂性。成功结成联盟的玩家之间的收益并不是均分的，因为三个玩家中有一个人坚持要分更多比例，于是和他搭伙的人就得拿的更少。当然，除非他同意放弃额外要求的那块蛋糕，否则这个"贪婪"的玩家将永远无法组建联盟，而另外两人也总是会成为搭档，以便最大化他们的收益。

同样地，如果两名玩家在与第三个玩家结盟的过程中获得了额外的收益份额，他们便会失去与其他玩家结盟的兴趣，而开始请求与第三个玩家合作。按照逻辑，只有当两个所谓的优势玩家中的一个完全补偿第三个玩家时，才会结成"一对儿"。由于存在补偿机制（贿赂？）及下注，冯·诺依曼便能够确定玩家要么结成联盟，要么全都决定单打独斗的数学条件。在后一种情况下，每个玩家的收益取决于他们自己及其他两个玩家所选择的策略。另外，冯·诺依曼表明，如果联盟形成了，这种情况就可以被视为双人零和博弈，同伙被视为与那个剩下的对手单挑的"玩家"。

到目前为止，一切还算顺利。然而，在分析中出现了一些裂缝。在三个玩家的情况下，该理论确定了三种可能的联盟。[58] 冯·诺依曼将他的理论局限于"静态的"一次性博弈。否则，就没有什么能阻止血腥的《权力的游戏》式的联盟与背叛的循环，这种循环将无限期地持续下去。[59] 然而，尽管有这样的限制，该理论对三种可能的联盟中的哪一种会真正形成，几乎未加说明。冯·诺依曼不得不承认，在许多情况下，博弈可能根本没有一个稳定而独特的解决方案。《博弈论与经济行为》很难如前几章所承诺的那样，对理性博弈有完整的描述。冯·诺依曼和莫根施特恩试图把这种情况看得不那么严重，他们认为，在"真实世界"中，某个特定的联盟有可能是稳定的，因为这里涉及人们所说的"既定社会秩序"——特定时间或特定地点的主流文化的规范。他们说，如果"歧视"被容忍，那么即便是非常粗暴和不公平的解决方案也是被允许的。举个极端的例子，如果与一个玩家谈判是禁忌，那么就只能形成一个联盟。有了这些防止误解的说明，冯·诺依曼便宣布三人零和博弈的问题被解决了。

而四方博弈的复杂性意味着冯·诺依曼不得不专注于一些特殊情况。他发现，那些可简化为两人和三人博弈的情况，他已经解决了。例如，两对玩家之间，或者三对一（输家）的游戏，都可以被视为双人零和博弈。由两名玩家组成的"核心"联盟，试图吸引第三个玩家以组成获胜团队，这可以被建模为三人博弈。冯·诺依曼对五人博弈的分析更加有限。他只能讨论对称博弈，而在对称博弈中，策略的收益只取决于其他策略的部署，而不取决于玩家。对称博弈很重要：它反映了所有人都想要相同东西的社交情境。（例如，围绕水资源问题的紧张局势导致了国际冲突和合作）。[60] 但冯·诺依曼只能描述两种对称的五人博弈的例子，其中的收益平衡意味着，为了获胜，一个玩家必须与其余的一人或两人组成联盟。

冯·诺依曼终于可以开始攻坚 n 人博弈，即那些有任意数量玩家的博弈。"了解 n 值增大后的条件绝对至关重要，"他说，"因为这些条件对于我们所期望的经济和社会应用是最重要的。"不过，他也承认，"在目前的情况下，我们尚无法期望有任何系统的、详尽的东西"。

冯·诺依曼首先着眼于一批简单博弈的子集,这些博弈可以被巧妙地分解成独立且更小的博弈。这种"可分解的博弈"都是"由一群'自成一体的玩家'进行的,就游戏规则而言,他们既不影响别人,也不受别人影响"。他描述了如何识别可以以这种方式分解的博弈,以及在这种情况下可能会形成的一些联盟。

接着,他试图找到一个更普遍的问题解决方案。他定义了今天博弈论学家所说的"稳定集":一组不能被其他任何方案击败的解决方案。每一种解决方案都是联盟伙伴之间的一套"附加支付"[61],以确保他们的忠诚。联盟之所以稳定,是因为任何成员都不可能达成更好的协议。冯·诺依曼能够证明一些三人博弈具有稳定集形式的解决方案。然而,与以前一样,尽管可能性有许多,却没有任何数学标准可以用来确定其中哪一个将真正实现。哪种解决方案会最终胜出取决于现行的"行为标准"。

到目前为止,冯·诺依曼只处理过零和博弈。但生活很少是一场只有冲突的博弈。经济增长并非零和:现在的世界比200年前更加繁荣。通常的情况其实都是双赢的。而有的时候,每个人又都是输家。经济学家迈克尔·巴卡拉克说过:"零和博弈之于博弈论,就像12小节蓝调之于爵士乐——这是一个极端的例子,也是历史的起点。"[62]

冯·诺依曼和莫根施特恩知道,如果他们的理论如其书名所示,要讲到一些对"经济行为"有用的论述的话,那他们就必须提供一些解决非零和博弈的路径。他们在《博弈论与经济行为》一书的最后提供了路径。这种方法有点儿像变数学戏法,缺乏冯·诺依曼早期在研究处理两人和三人零和博弈时的严谨。他引入了一个被动的"虚拟玩家",其在博弈中的唯一作用就是充当效用银行的角色,输掉其他玩家赢得的收益总和,或赢回自己输掉的收益。一个n人的非零和博弈，随着这个幽灵的加入，就转变成了一个由 n+1 个参与者参与的零和博弈，此博弈可以通过应用开发了几百页的机制来解决。冯·诺依曼终于准备好将博弈论应用于经济领域最简单的那些方面。

当代的经济模型植根于法国经济学家莱昂·瓦尔拉斯的研究。瓦尔拉斯被公认为"一般均衡理论之父"，基于安全竞争的假设，他于 19 世纪 70 年代开发出他的方程式。在理想化的条件下，买方和卖方的人数如此之多，以至于没有任何个人能够单独影响商品的价格。根据供给是否满足需求的情况，价格会或下跌或上涨，之后，经济达到均衡。垄断或寡头垄断（少数卖家）的形成，在瓦尔拉斯的理论中是一种暂时的反常现象，终究会被市场的魔力消除。[63]

在冯·诺依曼和莫根施特恩于 20 世纪 40 年代着手撰写大作之际，经济学家已经开始认识到垄断竞争并不是例外，而是规律。在 20 世纪中期，美国的三（或四）巨头是石油和汽车行业的庞然怪兽，即标准石油公司、福特公司和通用汽车公司。如今，垄断巨头更有可能是来自科技产业的顶尖公司，如脸书、苹果、亚马逊或谷歌。

《博弈论与经济行为》诠释了为何若没有严厉的反垄断法及持续的警惕，垄断和寡头垄断会如杂草般疯长。在一个由一家或几家大公司主导的市场中，每家公司自然都会利用自身的实力来实现利润最大化。即便没有主动勾结，它们也会推高针对消费者的价格，就好像它们组成了冯·诺依曼和莫根施特恩所描述的那种联盟似的。无须更多的假设来再现这一现象，冯·诺依曼的首创公理就足够了。

书中对博弈论在经济上的应用其实讨论得非常简略，仅围绕有一个、两个和三个参与者的非零和博弈的结果展开。就一个人的"鲁滨孙漂流记"式的案例而言，其结果正如预期的那样，是个人收益的简单最大化，只受可用资源的限制——这是中央计划的共产主义经济。买方和卖方的两方市场被称为双边垄断。此种解决方案符合常识。无论出售什么,买卖双方议定的价格将介于买方愿意支付的最高价格和卖方愿意出手的最低价格之间。在此价格区间内,双方具体在哪个点上协商一致,取决于交易前的"谈判、讨价还价、再讨价还价、签约和再签约"。关于这个问题,《博弈论与经济行为》三缄其口。

对三方市场展开全面讨论具有太多的可能性,因此冯·诺依曼关注到这样一个场景:两个买家试图从一个卖家那里获得某种不可分割的商品。最直接的结果是,实力较强的买家出价高于竞争对手,并以略高于竞争对手愿意或能够支付的价格买下商品。然而,冯·诺依曼提出了另一个更有趣的解决方案,在该方案中,两个买家组成了一个联盟。现在他们可以一起与卖方讨价还价,把价格压低到实力较弱的买方出得起的最高价格以下,甚至可能低至卖方愿意接受的最低价格。然后,这对买家就可以把实力较强的买家通过交易省下的钱瓜分掉。

冯·诺依曼没有详细讨论两个卖方和一个买方(即"买方垄断")的相关情况。相当厚脸皮的是,他把数学留给了读者做练习。但通过对两个买家的情况做类比可发现,要么是卖家竞争,买家以更低的价格(低于出价高的卖家的最低价格)购买产品,要么是卖家结成联盟,推高价格,直到触及不幸买家的支付上限。

对单人、二人和三人市场博弈的讨论,或多或少是《博弈论与经济行为》中为经济学家提供的全部内容,但也只不过是对其潜力的一个诱人暗示。幸运的是,博弈论在工商业界的应用很快就有了一位有着出色辩才的拥趸,他就是美国商业记者约翰·麦克唐纳。作为一名狂热的托洛茨基分子[1],麦克唐纳于1937年前往墨西哥,成为

---

[1] 托洛茨基分子,即崇尚托洛茨基主义的人。托洛茨基主义是20世纪早期在俄国工人运动中出现的、以列夫·达维多维奇·托洛茨基的不断革命论为基础的机会主义思潮。——编者注

其所仰慕的英雄的秘书。1945年，他加入《财富》杂志，并在《博弈论与经济行为》两位作者的帮助下，撰写了一系列推广博弈论的书和文章。

也许是由于他记录过美国资本主义行业巨头之间的冲突，麦克唐纳意识到这个理论可以很好地模拟真实的经济互动。"三人联盟博弈对经济学的重要性，在于它剖析了长期困扰经济学思想的'寡头垄断'和'垄断竞争'现象，"他在1950年这样写道，"与其他人不同的是，冯·诺依曼和莫根施特恩在他们的理论中完整地建立起联盟的概念。"[64]

麦克唐纳运用博弈论的术语描述了被超市抢走生意的两家杂货店的情况：

> 这两家杂货店组成了针对消费者的联盟。它们进行双人博弈，结果是从消费者那里赚走了更多的钱。随之而来的是一家超市以更低的价格（基于更高的出货量和更低的成本）的形式向消费者提供奖励或返现。超市与消费者结成联盟……以对抗杂货店联盟。超市以利润的形式获得收益（通过针对每一名消费者的更低价格来获得更大的销量），消费者则通过省钱来获得收益。但当第一个杂货店联盟退出"战场"时，博弈并没有结束。如果超市像通常那样还有其他竞争对手，消费者便可以通过威胁与这些竞争对手结成联盟来保持强势地位。但是如果超市现在和它的竞争对手联合起来，就可以在一段时间内通过提高价格以牺牲消费者的利益来获得额外的收益。博弈又会恢复到一开始的态势，也许还会被另一个新入局者打破。[65]

冯·诺依曼和莫根施特恩的《博弈论与经济行为》于1944年问世。这本书的第一版很快售罄——《纽约时报》头版的一篇关于这本

第6章 博弈论

书的文章和各大著名期刊上的十几篇热情洋溢的书评使这本书出人意料地成了红极一时的畅销书。"再出 10 本这样的书，"一位书评家宣称，"经济学肯定就会大大进步。"[66]

尽管得到了很多喝彩，但博弈论并没有立即在经济学家中流行起来。这本书太数学化了。即使是在普林斯顿大学，就算数学系迅速成为这一课题研究的沃土，经济学系仍旧与之格格不入。这与两位作者的个人因素有一定关系。冯·诺依曼尽管广受人们敬仰，但作为一名非经济学家，他是经济学方面的门外汉。而莫根施特恩目中无人的做派也惹恼了许多人。经济学家马丁·舒比克于 1949 年到普林斯顿专门研究博弈论，他说："经济学系就是讨厌莫根施特恩，这不光是因为他们还没有弄明白这到底是怎么回事，还因为莫根施特恩身上带有某种贵族腔调……这就是他们嫌弃他的另一个缘由。"[67]后来的诺贝尔奖得主、经济学家保罗·萨缪尔森当时正在麻省理工学院的住处静观这一切。莫根施特恩"非常像拿破仑"，萨缪尔森后来告诉历史学家罗伯特·伦纳德说，莫根施特恩喜欢做出"伟大的断言"，但他没有必要的手段来加以证明。[68]

然而，博弈论不受待见的首要原因是，尚未证明其在处理经济问题方面有何价值，还有许多悬而未决之处。其中排名第一的是，冯·诺依曼和莫根施特恩关于两个以上参与者博弈的"合作"解决方案。博弈论假设了效用可以在联盟参与者之间无缝转移。如果所谓的"收益"不是成捆的钞票，抑或就算是成捆大钞却很麻烦的话，那这个说法显然就是不正确的——一张 10 英镑的钞票对一个无家可归的人比对一个百万富翁更有价值。此外，《博弈论与经济行为》也没有给出如何计算联盟中每个参与者该得到多少收益的方法：什么才是"公平"的解决方案？

其次，冯·诺依曼和莫根施特恩针对 n 人博弈的"稳定集"解决方案被证明是有争议的。是否所有多人博弈都会有一连串的联盟，且不会因为某个成员找到了更好的交易而被打破？冯·诺依曼没有证明这一点。在《博弈论与经济行为》发表25年之后，数学家威廉·卢卡斯发现了一个根本没有稳定集的10人博弈。[69]

许多人对冯·诺依曼的非零和博弈方法也是极力避开。数学家杰拉尔德·汤普森指出，使用一个虚构的参与者，"有助于但不足以充分地处理非零和的情况。这是很遗憾的"，他补充道，"因为这样的博弈在实践中最有可能被发现是有用的"。[70]

冯·诺依曼最大的盲点是他没有考虑到这样的博弈：其中要么联盟被明确禁止，要么参与者不能或者根本不想结盟。当博弈论因始终不渝地关注精于算计的个体之间的生死竞争而名声大振时，其最初的发起人也是如此。然而，合作明可以产生更好的结果，但人们偏偏都会选择单干，与冯·诺依曼中欧人的性格水火不容。他不认为现实世界就是这样运转的。"在冯·诺依曼看来，"伦纳德说，"形成结盟和联合是任何社会组织理论的必要条件。"

博弈论并不是冯·诺依曼和莫根施特恩所希望的战略行为的完整指南。双人零和博弈可能是其书中最优雅、最直接适用的部分，它起源于冯·诺依曼在近20年前证明的极小极大定理。任意玩家数量的非零和博弈还只是一项进行中的研究。然而，冯·诺依曼关于效用的革命性研究，连同对博弈的严格描述及它们在扩展式和标准式下的表述，将成为其他有才华的数学家迅速崛起的基石。一个闪耀着冯·诺依曼星光的理论，将被证明是那些新一代的最敏锐的头脑所无法抗拒的，其中包括约翰·纳什、劳埃德·沙普利、戴维·盖尔。到20世纪60年代，他们的研究打开了经济学和更广泛的社会科学的闸门。

在冯·诺依曼和莫根施特恩的《博弈论与经济行为》出版50年后的1994年，负责甄选诺贝尔经济学奖获奖者的委员会面临一个棘手的决定。[71] 他们一致认为，该奖项应该授予一位博弈论学者，以庆祝那本权威著作的出版周年纪念，但由于该书的两位作者早已去世，他们在谁该获奖的问题上产生了分歧。在最后一刻，刚刚从几十年的精神疾病中恢复过来的纳什，与另外两位博弈论理论家赖因哈德·泽尔滕和约翰·海萨尼一起获得了诺贝尔奖。

博弈论很快证明自己配得上这一特殊风格的荣誉。就在三位获奖者从瑞典国王手中接过奖牌的同一年，美国政府正准备向电信公司拍卖无线电频段。数千张价值数十亿美元的牌照岌岌可危，因为过去的许多抛售都搞砸了。[72] 在新西兰，一场糟糕的"第二价"（中标者只支付第二高的出价）拍卖，导致一家出价700万新西兰元的公司只支付了5 000新西兰元。还有一个大学生一分钱没出就拿到了一个小城市的电视网络运营执照，因为根本没有人出价。

迫于避免此类大坑的压力，美国联邦通信委员会（FCC）征求了各方的建议，并采用了包括保罗·米尔格罗姆和罗伯特·威尔逊在内的博弈论理论家设计的一套系统。根据他们设计的"多轮同步加价拍卖"的规则，几张许可证被同时出售，竞标者可以投标他们喜欢的任何一张。[73] 这幢精心设计的"大厦"完全建立在那一年的三位诺贝尔奖得主所提出的"非合作博弈论"的基础上。这是一次巨大的成功。

10份传呼服务牌照于当年7月以拍卖方式售出，共筹得6.17亿美元。第二年，新一轮共计99个通信经营许可证的拍卖，被《纽约时报》誉为"有史以来最大的拍卖"，涉及金额达70亿美元。到1997年底，看不见摸不着的广播电波已经为美国政府净赚了200亿美元的真金白银——是其预估价值的两倍还多。[74] 其他国家很快效仿美国的做法。2020年，距离美国首次拍卖无线电频段刚刚过去近25年，米尔格罗姆和威尔逊就共同获得了诺贝尔奖。

继纳什、泽尔滕和海萨尼之后，大量的诺贝尔奖都被博弈论学家收入囊中。托马斯·谢林和罗伯特·奥曼因在冲突与合作方面的研究，获得2005年诺贝尔经济学奖。2012年，首创了合作博弈论的89岁的沙普利接到诺贝尔委员会的电话，他对他们说："我一辈子从来没有上过什么经济学课程。"与他共同获奖的阿尔文·罗思利用沙普利帮助设计的配对算法，将初级医生与医院、学生与学校、肾脏捐献者与患者进行了配对。

2009年，埃莉诺·奥斯特罗姆成为首位获得诺贝尔经济学奖的女性。[75]她周游各地，将博弈论分析应用于对"公地"的治理。公地是指许多人都可以使用的资源，而这些资源可能会因人的集体活动而枯竭。[76]奥斯特罗姆描述了各地的人如何发明保护这些资源的方法。例如，在尼泊尔，她发现那些不遵守用水规定的农民的牛会被关到一个"牛监狱"里，直到缴纳了罚款才放回。[77]

正如奥斯特罗姆所做的那样，对博弈论的一些基本规则的质疑催生了丰富的见解。另一位诺贝尔经济学奖得主、心理学家丹尼尔·卡尼曼挑战了博弈论的假设，即人类是完全理性的，拥有永远不会改变的喜好和品位。卡尼曼是冯·诺依曼的崇拜者，也是"20世纪伟大的知识分子之一"，他与其亲密合作者阿莫斯·特沃斯基一起研究了真实的人到底如何做决定，并发明了他们自己的"前景理论"，用以解释与效用理论的某些预测正好相反的发现。[78]

2014年诺贝尔奖得主让·梯若尔利用博弈论分析了由少数几家实力强大的公司主导的行业，这是互联网经济中越来越相关的话题。尽管经济学家们极大地完善了关于有大量竞争公司的市场及垄断的理论，但涉及寡头垄断如何运作的理论却非常粗略。梯若尔为理解和规范这类市场提供了一个框架：想想谷歌，它占据了互联网搜索广告市场的大半江山，又如亚马逊，美国互联网上发生的全部销售额的近一半都与之有关。

科创公司自己也雇用顶尖的博弈论家来帮助设计在线广告市场、

竞价系统、产品排名算法及超前于监管机构的方法。[79]最有用也最赚钱的应用领域就是拍卖设计领域,特别是那些为在搜索结果中植入广告的关键词定价的领域。[80]现在,关键词拍卖是一大批互联网公司很大一部分收入的来源,为谷歌及其他原本以销售商品而非广告著称的公司(包括亚马逊、苹果和阿里巴巴)带来了数十亿美元的收入。从那时起,从云计算服务定价到乘坐出租车,再到让用户上瘾的奖励及吸引回头客的评级系统的设计,博弈论家被引入互联网商务的各个角落。

沙普利、纳什和其他人的研究将该领域推进令人惊讶的众多领域。也许最意想不到的应用领域是动物行为,博弈论可帮助生物学家理解合作是如何在大名鼎鼎的"尖牙利爪的红色"自然界中进化的。其中一位开路人是英国生物学家威廉·D.汉密尔顿。20世纪50年代末,汉密尔顿在剑桥大学读本科时,第一次接触到冯·诺依曼和莫根施特恩的《博弈论与经济行为》一书。"当我读到冯·诺依曼最早的论述时,我的脑海里便闪现出要搞一个……生物学版的冯·诺依曼博弈论的念头。"他后来这样写道。[81]除了对该领域的其他贡献,汉密尔顿还提出了一个基于不同生物体之间的关联度(血缘关系)的利他主义数学模型。他指出,只要对血亲(可能携带相同基因者)有利,自我牺牲行为的基因就会被传播。汉密尔顿的理论现在被称为"广义适合度",是由理查德·道金斯在其《自私的基因》一书中加以推广的。

其他一些人将汉密尔顿的研究又向前推进了,其中就包括乔治·普赖斯,他是一名化学家,在移居英国之前曾参与曼哈顿计划,并对进化论做出一些决定性的贡献。[82]首先,普赖斯写了一个等式,用以扩展汉密尔顿的思想,使其能够涵盖所有的进化改变,而非仅有利于家庭成员的进化特征。这种对物竞天择的优雅数学诠释,现在被称为普赖斯方程。接着，普赖斯与英国航空工程师出身的生物学家约翰·梅纳德·史密斯携手，将在自然界中观察到的许多行为重新界定为动物种群成员之间的"博弈"或竞赛。他们引入了"稳定进化对策"的概念，从而解释了为什么同一个种群中的不同成员可能有不同的特征。

他们用鹰鸽博弈来说明这一点："鹰"总是具有从不失败的攻击性，而"鸽子"从不打斗。在一个完全由鸽子组成的种群中，一旦出现一只鹰，就会使鸽子种群迅速灭绝，因为鹰会赶走生性温顺的鸽子，从而霸占所有的食物和资源。另外，全部由好战的鹰组成的种群，却可能被鸽子影响——因为鸽子从不打斗，也不会受伤，所以它们会保持更好的状态来寻找资源。其结果是，这两种策略的某种混合，如一定比例的鹰加上一定比例的鸽子，就是稳定的结构，在自然选择中是"固定的"。现实世界中一个引人注目的例子是屎壳郎，这是金龟子科的一种，其中有"大"雄性，它们长着巨大的角，会为了接近雌性而相互争斗；还有"小"雄性，它们体型瘦弱，不长角，有时会从正在激烈鏖战的"大"雄性旁边偷偷溜过，跑去与雌性交配。

利他主义行为完全可以用自私来解释，而不是用存在某些高尚的动机来解释，对于这样的想法，普赖斯深感震惊，于是便开始随机地做一些善事，试图让自己相信自己错了。最终，他变得非常沮丧，以至于在1975年，他用指甲刀割开了自己的颈动脉，结束了自己的生命。

普赖斯、汉密尔顿和梅纳德·史密斯已经证明在受益者是相互关联的情况下，利他行为如何在人群中演化并"固定"下来。但是，在不相关的个体之间，合作能蓬勃发展吗？将计算机、生物学和博弈论结合在一起证明了这是可以办到的。

1978年，汉密尔顿从伦敦帝国理工学院前往密歇根大学任教。

几年后，他和密歇根大学政治学教授罗伯特·阿克塞尔罗德开始邀请学者，包括一些博弈论家，为一款电脑游戏制定策略。在每一局中都有一连200个"囚徒困境"，其间总是一种策略对抗另一种策略。"囚徒困境"符合逻辑的结果，对每个人来说都是一件非常糟糕的事情。在进化的背景之下，这可能从表面上表明，在与其他动物的互动中，动物会表现得完全自私，并且短视地最大化自己的利益——即使从长远来看，合作会改善每个动物的命运，包括它们自己。但在现实生活中，这种情况并不总是发生，阿克塞尔罗德意识到，一次性的囚徒困境并不能反映出同样的两只动物有可能会多次相遇的事实。于是就有了这个竞赛：最自私的策略最后会胜出吗？其实并不会。获胜的策略，即所谓"一报还一报"，出自博弈论家阿纳托尔·拉波波特。这非常简单，即在默认合作的情况下，当对手真的合作时，你就表现出自私。而阿克塞尔罗德的博弈论表明，即使动物在进化过程中倾向于纯粹为了自身利益而行动，合作也可以得到发展。

　　阿克塞尔罗德和汉密尔顿的研究催生了道金斯所说的"一个全新的研究领域"。紧随其后，有数百篇研究论文得以发表。进化博弈论的数学原理——其中冯·诺依曼博弈论中的"理性玩家"被进化策略和自然选择取代——被更加广泛地应用于解释人类之间的各种社会互动，从男性和女性的不同交配策略，到语言的进化。

　　"人们可以使用相同的工具来分析一场网球赛、决定何时竞选公职、捕食者与猎物的关系、在多大限度上信任一个陌生人、为公共利益出多大力，这使得博弈论成为适用于所有社会学科的最重要的现成分析工具之一。"奥斯特罗姆在2012年如是说。[83] 奥斯特罗姆的列表中缺少了博弈论最早的一项应用，而即便在今天，只要有了它，博弈论就依然还是那个博弈论。当经济学家还在为冯·诺依曼和莫根施特恩的巨著挠头时，美国军方很快就看到了其在打磨核战略方面的价值。而这一打磨工作是在兰德公司进行的,这是一家全球政策智库,总部距离加州圣莫尼卡海滩只有一个街区。这家公司很快就会成为实至名归的博弈论学家的"名人堂",负责"思考不可能之事"。

我们该如何认识这样一个文明，它一直将伦理视为人类生活的重要组成部分，而且……除了使用审慎的和博弈论的术语，它还无法谈论将几乎所有人都杀死的前景？
——罗伯特·奥本海默，1960 年

第 7 章
海滨智库

核战博弈

自成立的那一刻起,兰德就始终贯彻冯·诺依曼的精神。军方数学家和空军的双重影响意味着,兰德在1948年的兴趣完全符合冯·诺依曼当时痴迷的三个主要领域:计算、博弈论和炸弹。即使他本人并未在场,人们也能明显感受到他的影响。每个人都知道冯·诺依曼才是王者。

苏联《真理报》曾为在那栋粉白色的灰泥建筑内的组织（兰德公司）贴上"美国死亡与毁灭研究院"的标签。尽管兰德公司在2003年搬到了更现代化的总部，但它仍然是冷战及核威慑的冰冷逻辑的代名词。[1] 20世纪60年代是兰德公司最为臭名昭著的时期，皮特·西格录唱的一首民谣概括了该组织冷血战略的名声：

> 兰德公司，世界福音，
> 整天想着收钱。
> 他们坐着玩"博弈"，搞得战火四起；
> 他们拿你我当筹码、蜜蜂，
> 他们拿你我当筹码……[2]

如果有一个人可以被认为是兰德公司的创始人，那么这个人就是第二次世界大战期间的美国空军总司令亨利·阿诺德。阿诺德很早就相信强大而独立的空军的重要性，他在二战中从不吝惜手中的一切来打击敌人。当阿诺德听说战争部长史汀生对用燃烧弹轰炸德累斯顿表示怀疑时，他警告说："我们不能心软，战争一定是毁灭性的，而且在某种程度上还是不人道和无情的。"阿诺德唯一的遗憾是对德国城市的大规模轰炸进展太慢。他急于让他的科学家们尽快发明出"超乎任何人想象的更可怕、更恐怖的炸弹"。[3]他们会恪尽职守的。阿诺德的绰号源自他阳光般的风范,他的绰号"Hap"(哈普)是"happy"(快乐)的缩写。

在二战结束前的几个月,阿诺德开始担心,在冲突结束后,为援助美国军队而集结起来的科学家会迅速四散而去。多少有点儿远见的阿诺德预见到洲际弹道导弹的出现。他在1943年写道:"总有一天,而且是不算太遥远的一天,会有某种装置从某地横空飞出——我们根本听不到它,它来得太快了——这种装置的爆炸威力非常大,单单一发就能将整个华盛顿夷为平地。"[4]

阿诺德敦促空军为未来做好准备,而科学家将在战争中发挥主导作用。"在过去的20年里,我们仅依靠飞行员来建立和运作空军,"他对海军高层说,"但我们再也不能这样做了。我们必须考虑今后20年我们的需求是什么。"[5] 1944年11月7日,他在给其首席科学顾问的信中写道:"我相信,美利坚合众国的安全将继续部分取决于我国的教育及专业的科学家所推动的发展。我非常渴望空军关于战后及下次战争的研究和发展,能够建立在健全和持续的基础之上。"[6]

他这份备忘录的收件人不是别人,正是西奥多·冯·卡门,也就是马克斯·冯·诺依曼曾经求助的那位航空工程师,马克斯曾希望冯·卡门能劝阻他的儿子不要把一生都虚掷于徒劳无果的数学研究,但未能成功。在这场有史以来最血腥的战争中,阿诺德敦促其顾问(已入籍美国,并担任加州理工学院航空学院院长),全身心地投入到调查战后和未来战争发展的所有可能性及可期优势的任务中。[7]"我告诉这些科学家,"阿诺德在1949年写道,"我要他们考虑……超声速飞机、无机组人员驾驶的飞机、改进炸弹……在当下和未来具有防御作用的飞机……通信系统……电视……天气、医学研究、原子能。"

简而言之，任何"有可能影响未来空中力量发展的事情"。[8]

13个月后，冯·卡门和他的同事们向阿诺德提交了一份多达33卷的报告，题为《通向新地平线》[9]。这份报告没有让阿诺德失望。"在空气动力学、电子和核物理方面的科学发现，为空中力量的使用开辟了新的视野。"冯·卡门如是写道。在他的引言之后，是长达数百页极富远见的技术分析，为洲际弹道导弹、无人机等技术的发展指明了道路。其中大部分的信息都是从被俘的德国科学家那里收集来的。孕育出后来的兰德公司的那些种子，最早出现在一个关于科学应用于作战分析小版块——战争机器的大脑中。二战期间，美国孜孜不倦地发展了军事行动规划方面的专门知识。该报告警告说，终结这项研究将是"一个巨大的错误"。相反，应该在"和平时期建立一个会聚各种科研团队的核心，诸如那些在二战期间成功协助指挥且有成员在一线战场工作的团队。在这些研究中，统计、技术、经济和政治科学等方面的专家必须通力合作"。

《通向新地平线》正是阿诺德想要的一切，甚至更多。但是他先得打赢一场战争。直到1945年9月弗兰克·科尔博姆来到他的办公室，他才开始按照报告的建议行事。科尔博姆是一位坚定、健硕的前试飞员和工程师，于1928年加入道格拉斯飞行器公司。二战结束时，道格拉斯是美国最大的飞机制造商，而科尔博姆是该公司创始人唐纳德·道格拉斯的左膀右臂。科尔博姆在阿诺德那儿也说得上话。战争期间，科尔博姆曾提醒这位将军注意麻省理工学院正在开发的尖端雷达系统。后来，在对日本的空袭中，他受命改进B-29轰炸机的性能。他帮助领导的团队计算出，若去掉飞机的大部分金属装甲，只留下尾炮，可以让B-29在更大的载荷下飞得更远、更快。空军接受了这些建议，经过改装的B-29轰炸机以更猛烈的速度轰炸了日本的城市。与所有人一样，科尔博姆也明白，科学将在未来的任何冲突中发挥至关重要的作用，所以当看到科学家在战后纷纷回归大学，他感到十分沮丧。

日本投降数周之后，科尔博姆到华盛顿面见阿诺德，向后者表达了自己的担忧，将军立马打断了他的话。"弗兰克，我知道你要说什么，"阿诺德一边大声说道，一边将手重重地拍在桌子上，"这是我们现在必须做的最紧要的事情。"[10] 科尔博姆还带来了道格拉斯本人的提议：他的公司愿意组建一个独立的科学家小组，协助空军进行武器研究。阿诺德喜欢这个主意。他和道格拉斯是好朋友，几年前，他的儿子娶了道格拉斯的女儿。阿诺德并不在意可能的利益冲突，他让科尔博姆把道格拉斯找来，两天后在汉密尔顿机场与他见面，该机场是旧金山北部对面海岸的一个空军基地。

科尔博姆搭上了他能赶上的最早一班飞机——一架 B-25 轰炸机赶往位于圣莫尼卡的公司总部，并在那里召集道格拉斯和其他几名公司高管。提议很快就落地了。阿诺德告诉他们，他有 1 000 万美元的战时研究预算尚未使用，他愿意给道格拉斯飞行器公司提供资金来开办新机构。道格拉斯同意在圣莫尼卡的办公区为该组织腾出空间。道格拉斯飞行器公司的总工程师阿瑟·雷蒙德建议，取英文"Research and Development"（研究与发展）中的相关字母相拼，将新机构命名为 RAND（兰德）公司。科尔博姆主动提出领导新机构，直到找到更合适的人选。但他作为"临时"负责人的任命后来持续了 20 年。这个智库永远不会拿出任何有形的武器，有的只是大量的报告，这引发了一个笑话，用"Research and No Development"（研究和无发展）来解释 RAND 也许更合适。一些军方高官一直认为，这个地方就是一个"吸着烟斗，树上满是猫头鹰"的知识分子的小圈子。

1946 年 3 月 1 日，随着一份空军合同落笔签字，"兰德项目"正式诞生。合同条款规定，这笔资金将用于"一项针对广泛的空战主题的持续科学研究，目标是向空军推荐为此目的而首选的方法、技术和工具"。最初，兰德雇用的科学家和数学家从事的是从核动力推进到新飞机设计的技术项目。该智库于1946年5月2日发布了第一份报告。《实验性绕地宇宙飞船的初步设计》得出结论："现代技术已经先进到似乎现在就能进行卫星飞行器的设计。"这样的飞船将是"20世纪最有效的科学工具之一",这一成就"将点燃人类的想象力,并可能在世界上产生堪比原子弹爆炸的反响"。11年后,苏联将人造地球卫星送入轨道,令美国颜面扫地,同时也加速了太空竞赛和军备竞赛的进程。

兰德与道格拉斯飞行器公司的关系迅速恶化。道格拉斯抱怨说,为了不被人指控偏心,空军不公平地将合同给了他们的竞争对手。与此同时,兰德日益壮大的数学家和社会科学家队伍感到被道格拉斯公司僵化的企业精神束缚了。"做学问的人,"科尔博姆的第五个雇员、天文学家约翰·威廉斯评论道,"都有很多不规律的习惯,向来不喜欢朝八晚五的作息。"[11] 就连订购黑板和粉笔(学究们想要4种不同颜色的)这样的事,也会有人唱反调。1948年5月14日,兰德与道格拉斯飞行器公司分离,令双方都感到满意的是,"兰德项目"变成了兰德公司,一个拥有200多名员工的独立非营利组织。

在威廉斯的带领下,兰德公司对工程和物理的关注很快得到了极大的拓展。1946年,在科尔博姆的密友、应用数学专家组(AMP)战时主任沃伦·韦弗的建议下,威廉斯被征召入伍。[12] AMP在战争期间进行的研究,正是科尔博姆认为兰德在和平时期应该做的。

韦弗本人曾是一名数学教授,但他很少有时间去关注他认为在学术科学的高级梯队中占主导地位的那些"充满梦想的月亮之子、自命不凡之辈、不合群的天才"。[13] 威廉斯是韦弗招募来的另一位务实的新人。1937年从亚利桑那大学毕业后,威廉斯在普林斯顿大学开始攻读天文学博士学位,但由于忙于战时工作,他一直没能完成学业。

在第二次世界大战期间,AMP支持了由物理学家帕特里克·布莱克特在英国开创的新领域——"运筹学"。运筹学把科学的方法运用在了解决战时问题上。其想法很简单:尽可能多地收集和分析数据,对提出的假设进行实地测试，并利用测试结果来确定解决方案。1941 年，布莱克特作为科学顾问加入了海岸司令部，在短短 9 个月之后，他利用此种方法扭转了英国皇家空军对战德国 U 型潜艇的失败战局。例如，布莱克特和他的团队计算出，将空军的深水炸弹的爆炸深度设置在水下 25 英尺而非 100 英尺（此前是 100 英尺），将提升 2.5 倍的打击力度。这种改变是如此有效，以至于被俘的德国 U 型潜艇艇员以为英国人使用了一种新的、更强大的炸弹。[14] 这一思路很快就流行起来。到战争结束时，美国、加拿大和英国约有 700 名科学家受雇于运筹学研究。

随着二战结束，军事规划者面临的问题是：这些专业知识现在如何能派上用场？随着国防预算的收紧，在新武器系统或军事行动上的支出将不得不与其他需求一起被谨慎权衡。韦弗解决这个问题的方法是"军事价值"概念，这是一个简单的分数，涵盖了这些选择的所有复杂的利弊，这样就可以更容易地做出决定。而进行军事价值计算的数学工具就是博弈论。1946 年，韦弗在一份报告中解释说："军事价值，正如其字面所示，与经济理论中的一般效用这一概念密切相关。"他还向读者推荐了冯·诺依曼和莫根施特恩的《博弈论与经济行为》一书的相关章节。"应该指出，这本兼具开创性和卓越性的著作，在最重要的方面与这里所提出的观点相联系，因为它发展了竞争过程理论所必需的很大一部分数学。"[15]

1947 年 9 月，在纽约举行的一场由兰德赞助的会议上，韦弗为这个新生的组织提出了一份宣言。他说，运筹学研究"只是迫于战争压力和需求的结果"。兰德将在和平时期提供一个环境，使类似的技术可以更广泛地运用于"分析战争的一般理论"。国际象棋大师伊曼纽尔·拉斯克爵士时代的"竞赛科学"梦想终于成形了。"我认为这个房间里的每个人，从根本上都会对可以被广泛称为理性生活的东西更感兴趣，并投入其中……这是相比于生活在无知、迷信和随波逐流的状态中而言的。"韦弗继续说道。

认为，我们感兴趣的是和平，而不是战争……我认为，这个房间里的每个人都在竭尽所能地致力于民主的理想、推进我们自己的事业、打扫我们自己的房间、改善我们与世界其他各国的关系，从而使这些我们所信仰的理想的价值得以彰显。[16]

兰德的分析师为他们对"理性生活"坚持至今的奉献而感到自豪。该组织对和平与民主的承诺，至少在美国之外，将一次又一次地被质疑。

韦弗的门生威廉斯被任用，负责带领兰德公司的一个新部门致力于"军事价值评估"。威廉斯本人是博弈论的狂热爱好者，他后来写了一本这方面的幽默启蒙书——《完整的战略家》，书中充满了兰德公司的内部笑话，并以该公司的许多分析师为主角，把他们刻画成了喜剧人物。这本书被翻译成包括俄语在内的至少5种语言，成为兰德公司最受欢迎的出版物之一。

威廉斯旋即开始招募该领域的专家。1950年，兰德公司的年度报告宣布：

> 对战略轰炸、防空、空中补给或心理战等各种系统的分析，以及兰德通过调查、研究或探索而开发或调整的相关情报，主要是通过数学方法和技术整合到模型中的……在这个总的研究领域……指导思想是冯·诺依曼和莫根施特恩的博弈论。[17]

在之后的20年里，威廉斯不断打造兰德公司的思想和物质环境，直到他于1964年去世，享年55岁。他成功地争取在兰德公司设立了两个新的部门，一个是社会科学研究部门，另一个是经济学研究部门。1953年，这支迅速壮大的队伍搬到了海边专门建造的办公区域。新建筑的庭院和走廊的网格化设计，旨在增加不同部门的员工之间见面交流的机会，是按照威廉斯起草的规格完成建造的。就像在很多事情上一样，在这一点上，威廉斯被证明走在了时代的前面。

威廉斯圆圆胖胖，体重接近 300 磅，享受着美好的生活。他让兰德公司的机械师给他的棕色捷豹汽车安装了一个凯迪拉克引擎增压器，然后开着它在太平洋海岸高速公路上以每小时超过 150 英里的速度飙车。在他位于太平洋帕利塞兹的家中，派对上美酒随意畅饮，结束时那些满腹经纶的宾客会醉得在地板上打滚。这一切听起来是那样耳熟，但这并非巧合。威廉斯曾在普林斯顿听过冯·诺依曼的讲座，对后者崇拜有加。自成立的那一刻起，兰德就始终贯彻冯·诺依曼的精神，这里缺的只是伟人本人。1947 年 12 月 16 日，威廉斯给他的老教授（冯·诺依曼）写了一封信。

"项目成员在您的领域（即世界范围内）遇到问题时，可以通过邮件或面对面的方式与您讨论，"冯·诺依曼读了这封信，"我们会把兰德所有我们认为您会感兴趣的工作文件和报告发给您，期望您在有想法时给出回应（皱眉、暗示或建议）。"由于这项服务，冯·诺依曼每月可以得到 200 美元——当时的平均月薪。威廉斯的主动提议，附带了一个很有吸引力的约定："在您的思考时间中，我们乐于系统地去争取的唯一部分便是您花在剃须上的时间：我们希望您把在此过程中产生的任何想法转达给我们。"[18]

第二年，冯·诺依曼开始为兰德公司提供咨询服务，就像在洛斯阿拉莫斯和普林斯顿一样，他在这里也尽心尽力。当他漫步在纵横交错的走廊时，人们会把他叫到一旁，向他请教这样那样的问题。威廉斯会向他的膜拜对象抛出难题，试图把他难住，可惜从来没有成功过。在一次威廉斯组织的"美酒 + 烧脑"聚会上[19]，有位分析师制作了一种圆柱状的厚厚的"硬币"，这在当时是兰德公司痴迷的东西。按威廉斯的要求，兰德的机械车间对硬币进行了精心的铣削，使其落下后正面、反面或侧面朝上的概率是相等的。而冯·诺依曼连眼睛都不眨一下，就准确地说出了硬币的尺寸。[20]

和兰德公司的分析师一样，冯·诺依曼痴迷于战争战略。他还是个孩子的时候，就和他的弟弟们玩过 18 世纪的军棋游戏西洋军象棋，并在坐标纸上进行战役的地形绘制。他发现，在兰德公司的午餐时间，这种游戏的其中一个版本颇为热门。他对"军事价值"的概念也非常熟悉，并且努力将之与博弈论关联起来。1947 年 10 月 1 日，就在他收到威廉斯来信的几个月前，统计学家乔治·丹齐格拜访了他。丹齐格曾是美国空军和 AMP 的联络员，他希望能尽量迅速且高效地将军方的需求与可用资源相匹配，从而解决令人生畏的后勤问题。20 世纪 40 年代，空军预算的体系过于复杂，以至于制订一项为某个任务征用适当的人力和物资的计划可能需要 7 个月甚至更长时间。最终，丹齐格开发了一门全新的学科"线性规划"来应对这一过程。但在 1947 年，他是从一个相对简单的目标开始的：设计一种尽可能便宜地满足士兵营养需求的饮食方案。[21] 即使是这一看似简单的问题，所涉及的数字也螺旋式地快速上升到失控，于是他决定向计算技术专家冯·诺依曼寻求帮助。丹齐格后来于 1952 年加入了兰德公司。当丹齐格详细描述这件事时，冯·诺依曼一反常态，以极不耐烦的口气对他粗鲁地喊道："说重点！"丹齐格很恼火，于是"不到一分钟"就"把这一难题的几何和代数的版本写在了黑板上"。关于后来的情形，丹齐格是这样描述的：

冯·诺依曼站起来说："哦，这样啊！"于是，在接下来的一个半小时里，他一直在给我讲线性规划的数学理论。

有一次，看到我目瞪口呆地坐在那里——我搜遍了所有的文献仍一无所获，冯·诺依曼便说道："我不想让你以为我像魔术师似的一眨眼就能从袖子里变出这些东西来。我最近刚和奥斯卡·莫根施特恩合作完成了一本关于博弈论的书。按我的推测，这两个问题是等价的。我为你的问题而专门描述的理论，与我们为博弈开发的理论一脉相承。"[22]

冯·诺依曼立即意识到，丹齐格的最优化问题，在数学上与自己的双人零和博弈的极小极大定理有关。认识到这一点有助于确定丹齐格所关心的后勤问题能否解决的先决条件。线性规划目前是许多类似问题的重要解决方法，如在数据中心内安置服务器、购买和分发疫苗等问题。

军方数学家和空军的双重影响意味着，兰德公司在1948年的兴趣完全符合冯·诺依曼当时痴迷的三个主要领域：计算、博弈论和炸弹。有一段时间，冯·诺依曼最中意的领域就是这些。在接下来的几年里，冯·诺依曼频繁地去圣莫尼卡智库，直到其兴趣改变。即使他本人并未在场，人们也能明显感受到他的影响。"每个人都知道冯·诺依曼才是王者。"在经济学研究部门工作的杰克·赫舒拉发回忆道。[23]

早期针对"超级"计划进行的计算工作，都需要有随机数字来进行"蒙特卡罗"模拟，因此兰德公司的工程师建造了一个电子设备来生成这些随机数。这项工作被编成了一本出人意料的畅销书，书名为《100万个随机数字与10万个正态偏差》(*A Million Random Digits and 100 000 Normal Deviates*)。1949年，威廉斯率领兰德公司的一个团队访问了多家公司，考察它们在开发电子计算机方面的雄心壮志。威廉斯发现他们的计划根本就不存在，于是在一份备忘录中抱怨道，"这是一个令人沮丧的场景"。[24]

兰德公司转而求助冯·诺依曼，当时他是美国计算机领域公认的最重要的专家。冯·诺依曼半开玩笑地打趣道："你们真的需要一台计算机吗？"据记者克莱·布莱尔说，兰德公司的科学家是带着一个他们认为难以用传统方法解决的问题来找冯·诺依曼的：

在听了科学家的解释后，冯·诺依曼插嘴道："好吧，先生们，你们能告诉我这到底是什么难题吗？"

在接下来的两个小时里，兰德公司的人一边讲解，一边在黑板上涂涂画画，同时颠来倒去地拿图表说事。冯·诺依曼双手捧着头坐在那里。演讲结束时，他在便笺簿上乱写乱画，两眼茫然，以致兰德公司的一名科学家后来说，他看起来就好像"大脑僵住了"。接着，他说："先生们，你们不需要计算机。我已经有答案了。"

当科学家目瞪口呆地坐在那里时，冯·诺依曼一口气说出了解决这个问题的各种步骤。冯·诺依曼起身面对这种例行的挑战，接着提出了例行的建议："我们去吃午饭吧。"[25]

兰德公司沾了冯·诺依曼在高等研究院的计算机项目的光，继续推进建造其自己的计算机。之后兰德公司的一个团队前往普林斯顿学习高等研究院的经验，与世界各地的其他人一样，他们如饥似渴地阅读了戈德斯坦和冯·诺依曼的最新进展资料。1952年，兰德公司聘请了电气工程师威利斯·韦尔，此人自1946年至1951年一直在从事高等研究院的计算机项目。他从1960年开始担任兰德公司计算机科学部的主任，在那里工作了55年。

兰德公司的计算机从1953年开始工作，经常进行"蒙特卡罗"炸弹模拟和解决丹齐格的后勤问题。他们称之为"约翰尼亚克"（JOHNNIAC）（意为"约翰·冯·诺依曼数值积分器和自动计算机"）。机器旁边的墙上挂着冯·诺依曼的照片。

一开始，冯·诺依曼在兰德公司时把精力集中在深化博弈论的数学研究上。在1947年12月的一封来信中，威廉斯承诺，他的部门计划"花大力气在博弈论的应用上"。冯·诺依曼的反应令人鼓舞。"在博弈论研究方面，你一直这样大力推动，还如此卓有成效，这让我非常感兴趣，"冯·诺依曼在回信中写道，"我想我无须再跟你提这一点了。"[26] 冯·诺依曼对兰德公司的数学家们在此课题上的研究做了评价，而他自己为该组织发表的早期文章则聚焦于双人和 n 人博弈的解决方案。与兰德的其他博弈论研究一样，冯·诺依曼当时对证明新的博弈论定理兴趣不大，他更感兴趣的是找到能计算出实际解决方案的方法。1948 年 3 月，冯·诺依曼向韦弗报告说："我最近花了很多时间，试图找到能够确定双人博弈的最优策略的数值方法。我希望这些方法能用在我们正在规划的各种各样的电子机器上，我认为我构想出来的程序将适用于多达几百种的博弈策略。"

在兰德，一个内涵特别丰富且经久不衰的研究领域是"决斗"的数学——20 多年来，有近 100 篇论文和备忘录都是关于这个主题的。在兰德，"决斗"充当了多种多样情况的简化模型，例如两架飞机或两辆坦克近身厮杀，或者一架轰炸机对战一艘战舰。对分析人士来说，这类决斗让双人零和博弈中相对完整的数学运算得以应用于二战的真实战斗数据。在被纳入兰德考量的那些决斗中，每个参与者都想通过尽量推迟射击来实现致命一击，但仍然会比对手更快。兰德的数学家们探索了这场决斗的许多排列方式。如果决斗者都听到了对方的枪声，那么决斗就"太吵了"；如果双方都不知道对方是否或者何时扣动了扳机，决斗就是"无声的"。每个对手可能都有一颗或多颗子弹，一个决斗者的枪法可能比另一个的更糟糕，诸如此类。数十位兰德的访问学者或常驻学者为每一种决斗场景提供了精确的解决方案。[27]

其中一些论文，包括《无声的决斗》和《一颗子弹对两颗子弹，同样精准》，都出自一位名叫劳埃德·沙普利的数学家之手。他是天文学家哈洛·沙普利的儿子，哈洛是美国著名的科学家之一。小沙普利在哈佛大学攻读数学学位时，战争的爆发打断了他的学业。之后，他在中国度过了两年，帮助美国空军破译了苏联关于该地区天气的密码报告——这项工作为涉及日本的天气预报做出了贡献。之后，他回到哈佛大学继续学业，但对研究生阶段的研究毫无兴趣，在通过空军的人脉关系听说了兰德公司的情况后，他加入了威廉斯领导的军事价值部门。1948年夏天，在兰德公司一次座无虚席的研讨会上，他头一回以戏剧性的方式引起了冯·诺依曼的注意。[28]

有人请冯·诺依曼证明一场涉及两架战斗机的决斗没有正式的解决方案。冯·诺依曼在对着空中凝视了大约一分钟后，在黑板上飞快地写了起来，这时他突然被房间后面传来的一个声音打断了。

"不！不！有更简单的办法！"

震惊后的沉默笼罩了整个房间。汉斯·施派尔当时刚被任命为兰德公司新成立的社会科学研究部门的负责人。几十年后，他仍对这件事记忆犹新：

> "当时我的心跳都快停了，因为我不习惯这种事情。"施派尔说。
>
> 约翰尼·冯·诺依曼说："上这儿来吧，年轻人。说说看。"年轻人走上前去，拿起粉笔，写下了另一个导数。约翰尼·冯·诺依曼打断他说："别这么快，年轻人。我跟不上。"
>
> 现在……他是对的，那个年轻人是对的……[29]

冯·诺依曼惊讶不已。"这个小伙子是谁？"会后，他向威廉斯问道。此人就是沙普利，他是威廉斯在当年早些时候招来的。冯·诺依曼还问道："他在做什么？"

> "只有约翰·威廉斯能出色地做到这一点，"施派尔继续说道，"他回答说：'哦，他写过三四篇论文，每一篇都相当于一篇数学博士论文。'"

这倒是真的。约翰尼·冯·诺依曼也注意到了这一点，然后

第7章　海滨智库

> 他给了沙普利……我不知道……总之是非常棒的东西,像普林斯顿大学的特殊津贴之类的。

在冯·诺依曼的鼓励下,沙普利确实在1950年去了普林斯顿大学,当时那里是博弈论研究的沃土。在普林斯顿大学期间,沙普利解决了冯·诺依曼和莫根施特恩的合作博弈论曾提出却没有回答的一个关键问题:如何在联盟的成员之间"公平地"分配收益。他定义了一种分配收益的方法,现在被称为合作博弈的"沙普利值",如此一来,没有任何参与者可以单独或在任何可能的细分小组中做得更好。

有一种方法可以计算博弈中的沙普利值:假定成本或收益是由联盟按照先到先得的原则分配的。由于在真正"公平"的解决方案中,参与者加入大联盟的先后顺序并不重要,故博弈中的沙普利值实际上就包括了每个参与者在将所有加入联盟的可能顺序平均之后所获得的收益。[30]

沙普利值漂亮地解决了《博弈论与经济行为》的两位作者颇感棘手的难题,其中有某种神奇的东西。这是冯·诺依曼和莫根施特恩的合作博弈论能够解决现实世界问题的第一个暗示。沙普利后来还有更大的作为。他最具影响力的贡献之一,与普林斯顿大学的数学家戴维·盖尔分不开。盖尔喜欢数学游戏和谜题且名声在外,他喜欢在吃饭的时候静静地画网格,或者从口袋里掏出一把硬币,向其他研究生发起挑战,让他们解答这样或那样的谜题。也许正是本着这种精神,盖尔在1960年曾给其他几位数学家写了一则短信,问道:"对于任何偏好模式,是否有可能找到一套稳定的婚配方式?"

沙普利用回信寄去了他的答案。

> 让每个男孩儿向他最喜爱的女孩儿求婚。让每个有数位表白者的女孩儿只保留她最心仪的那位,而拒绝所有其他人,但推迟

接受其求婚，直到她确定不会再遇到更好的人为止。然后，被拒绝的男孩儿向他们的次优对象求婚，以此类推，直到没有一个女孩儿有超过一个追求者。然后他们各自结婚。这一结果是稳定的，因为之前被拒绝的非婚交往对象会被女性伴侣嫌弃，而所有其他人又都会被男性伴侣嫌弃。[31]

沙普利的解决方案适用于所有需要两组人配对的市场，因此也就无人能比他做得更好。盖尔和沙普利在一篇论文中写下了他们的发现，并在论文中表明，这种方法还适用于将入学申请人与相关大学进行匹配。[32] 现今被称为盖尔-沙普利"延迟接受"算法的这项研究，据称是决定沙普利为2012年诺贝尔经济学奖共同获奖人的依据之一，而这立即为他在新闻界赢得了"数学配对大师"的名声。他是以其早期杰出贡献而使该领域适用于经济学和其他学科的两位博弈论学家之一。在普林斯顿大学，26岁的沙普利遇到了另一位博弈论学家——一个名叫约翰·纳什的比他小5岁的研究生。沙普利有文化，受欢迎，还是钢琴演奏的高手和荣获勋章的战争英雄。他也是军棋游戏西洋军象棋和编程语言Go的专业玩家。纳什很快就爱上了他。

大多数听说过约翰·纳什的人，都是通过罗恩·霍华德导演的电影《美丽心灵》知道他的。遗憾的是，这部电影把他浪漫化了，并在某种程度上曲解了他的工作。该影片在名义上取材自西尔维娅·纳萨尔（Sylvia Nasar）的传记，其实书中所描述的纳什是一个脾气暴躁的恶霸，他甚至要求与他相处4年的情妇放弃他们的儿子，让别人收养。后来，在数学系的一次野餐活动中，人高马大的纳什把他未婚妻"摔在地上，还用脚踩她的脖子"。[33]

纳萨尔写道，当纳什遇到沙普利时，"他表现得就像一个13岁的情窦初开的少年一样"。

> 他不管不顾地纠缠沙普利。他还专门破坏沙普利最爱的军棋

游戏西洋军象棋的棋局，有时会把棋子全都扫到地上。他把沙普利的信件翻了个遍。他还看了沙普利放在桌上的论文。他给沙普利留下便条："纳什来过了！"他对沙普利做尽了各种各样的恶作剧。[34]

这便是纳什与其他男人之间的几段炽烈感情之一。

战后的普林斯顿是一个天才如潮水般涌去的城市，但纳什却暗示，比起他的同学，尤其是那些犹太家庭背景的同学，他更聪明，血统也更优越。"他肯定有一套贵族信仰，"他在普林斯顿大学的校友马丁·戴维斯说，"他反对种族融合。他说混血会导致种族界限的恶化。纳什暗示他自己的血统很好。"

即便这样，沙普利仍然迁就纳什，也为这位年轻数学家过人的才华折服。沙普利的室友、经济学家马丁·舒比克回忆说："纳什很恶毒，他的社交智商只有12，但劳埃德却很欣赏纳什的天赋。"纳什管他叫"傻子舒比"。舒比克、沙普利和纳什与研究生约翰·麦卡锡一起发明了一种棋类游戏，其中参与者必须组成联盟，然后在最后一分钟打破联盟，才能获胜。这个游戏后来被称为"再见，笨蛋"（So Long, Sucker），旨在迫使人的心理承受能力达到极限。据说有些已婚夫妇在玩了一个晚上该游戏之后，就各自坐出租车回家了。有一次，在纳什为了获胜而毫不留情地踢开麦卡锡之后，麦卡锡气得爆发了。"可我不再需要你了啊。"一脸困惑的纳什不停地说道。纳什给该游戏取的名字是什么？"去你的哥们儿！"

纳什和沙普利一样，也被博弈论吸引。纳什参加了由普林斯顿大学数学系主任阿尔伯特·塔克围绕该主题举办的每周研讨会。而最早的演讲者之一就是冯·诺依曼。正是在这些研讨会上，纳什提出了他的第一篇博弈论论文所依据的基本观点，该论文在莫根施特恩的鼓励下完成，纳什把莫根施特恩称为自己身后的"力量源泉"。令人印象深刻的是，纳什第一次想到这个问题的解决方法时，他还是卡内基理工学院的本科生，当时正在修读他唯一学过的一门经济学课程。在《议价问题》一文中，纳什表明，如果满足一定的条件，一个两方合作博弈是可以得到解决的。[35] 他用希尔伯特，当然还有冯·诺依曼所倡导的公理方法来解决这个问题。根据正统的经济学理论，对于两方应如何分配由于达成协议而创造的"盈余"，并不存在任何唯一的解决方案。在这个问题上，冯·诺依曼和莫根施特恩也没有更进一步的进展：他们只能给出针对双人博弈的一系列解决方案，却未能提出任何能够令参与者达成一致的点。对于此问题，只有最简单的"对称"方式，即双方的利益和议价能力完全相同，才能被证明是一个确切的解决方案。在这种情况下，净收益显然会在两者之间平均分配。纳什的表述要更广泛一些，即使在不对称的情况下，假设效用可以按照《博弈论与经济行为》所描述的方式分配给双方，议价问题也可以有一个精准的解决方案，即两个效用分数的乘积为最大值的点。这一结果在较小程度上预示了沙普利的贡献，即为任意数量参与者的合作博弈提供了类似的解决方案。

年轻的约翰·纳什

年轻的纳什从来不缺乏自信。1948年，也就是他读研究生的第一年，他就专门到爱因斯坦在高等研究院的办公室，与其讨论一些关于粒子与波动引力场相互作用的迫切问题。纳什花了近一个小时试图在爱因斯坦的黑板上把自己的思路理清楚，但最终依旧是一团乱麻。"年轻人，你最好多学点儿物理。"爱因斯坦在送纳什踏上归途之前，微笑着对他说道。因此，第二年秋天，当天不怕地不怕的纳什认为自己在博弈论方面取得了突破时，纳什便顺理成章地安排了一次与博弈论奠基人的会面。

就像和爱因斯坦见面一样，纳什也打算到冯·诺依曼在高等研究院的办公室去见他。1949年，冯·诺依曼正忙于为政府、军方、大企业和兰德公司提供咨询服务。在幕后，冯·诺依曼一边呼吁美国研制氢弹，一边疯狂地寻找必要的计算资源，以证明研制氢弹是可行的。他也在高等研究院建造了自己的计算机。那年春天，冯·诺依曼向秘书路易丝口述了一封给朋友的道歉信，信中写道："我因工作繁忙而耽搁了，我希望这种情况只会持续几天。说到这里，露易丝哈哈大笑起来。你能领会吗？"不过，他还是挤出时间去见了这位前途无量的年轻研究生。

纳什有些紧张地开始讲解他对博弈论最伟大也是最后的贡献。他提出了一个数学框架，可以用来分析任何类型的博弈，无论零和与否，也无论有多少参与者，并表明所有的博弈都有某种特定的结果，在这些结果中，没有任何参与者可以通过单方面改变策略做得更好。这一类博弈的解决方案现在被称为"纳什均衡"。这是一个惊人的成就，尽管没有人，尤其是纳什自己，知道他的想法将被证明多么有用。这里存在一个有趣的地方：在纳什的设想中，参与者不允许交流或组队，几乎就像被困在一个永久的"去你的哥们儿"式的终局中。冯·诺依曼很讨厌这个。[36] 当纳什开始阐述自己的证明时，冯·诺依曼打断了他，终结了他一连串的推理，并颇为不屑地给了纳什的成就一个毁灭性的结语。"你知道，这微不足道，"冯·诺依曼说，"只是一个不动点定理而已。"事实的确如此。纳什使用了冯·诺依曼在其 1937 年的经济扩张模型中使用的同样优雅的技巧。冯·诺依曼不为所动，其他数学家也同样对此不感兴趣。他们认为纳什的证明足够可靠，是一篇伟大的博士论文，但远比不上纳什后来在非线性偏微分方程方面的研究，例如，让他获得 2015 年阿贝尔奖①的成果。

然而，对于纳什的方法，冯·诺依曼最不喜欢的地方就是它所基于的公理。认为人们也许不会为了共同利益而合作的想法，对冯·诺依曼来说无异于诅咒。他是一个彻头彻尾的中欧人，那里的人会在咖啡加葡萄酒的氛围中争辩和确立各种思想，而他的认知就是在这样的环境中形成的。在那段时间，他正忙着将他的计算项目的技术细节尽可能地推向公共领域。摈弃交流是与其博弈论的"联盟"概念背道而驰的。即使纳什的方法可以为复杂的博弈提供一个特定解，冯·诺依曼也认为这是不切实际的。他认为，博弈论所能提供的只是一系列解决方案，其实际结果如何则取决于当时的社会习俗和具体情况。

纳什后来将冯·诺依曼的不以为意归因于一个激进的青年人闯入冯·诺依曼领地而引发的防卫性反应。"我在进行一个与冯·诺依曼有关的非合作博弈，而不是简单地寻求加入他的联盟。"他对历史学家罗伯特·伦纳德说，"当然，他对另外的一种与之相对的理论方法不完全满意，这在心理上是非常自然的。"[37]"自然的"，从纳什的观点来看或许如此，而且这也符合冯·诺依曼会对反驳意见做出愤怒反应的传闻。[38] 但一年前在兰德公司，对沙普利直率而公开地纠正自己的错误，冯·诺依曼却做出了相当宽容的反应。这表明，他现在所面临的风险，比起被一个年轻数学家弄得没面子来得更大。

---

① 阿贝尔奖，挪威政府设立的国际数学界年度奖项之一，设立此奖的原因之一是诺贝尔奖没有数学奖项。——编者注

在与冯·诺依曼会面几天后，纳什找到了一位更有同情心的听众。"我认为我找到了一种推广冯·诺依曼极小极大定理的方法，"他对盖尔说道，"它适用于任何数量的参与者，而且并不一定是零和博弈。"盖尔敦促他尽快将这一研究结果付印，并帮助起草了基于纳什的证明的一篇论文。[39]"我当然马上就知道这是一篇学位论文，"盖尔告诉纳萨尔，"但我并不知道那竟然是能得诺贝尔奖的论文。"[40]

其他人则更快地发现了纳什研究的潜力。第二年，当他完成论文时，他得到了兰德公司提供的一份长期职位的邀约。纳什拒绝了，他更愿意找一个学术自由度更大的教职，但他还是选择了在许多年的夏天在兰德担任顾问。他与该智库的关系直到 1954 年才结束，当时警方正在执行迫使同性恋者离开该市的系列诱捕行动，他成了其中一次行动的受害者。当天凌晨，纳什被人发现在公共厕所里裸露身体。第二天早上，兰德的安全主管来见他，他否认自己是同性恋者，并告诉该主管，他只是在进行一个"实验"。"我喜欢女人"，他坚持说道，并出示了一张他的情妇和私生子的照片。纳什立即被押送出大楼，他的安全许可也被撤销了。[41]

纳萨尔认为，被冯·诺依曼否决一事深深地刺痛了纳什，"他再也没有联系过冯·诺依曼"。然而，无论两人之间存在什么分歧，都并不妨碍他们一起参加兰德公司的博弈论研讨会。这也没有阻止冯·诺依曼在 1953 年出版的《博弈论与经济行为》第三版的序言中向读者介绍纳什关于非合作博弈的研究成果。1955 年，在普林斯顿大学举行的一次会议的最后一天，冯·诺依曼主持了纳什"关于 n 人博弈论未来发展的观点"的演讲。[42]纳什再次声称，这一理论为大多数的博弈提供了太多的解决方案。冯·诺依曼也再次礼貌地提出了异议。

对博弈论根源和影响的调查，总的来说形成了对其首创者的晦暗看法。"博弈论描绘了这样一个世界，人们不懈地、无情地但又精明并工于算计地追逐着每个人认为属于自己的利益，"从物理学家转行为历史学家的史蒂夫·J.海姆斯说，"霍布斯主义对人类行为的苛刻描述，令许多人感到厌恶，但冯·诺依曼宁愿因为不信任和怀疑而犯错误，也不愿陷入对人和社会本质的一厢情愿的思考而不能自拔。"[43]

海姆斯把冯·诺依曼对人的负面看法，归咎于冯·诺依曼儿时在匈牙利库恩·贝拉政权下生活的经历。但冯·诺依曼在德国所见的一切，才是给他的身心留下更多伤痕的根源。"他对纳粹的憎恶可以说是无限的，"克拉里说，"他们来了，摧毁了这个拥有完美人文环境的世界。他们迅速地分散了人们思想的专注力，并以集中营取而代之，那里的许多人的反应都不够迅速……他们以最可怕的方式死去了。"[44]

当冯·诺依曼在1949年再次到访欧洲时，他对人的信任已经消失殆尽。"我感到自己对欧洲的怀念恰好相反，"他在给克拉里的信中写道，"因为每个角落都在提醒我……世界已逝，而它的残垣断壁并不能带来任何慰藉。我不喜欢欧洲的第二个原因是，我对人类尊严的幻想于1933年到1938年9月彻底破灭了。"[45]

尽管如此，在《博弈论与经济行为》中，极端理性的冯·诺依曼却预设，即使是他所设想的冷酷无情的博弈参与者也会为了共同利益合作。相比之下，在回顾自己的想法时，纳什会将想法描述得更个人主义，也更"美国化"。[46] 可以说，正是纳什而非冯·诺依曼的博弈论概念，更为严密地体现了冷战早期"杀或被杀"的偏执。这就是纳什强有力的博弈解决方案，在二战后的最初几十年里，它席卷了学术界、经济界和兰德公司。

在圣莫尼卡，兰德公司的分析师发现自己碰到了博弈论的局限性。当数学无法为一个问题提供答案时，他们就转向实验——经常在彼此身上进行。1949年夏天，在纳什的研究成果发表之前，数学家梅里尔·弗勒德就已经开始探索这个理论对人类行为的预测能力，弗勒德为此设计了博弈和困境来测试他的兰德同事们。有时，他把一个日常问题变成一场讨价还价的"博弈"，看看他是否能找到一个"理性"解决方案。在一份名为《部分实验性博弈》的兰德备忘录中，弗勒德发表了自己的一些研究成果。[47] 他的调查结果常常出人意料。事情并不总是按计划进行。

当年 6 月，弗勒德打算从他的朋友和同事、未来学家和核战略家赫尔曼·卡恩那里买下一辆二手别克车，而卡恩正计划和家人一起搬回美国东部。弗勒德将这种情况重新定义为一种双人博弈，目标是就汽车的公平售价达成一致。通过避开汽车经销商，他们可以将"剩余"利润自己分掉。两人决定咨询一个他们都认识的二手车经销商，然后确定该车的买卖价格。在确定了经销商的"提成"之后，他们要就如何"公平地"分配这笔钱达成一致——纳什在论文中提到的经典议价问题。弗勒德建议平分：他将按照经销商的买入价，再加上经销商平时自己卖车收益的一半支付车款。但他们都知道，对于这部分利润，任何其他的分配方式都是可以接受的，也是合理的。最后，卡恩可能受够了这种绕来绕去的讨论，没有完成交易就开着他的别克车去了东海岸。

纳什有了新发现的消息在当年晚些时候传到了兰德公司。问题是，对于纳什和冯·诺依曼-莫根施特恩这两派的同样有效的解决方案，现实中的人会选择哪一个？1950 年 1 月，弗勒德和他的同事梅尔文·德雷希尔进行了一项实验来寻找答案。普林斯顿大学的塔克，同时也是兰德公司的顾问，把它变成了一件逸事，并成了该理论中最臭名昭著的"博弈"场景：囚徒困境。

塔克对该实验的解释是，弗勒德和德雷希尔的博弈是面对两个被警察分开关押的囚犯的选择。这个故事经过多年的改进，现在通常是这样的：[48]

一个犯罪团伙的两名成员被捕入狱。这两个囚犯被单独监禁，彼此没有任何联系。检察官缺乏足够的证据就其主要指控给这两人定罪，但他们有足够的证据就其较轻指控给两人定罪。与此同时，检察官分别向这两人提出了一个二选一的交易方式。即两名囚犯都有机会要么背叛另一个人，证明对方确实犯罪；要么保持沉默，与对方合作。可能的结果是：

如果犯人A和B都分别背叛了对方，他们每个人都要服刑2年；

如果犯人A背叛了犯人B，但犯人B保持沉默，犯人A将被释放，而犯人B将在监狱服刑3年；

如果犯人A保持沉默，但犯人B却背叛了犯人A，犯人A将被判刑3年，犯人B将被释放；

如果犯人A和B都保持沉默，他们将只服刑1年（较轻的罪名）。

这个困境中唯一的"纳什均衡"就是囚犯们互相告发。想要知道为什么，你就把自己想象成囚犯A。如果你背叛了B，他也背叛了你，你们都将在监狱里待2年。而如果他保持沉默，你就能逃脱惩罚。如果你拒绝告发他，但他却背叛你，你就会被判3年徒刑，但即使他选择保持沉默，你仍然会在监狱里待1年。不管你的搭档怎么决定，背叛都是更好的选择，尽管如果两个囚犯都向警察坦白，结果会比他们都不坦白更糟糕。

所谓的"理性"选择就到此为止了。弗勒德和德雷希尔想知道，在这场非零和博弈中，真正的参与者会选择怎样做。

我们在一个涉及两方的正和非合作博弈中进行了一个简短的实验，以确定在纳什理论适用的情况下，受试者的行为是否会倾向于他们应该做的事情，或者他们的行为是否更倾向于冯·诺依曼-莫根施特恩的解决方案、均分差异原则或其他一些尚未发现的原则。

囚徒困境，收益表按犯人 A、犯人 B 的顺序排列

单位：年

犯人 A	犯人 B	
	保持沉默	告发
保持沉默	1，1	3，0
告发	0，3	2，2

他们的实验被称为"非合作配对"，分别给玩家提供两种策略和表中所列的相应收益。弗勒德和德雷希尔把他们部门的负责人威廉斯（玩家 W）和经济学家阿曼·阿尔钦（玩家 A）拉了进来。两人都相当熟悉双人零和博弈，但对纳什提出的非零和博弈（如囚徒困境）的解决方案一无所知。博弈进行了 100 轮，玩家被要求在博弈过程中记下他们的反应和推理。

这个实验特别恶毒，因为奖金严重偏向于玩家 W。如果双方合作，玩家 A 可得到 0.5 美分，玩家 W 可得到 1 美分。如果双方都选择背叛，玩家 A 什么都得不到，但玩家 W 仍能赢得 0.5 美分。纳什均衡位于表左下角的方格中——双方都应该背叛。如果他们在整场博弈中都采用这种策略，威廉斯将以 50 美分结束博弈，而阿尔钦将一无所有。最终，阿尔钦得到了 40 美分，威廉斯赢得了 65 美分。在 100 轮博弈中，两人合作了 60 轮——比一个"理性"的玩家应该合作的次数多得多。弗勒德指出："从任何现实意义上讲，纳什均衡似乎都不太可能是正确的解决方案。"[49] 虽然玩家被禁止就分配奖金达成共识，但他们更倾向于冯·诺依曼-莫根施特恩相互合作的解决方案。

非合作配对，收益表按玩家 A、玩家 W 的顺序排列

单位：美分

玩家 A	玩家 W	
	策略 1 背叛	策略 2 合作
策略 1 合作	–1，2	0.5，1
策略 2 背叛	0，0.5	1，–1

两位玩家的笔记揭示了他们的想法。威廉斯很快就发现，在每场博弈中背叛至少能让他每轮都赚 0.5 美分，但若有"AA 的名义援助"，他们俩都会过得更好。"这意味着我在很大程度上控制了博弈，所以玩家 AA 最好能理解这一点，并顺其自然。"[50]

阿尔钦并不完全这样看问题。他一开始就认为威廉斯会背叛，因为这是威廉斯通往"稳赢"的道路。当威廉斯合作时，阿尔钦陷入了困惑："他在做什么?!"在玩了几次"背叛"后，局面又被威廉斯在下一轮里"背叛"了回来，阿尔钦最终以轮流合作的方式回应了威廉斯的合作请求。但后来，阿尔钦似乎对威廉斯通过相互合作得到的比自己更多感到不满。"他不肯分享。"阿尔钦反复抱怨道。他试图把事情升级，就玩了好多次"背叛"，同时又期望威廉斯会继续合作。当威廉斯用"背叛"进行报复时，阿尔钦在剩下的博弈中的大部分时间里都在合作。

弗勒德和德雷希尔征询了纳什对他们实验的看法。纳什在回应中指出了他们方法论上的漏洞。"作为对均衡点理论的检验，这个实验的缺陷在于，它实际上相当于让玩家下一场大型的多步棋，"他写道，"我们不能像在零和状态下那样，把它看成一系列独立的博弈。互动实在太多了……"他忍不住对玩家进行了抨击。他说："AA 和 JW

在获得奖金方面的效率如此之低，真是令人震惊。"他还嘲讽地补充道："人们本以为他们会更理性。"

纳什是对的，这项实验的条件远不能对他的理论进行理想化的检验。问题是，这场有 100 轮的博弈所采用的纳什均衡，就是要玩家每次都背叛。想知道为什么，那就想象一下玩家即将进行博弈的最后一轮。理性的玩家应该抓住机会，通过背叛获得更大的回报，因为他的对手将无法进行报复。但是当他知道他的对手同样会如此推理并背叛时，他便会在倒数第二轮背叛，这也是合乎逻辑的，并以此类推。[51] 然而，即使是兰德公司那些超理性、超道德的人也没有这么做。弗勒德回忆说，他们的实验让冯·诺依曼感到十分好笑。正如冯·诺依曼所预测的那样，玩家不会自然地被纳什均衡吸引。[52] 然而，除此之外，他似乎对该实验并不感兴趣。

囚徒困境通常被描述为一个理性的悖论，因为若将每一个个体的最理性的行动过程叠加起来，对所有人来说都是一个更糟糕的结果。弗勒德和德雷希尔希望冯·诺依曼能"解决"囚徒困境。冯·诺依曼并未解决。其他人也没解决，尽管在这方面已经花费了大量的笔墨。现在，大多数博弈论理论家都认为，弗勒德和德雷希尔所设想的那种困境没有"答案"。这是因为并不存在真正的悖论。这种博弈的奖励机制确保了理性的玩家不会合作。真正的谜团是，为什么在面对一次性的"囚徒困境"时，人们有时仍然会这样做。[53]

1946 年，冯·诺依曼预测毁灭性的核战争即将来临。"我不认为会在两年不到的时间里发生，但我确实认为最晚不会超过 10 年。"他在当年 10 月 4 日给克拉里的信中这样写道。[54] 他的应对之策是进行预防性战争，即在苏联有能力实施反击之前就发动一场突然袭击，彻底清除苏联的核武库。"如果你说为什么不明天就轰炸他们，那我说为什么不今天就轰炸呢？"1950 年有媒体报道他如是说，"如果你说就在今天5点,那我要说为什么不是1点?"[55]

有人认为,冯·诺依曼将超级大国之间的对峙视为囚徒困境[56],或者他对第三次世界大战即将爆发的(最终毫无根据的)恐惧植根于博弈论。乌拉姆在为冯·诺依曼撰写的讣告中写道:"对于历史事件,或许有一种过于排他性的理性观点的倾向。这种倾向可能源自一种过于形式化的博弈论方法。"[57]

没有证据表明冯·诺依曼明确地从这些角度看待冷战或军备竞赛。在那场世界上最致命的战争之后,无须身为博弈论学家,任何人都会支持阻止再次爆发那样一场战争。维格纳也许比任何人都更了解和理解冯·诺依曼,他的说法则完全不同。"心怀冯·诺依曼式的无情逻辑,"他写道,"就必须理解和接受很多我们大多数人都不愿接受甚至不愿理解的东西。"[58]

尽管恐怖至极,但先发制人的核战争在权力高层中出人意料地广受欢迎。美国军方的许多人对此都热衷。[59] 1945年,阿诺德曾对战争部长亨利·史汀生说:"抵御侵略的唯一有效手段,就是在侵略尚未发动或完全成势之前迎击并战胜它。"但他们并不孤单。新闻界的支持者中就包括《纽约时报》的科学记者威廉·劳伦斯,他希望美国逼迫苏联接受核裁军。劳伦斯认为,如果由此导致战争,"那么在我们仍是原子弹的唯一拥有者的时候,这对我们非常有利"。[60]劳伦斯比大多数人更有理由担心美国遭受核攻击。他是唯一被邀请见证"三位一体"试验的记者,而且直接目睹了原子弹的破坏力。

杜鲁门和艾森豪威尔政府的高级官员一直在私下里,有时甚至在公开场合,敦促进行核打击。杜鲁门从未认真考虑过对苏联发动毫无缘由的攻击,但艾森豪威尔确实在20世纪50年代多次考虑过对中国使用原子弹。由于1950年的《中苏友好同盟互助条约》规定,如果一方受到攻击,另一方将提供军事及其他援助,因此艾森豪威尔知道,对中国的攻击可能需要与对苏联实施先发制人的打击相协调,因此他间接地向两国传达了不惜升级对抗的意愿。[61]

就连一生都是和平主义者的伯特兰·罗素，也强烈要求给苏联下最后通牒：要么放弃核野心，加入"世界政府"，要么面对战争。1947年，罗素在英国皇家学会的一次谈话中说："我倾向于认为，苏联会默然接受；若非如此，那只要尽快完成一击，世界就有可能躲过由此产生的战争，并出现一个世界所需要的单一政府。"[62] 和冯·诺依曼一样，罗素也认为苏联是实行扩张主义的，随着纳粹德国的灭亡，现在它成了世界和平的最大威胁。[63]

冯·诺依曼却似乎对先发制人的打击失去了兴趣，因为苏联显然拥有足够的核弹进行报复。1954年，在与后来接受其看法的奥斯瓦尔德·维布伦交谈之后，冯·诺依曼写信给克拉里。"我告诉他，我觉得一场'速战速决'的战争现在已经不切实际了，"冯·诺依曼说，"因为现在，抑或在相当短的时间内，战争已很难速战速决。"[64]

具有讽刺意味的是，就在冯·诺依曼放弃预防性战争理论的同时，此政策实际上却变成了美国的国策。1954年1月12日，艾森豪威尔的国务卿约翰·福斯特·杜勒斯宣布，即使是最小的军事挑衅，美国也能以其核武库的全部力量来应对。"对于美国自己及其他自由国家而言，我们希望以可承受的代价实现最大程度的威慑，"杜勒斯说，"本土防御总是很重要的。但是，任何本土防御都不可能单独遏制共产主义世界的强大地面军力。本土防御必须通过大规模报复力量的进一步威慑来得到加强。"

杜勒斯可能早在1948年就有了"大规模报复"的想法。兰德公司的许多人对这一战略的影响深感震惊，他们认为这一战略非常接近于批准实施先发制人的打击。[65]

冯·诺依曼最早对预防性战争的支持，让人常常将他铭记为一位始终强硬的冷战斗士。1984年，曾与冯·诺依曼在洛斯阿拉莫斯共事的乔治·基斯佳科夫斯基将他描述为:"若按现代标准,当是确定无疑的鹰派。"[66]

然而,冯·诺依曼是一个复杂的人物。他忠诚地为战后的民主党和共和党政府服务,并痛恨在参议员约瑟夫·麦卡锡的挑头下,对左翼和自由派学者的日益加快的疯狂迫害。在冯·诺依曼忙于说服美国轰炸苏联以使其屈服的同时,他还在原子能委员会的秘密听证会上为其友人罗伯特·奥本海默辩护,原子能委员会举行听证会是为了确定这位美国原子弹计划的负责人是否构成安全风险。奥本海默当时是高等研究院的院长。让冯·诺依曼尴尬的是,原子能委员会的主席是高等研究院的董事刘易斯·施特劳斯,也是他的朋友。而对奥本海默最不利的证词之一是由冯·诺依曼的同样来自布达佩斯的同事爱德华·特勒提供的。

冯·诺依曼不赞成奥本海默对美国共产党的支持。[67]尽管如此,他始终热情地鼓吹奥本海默在原子弹计划中的作用,并认为说奥本海默会对自己的国家不忠就是危险的无稽之谈。"洛斯阿拉莫斯的奥本海默非常了不起,"他坚持说,"要是在英国,他们会封他为伯爵的。然后,如果他走在大街上,没有系扣子,人们就会说——瞧啊,伯爵往那儿走了。而在战后的美国,我们却说,瞧啊,他的纽扣没系。"[68]

在听证会期间,奥本海默受到的一项特别具有杀伤力的指控是,在担任原子能委员会总咨询委员会主席期间,他曾经试图延缓美国的氢弹计划。冯·诺依曼也是该咨询委员会的成员。奥本海默确实曾在技术层面上反对过这一计划,他们两人在此问题上的意见针锋相对,却又彼此尊重。不过,特勒则永远不会原谅奥本海默试图扼杀自己的创意想法。

冯·诺依曼很快找到了一些关键证人,即一些受人尊敬的科学家,他们在"超级"炸弹问题上与奥本海默意见相左,但仍然坚信奥本海默根本不构成什么安全风险。轮到冯·诺依曼做证时,他在审判小组面前巧妙地为奥本海默辩护。冯·诺依曼说,不管奥本海默对氢弹有什么保留意见,当杜鲁门总统在 1950 年 1 月 31 日宣布美国将研制氢弹时,奥本海默就将这些保留意见完全搁置在一旁了。当主审官问他是否应该雇用与共产主义关系密切的人担任敏感职位时,冯·诺依曼回答说,在战前苏联威胁尚不明显的时候,这种关联是无关紧要的。"对于事态的发展,我们都像小孩子一样,也就是说,我们突然要面对的是一种能炸掉全世界的东西,"他对审判小组的成员说,"我们谁也没有接受过这样的教育,也没有在此情形下生存的经验,我们必须在前进的过程中制定出理论解释和行为准则。"[69]

为期 4 周的听证会于 1954 年 4 月 12 日开始。奥本海默的安全许可在 6 月 29 日被剥夺。2009 年,能接触到克格勃(KGB)档案的历史学家发现,苏联情报机关曾多次试图招募奥本海默,但均以失败告终。[70] 他们因而断定他不是间谍。1955 年,当艾森豪威尔任命冯·诺依曼进入原子能委员会时,他的一些最亲密的朋友问他怎么能让自己加入这个曾经迫害过奥本海默的机构。当初把冯·诺依曼带到美国的维布伦就从未原谅过冯·诺依曼,甚至在克拉里写信恳请他前来的情况下,他仍拒绝去医院看望已病危的冯·诺依曼。奥本海默对此则更善解人意,他曾对克拉里说:"两方都肯定有好人。"[71]

在兰德公司,博弈论正被应用于当时最紧迫的军事难题——如何避免与苏联发生核冲突,或如何在冲突中幸存下来。虽然很少有证据表明冯·诺依曼是从博弈论的角度来看待国际冲突的,但其他人却正是这样看的。博弈论,尤其是"囚徒困境",迅速成为当时充满恐惧和偏执的美国外交政策的首选分析工具,这种状况一直延续至 20 世纪后期。历史学家保罗·埃里克森说:"冷战必定被许多人视为博弈论注定要分析的终极博弈。"他补充说,博弈论分析无处不在,故而"冷战时期的许多关键地缘政治事件的历史……是否会通过这个观测镜头得以重写，进而令事后分析和真实历史变得难以区分"。[72] 阿尔伯特·沃尔斯泰特是兰德公司最早研究核威慑问题的分析师之一，他以重视实际并基于事实的分析著称，这使他成为20世纪最有影响力的"国防知识分子"之一。

从一开始，沃尔斯泰特就不像一个鹰派人物。他是一位逻辑学家，十几岁时为《科学哲学》（Philosophy of Science）杂志写了一篇文章，促使阿尔伯特·爱因斯坦邀请他喝茶。爱因斯坦称沃尔斯泰特的文章是"他所读过的最为清晰的数学逻辑推断"，他想和这个17岁的孩子讨论文章中的细节。

在哥伦比亚大学，沃尔斯泰特加入了从美国共产党分裂出来的一个派别组织——革命工人党联盟。如果这个组织的成员记录没有在一次反常的事故中丢失，沃尔斯泰特可能根本就进不了兰德公司。1951年，他加入该智库，担任数学部门的顾问。他的妻子罗伯塔也曾在那里工作，先是在社会科学研究部担任书评人，后来成为备受尊敬的分析师，其关于突袭的权威研究于1962年出版，名为《珍珠港：预警与决策》（Pearl Harbor: Warning and Decision），[73] 多年后仍被引用，包括2004年被"9·11"委员会引用。

沃尔斯泰特很快就对单调的方法论研究感到厌烦，那是他被分配到数学部门后做的工作。他是一个唯美主义者，喜欢美酒和高级菜肴，经常在他坐落于好莱坞山的现代主义风格的家中举办古典音乐会。他渴望更加有趣的挑战。有一次，兰德公司经济学研究部门的负责人查尔斯·希契请他评估美国战略空军司令部海外基地的最佳选址。美国战略空军司令部是美国的核轰炸机舰队。由于担心这项研究和他试图摆脱的任务一样乏味，沃尔斯泰特一开始拒绝了希契。在紧接着的周末，他把这个问题反复考虑了一番之后，终于又改变了主意。

沃尔斯泰特对美国在广岛和长崎投下原子弹的决定感到厌恶，他认为这是一种残忍和不必要的行为。现在有一个重塑美国核战略的机会，或许能够使众多的城市在未来的大火中免于毁灭。他发现基地选址问题的核心其实是一个简单但严肃的难题，这激起了他的兴趣：如果你的基地靠近敌人，敌人也就靠近了你。这已经不是第一次有人注意到这个两难困境了，但有两种观念上的影响促使沃尔斯泰特更加认真地思考这个问题：第一个是博弈论，第二个是他的妻子。

到 1951 年，不仅在数学部门无法避开博弈论，而且他在哥伦比亚大学时的好朋友 J. C. C. 麦肯锡（同样受雇于兰德公司）也在忙着写这方面的文章。对于博弈论的数学复杂性，沃尔斯泰特并没有那么感兴趣，但他确实注意到了其核心前提：在制定战略时，人们必须始终充分地考虑到理性敌人的行动。另外，他的妻子罗伯塔正在调查为何美国对日本偷袭其太平洋舰队毫无防备。因此，沃尔斯泰特敏锐地意识到，如果不把苏联进攻的可能性考虑进去，任何对美国海外基地的研究都是不完整的。他开始深入研究这些数字，并召集了一群有数学头脑的分析师来帮忙。他们的方法被称为"系统分析"，由兰德公司开发，与运筹学有关，但侧重点又有所不同。运筹学是一门关于可能性的学科：以现有可用的设备和物资能够实现什么。相比之下，系统分析是以目标为导向的——一项具体的任务需要用到什么样的未来武器和战略。由于默认对每一种"理性的"可能性加以考虑，系统分析的野心可谓狂妄自大。

该团队考虑了多种场景，从将轰炸机部署在美国，一直到依据战略空军司令部的首选方案将它们部署到国外。经过详尽的研究，他们发现，若按照该司令部的计划执行，驻扎在欧洲的美国轰炸机便会成为活靶子。他们计算出，苏联若实施先发制人的打击将歼灭欧洲近 85% 的轰炸机部队。更糟糕的是，将美国的核力量几乎消灭殆尽，也只需要 120 枚 4 万吨——大约为"胖子"的两倍——的炸弹就可以完成，这让苏联可以肆无忌惮地入侵西欧，或者向美国进行勒索。最后的选择是使用海外基地为飞机加油，但飞机不常驻基地。一些空军高官喜欢空中加油的办法，但这个主意的成本太高。

这份名为《战略基地的选择和使用》的兰德公司研究报告被证明完全令空军感到不快。[74] 沃尔斯泰特的团队在90多个场合向官员们做了简报，但得到了几乎众口一词的反对。一位上校在听了他们的介绍后嘲笑道："我希望你们中没有人被这些花里胡哨的计算噱头迷惑。"主要的障碍被证明是战略空军司令部的负责人，那位总喜欢叼着雪茄的柯蒂斯·李梅，他是电影《奇爱博士》中那几个好战将军的原型。

李梅比阿诺德还要寸步不让，他曾领导美国空军第20航空队对日本城市进行地毯式轰炸。他曾宣称："所有的战争都是不道德的。要是为这个烦恼，那你就不是一个好兵。"李梅最喜欢的核战略是"周日重拳"，也称"大规模报复"，即对苏联实施毫无保留的攻击，用战略空军司令部的每一颗原子弹来回应任何袭击。如果真如兰德公司所宣称的那样，确实存在苏联搞突然袭击的风险，那么这就有了对其实施先发制人的打击的充足理由。卡恩对战略空军司令部的军官们说，与其说这是一项战争计划，不如说是一场"战争性高潮"。

最终，兰德公司策划了一次与时任空军代理参谋长托马斯·怀特将军的会面。忧心忡忡的沃尔斯泰特确信，他已经决定性地证明了美国正处于一场必败无疑的战争边缘，他再次展示了其团队所做的分析，并让怀特相信这份报告非常重要。1953年10月，也就是兰德公司展示其报告后两个月，美国空军同意加强空军基地抵御核弹攻击的能力，并将驻扎在海外的飞机数量减少到最低限度。沃尔斯泰特的建议从未被照单全收。相反，战略空军司令部采纳了兰德公司团队以成本过高为由而否决的方案：为起飞自美国本土的轰炸机在空中加油，减少战略空军司令部对外国基地的依赖。尽管如此，兰德公司毕竟促成了在理论数学估算的基础上对空军战略进行的重大反思。

沃尔斯泰特继续思考美国的核防御。在20世纪50年代末，他在

《恐怖的微妙平衡》一文中阐述了他的观点，这篇文章帮助塑造了美国数十年来的战略思想。[75] 沃尔斯泰特抨击人们普遍持有的观点，即两个核大国的存在消除了全球全面战争的风险。他认为，在核问题上不存在僵持局面。西方曾被一种虚假的安全感蒙蔽，想当然地以为苏联领导人热衷于以能给美国带来极大警告的方式进行攻击。"无论削弱苏联的替代方案对我们有多大吸引力，"他说，"在任何合理的苏联战争计划中，它们的优先顺序都是很低的。"为了呼应博弈论的极小极大定理，他补充说："在应对苏联的战略时，重要的是要考虑苏联的优势而非西方的优势，同时要以量化的方式来考虑双方的战略。我们自己的选择是否有效，将取决于苏联计划和西方计划之间最复杂的数值化的交互作用。"

他的结论是，在核问题上不可能出现僵局，也不可能放松警惕。美国的任何薄弱之处都是在邀请苏联立即发动攻击，同时是美国先于苏方抢先发动攻击的理由。但就在沃尔斯泰特忙着向华盛顿的指挥官们汇报情况时，冯·诺依曼带来了一种武器的消息，这种武器可能会让轰炸机彻底过时。

1950年，兰德公司发表了许多研究报告，其结论是研发远程弹道导弹应该是空军的首要任务。[76] 或许部分是为了做出回应，美国国防部在1951年启动了"阿特拉斯导弹计划"，以确定一枚载有3 000磅重弹头的火箭能否飞去摧毁5 000多英里外的城市。但是投在广岛和长崎的炸弹对于阿特拉斯计划来说，是其所能承载重量的数倍，而且美国在前一年的11月1日进行的代号为"常春藤麦克"的第一次热核试验，使用了一个74吨的装置，因为太重而根本上不了飞机，更不用说导弹了。因此，阿特拉斯计划是一个优先级较低的项目——一个未来的登月计划。但在1953年，冯·诺依曼在特勒的陪同下，告诉兰德公司的物理学家，洛斯阿拉莫斯的武器研发人员将很快制造出轻到可以装上火箭的氢弹，阿诺德关于"从某个地方冲出"摧毁城市的炮弹的愿景很快就会实现。

在兰德公司，最先听到这一消息的是物理部的主管厄恩斯特·普莱塞特和美国空军前首席科学家戴维·格里格斯。格里格斯在兰德公司成立之初担任过普莱塞特现在的职务，他现在是这家智库的顾问。他们将自己对洛斯阿拉莫斯实验室工作的了解，传给了兰德公司的另一位物理学家布鲁诺·奥根斯坦，后者于是开始研究这一消息的意义。1953年8月12日，苏联进行了第一次氢弹试验，这使奥根斯坦的工作更加紧迫。"麦克"装置被安置在一个巨大的真空烧瓶中，以保持液体氘燃料的冷却。对苏联核试验的放射性尘埃的分析发现了锂的存在，这表明氘化锂这种室温下的固体物质有可能是苏联的爆炸装置的燃料。如果苏联人能有办法大量制造出氘化锂，他们就有可能制造出足够小的武器，以便能装到轰炸机上，甚至还可以用火箭发射。

阿特拉斯计划的管理人员要求按照苛刻的规格制造导弹。他们想要一种火箭，能以6倍音速飞过半个地球，并在距离目标半英里的范围内着陆。奥根斯坦意识到，轻量氢弹使这些要求变得不必要。利用他从洛斯阿拉莫斯获得的数据，他计算出一枚重量不足1 500磅的炸弹会产生几百万吨级的爆炸。他的研究还表明，即便是飞行速度远远低于该项目负责人预期的导弹，苏联要想将之击落也会很困难。然而，奥根斯坦最重要的发现是，新型弹头的破坏力意味着，一枚导弹在距离目标3至5英里的地方着陆就足够了，且仍在当代导弹制导技术的能力范围内。美国或许比规划阿特拉斯计划还要早几年就发展了洲际弹道导弹，最早可能是在1960年。奥根斯坦明白，既然他都已经得出这些结论，那苏联人必定也已经得出——只怕会更早。

1953年12月11日，奥根斯坦的报告被放在了科尔博姆的桌子上。科尔博姆对此印象深刻，第二天就带着它到华盛顿，试图说服空军的高级军官们，让他们看清当前局势的紧迫性。他们还想再等一等。

10月，空军委派11位美国国内顶尖的科学家和工程师，对洲际弹道导弹的可行性进行研究，由冯·诺依曼领衔担任主席。这个代号为"茶壶委员会"（Teapot Committee）的小组于一个月前开始审议。奥根斯坦返回兰德公司去准备一份正式报告，该报告充实了导弹的各种技术细节，并估算出需要多少精度较低的导弹才能摧毁苏联的城市。

1954年2月8日，美国空军收到了奥根斯坦的最终分析报告，题为《洲际弹道导弹改进开发计划》，这比冯·诺依曼领导的委员会的报告早了两天。他们的结论和建议几乎完全相同。在这两份报告发布后的几个月内，美国就放松了对阿特拉斯计划的严格限制，并启动了一项快速开发计划，以开发装载氢弹的导弹。

1957年8月21日，苏联在哈萨克斯坦的拜科努尔航天发射场发射了"R-7 Semyorka"火箭，其在空中飞掠了近4 000英里。几周后，这枚火箭将"斯普特尼克"人造卫星送入了地球轨道。1958年11月28日，美国"阿特拉斯号"火箭首飞成功，这是冯·诺依曼帮助加速推进此项计划的直接成果。武装的"阿特拉斯D"在1959年9月开始服役，这与奥根斯坦在其报告中所设想的时间一致。从此刻开始，只需疯狂地按下一个按钮，洲际弹道导弹下雨一般从天而降的威胁就会一直笼罩着世界。

在兰德公司，冯·诺依曼的博弈论与国防政策的融合继续加速进行，并使肥胖的赫尔曼·卡恩成为其直言不讳的倡导者。令其同事们懊恼的是，卡恩兴致勃勃地跑遍全美各地，极其挑衅地将他们的理论进行重塑，且很快成为兰德公司最臭名昭著的"国防知识分子"。"思考不可能之事"几乎等同于兰德公司精神的一种主张，也是卡恩所著的一本书的名字，它反映了博弈论理性的，有时甚至是病态的原则，即对任何一项政策都要尽可能设想出最坏的反应。作为一个真正的"死亡小丑"，[77]卡恩拿威慑论逗乐，用没有感情色彩的幽默讲述他的理论，同时他又将末日启示推导得头头是道，总是情愿比任何人都要往前多走一步。在他所有的噱头之下，卡恩其实是非常严肃的。卡恩的战略研究员同事伯纳德·布罗迪在兰德公司的一次会议上表示，他担心即使只对城市以外的苏联军事目标进行核打击，仍然会造成200万人死亡。卡恩则高声说道，一项"仅"造成200万人死亡的战略不能轻易被否决。[78]

卡恩是一名训练有素的物理学家，在刚进兰德公司工作的时候，他曾在十几台当时美国运行中的高速计算机上进行与氢弹相关的"蒙特卡罗"模拟。[79] 他是兰德公司大约70名拥有从事炸弹设计所需的高级别安全许可的研究人员之一，隶属于物理部门，该部门与总部大楼的其他部门通过一扇电子门隔开。但卡恩并不甘心整天躲在紧闭的大门后做计算。他常在兰德公司的走廊里走来走去，在空气中嗅着能助他成名的刺激问题的气息。博弈论一度激起了他的兴趣，受其启发，他开始（但从未完成）撰写一本关于博弈论在军事计划中的应用的书。[80] 后来他找到了沃尔斯泰特，并很快意识到核威慑论这一新领域才是其独特才华的用武之地。正规的博弈论对卡恩来说束缚太多，但其假设往往停留在他研究的表面之下。

卡恩最终将他关于威慑论的早期演讲汇编成一本600多页的大部头，并送了一份书稿的副本给沃尔斯泰特，可后者建议他把书稿烧掉。[81] 卡恩非但没烧，还出版了这本书，《论热核战争》仅精装本就销量惊人，高达3万册。[82] 在该书中，卡恩断言，与苏联的核战争有可能让人们幸免于难，"不会妨碍大多数幸存者及其后代的正常和幸福的生活"。"幸存者会羡慕死者吗？"卡恩在一张表格下面问道，然后得出的结论是他们不会。这张表格的标题是"悲惨但可区分开的战后国家"，它列出了死亡人数（从200万到1.6亿）与卡恩认为经济复苏所需时间（长达100年）的对比。

对于这种漫不经心的策略，仔细阅读过卡恩著作的斯坦利·库布里克在《奇爱博士》中讽刺得淋漓尽致。[83]"好吧，真相并不总是一件令人愉快的事情。"影片中的极端鹰派将军巴克·特吉森这样为大规模打击苏联寻找说辞：

> 但现在需要做出选择，在两种公认的虽令人遗憾但仍有区别的战后结局中做出选择：一种是 2 000 万人被杀，另一种是 1.5 亿人被杀……总统先生，我不是说我们不会造成生灵涂炭。但我敢说，死亡人数最多不会超过 2 000 万。[84]

许多批评卡恩的人也对这种策略感到极度厌恶。包括罗素在内的和平主义者认为，卡恩不经意间为普遍裁军找到了理由。数学家詹姆斯·纽曼在《科学美国人》杂志上发表了对卡恩著作最臭名昭著的评论之一。[85]"真的有赫尔曼·卡恩这个人吗？简直令人难以置信……没有人会像他这样写文章，也没人会这么想，"纽曼写道，"也许整件事就是一场品位极差的员工的恶作剧。"[86]纽曼继续说道："这就是一本大规模屠杀的洗白手册，包括如何策划大屠杀、如何实施大屠杀、如何逃脱惩罚及如何为其辩护。"

卡恩对纽曼的评论惊骇不已——事实上，他被吓得赶紧开始写了续篇。《论热核战争》的成功帮助卡恩从洛克菲勒基金会获得了 100 万美元的资助，他用这笔钱在纽约成立了自己的智库——"哈德逊研究所"，并称之为"高级兰德"。

兰德公司对博弈论的研究热情于 20 世纪 60 年代初基本黯然消退，尽管博弈论的原则及方法已经嵌入这家智库的文化，从它所开创的系统分析，一直到其国防政策专家所开出的各种"药方"。哈佛大学经济学家托马斯·谢林是兰德公司最后一批将博弈论转向核威慑问题的人之一。他认为，战争是讨价还价的另一种方式。在 1958 年的一篇论文中，他阐述了其处理冲突的新方法。[87]"关于纯冲突战略——零和博弈，博弈论产生了重要的见解和建议，"他说，"但在关于冲突与相互依赖交织的行动策略上，即涉及战争和战争威胁、罢工、谈判、刑事威慑、阶级战争、种族战争、价格战、讹诈等非零和博弈，以及在官僚机构或社会等级制度中或在交通堵塞中的操纵，又或是人们对自己孩子的胁迫，传统博弈论并没有产生类似的见解或建议。"谢林职业生涯的大部分时间都花在解决这一缺憾上了。

谢林还证明，即使在许多不允许或不可能进行明确交流的情况下，参与者也能够为了互惠互利而更加频繁地协调他们的反应，其频率甚至超过博弈论的预测。在一节课堂实验中，谢林让他的学生们假设他们第二天必须在纽约见一个陌生人，但双方没有办法事先进行联络。那么，你们应该在何时何地见面呢？最常见的答案是正午在纽约中央火车站见面。谢林将这些意想不到的合作博弈解决方案统称为"聚点解"，它们显示了理论的局限性。"如果没有经验性的证据，人们就无法推断在非零和博弈中能够获知怎样的理解，就像一个人无法通过纯形式的推演来证明某个特定的笑话一定好笑一样。"[88]但谢林警告说，这种心照不宣的沟通，可能并不足以防止双方的冲突升级为核冲突。[89]早在古巴导弹危机爆发的数年前，他就建议加强美苏领导人之间的沟通渠道，而正是这次危机暴露了美苏之间的沟通不畅可能带来的灾难性后果。与其兰德公司的同事们一样，谢林也认为，当对方有能力实施同样大规模的反击时，"大规模报复"的威胁是靠不住的。苏联永远不会被一项一旦实施便意味着美国在自杀的政策吓倒。

冯·诺依曼关于核威慑的最终结语发表于 1955 年。《原子战争的防御》用鲜明的措辞阐述了这种新型炸弹的威力。[90]他说："现在摆在我们面前的火力增长比以往任何时候都要大得多。"

整个第二次世界大战期间,所有交战方在所有战场上投放的TNT炸药有几百万吨。我们一次原子弹爆炸的威力就比它大。[91]因此,我们在一架飞机上装载的火力,就可以比第二次世界大战中所有战斗机大队加起来的火力还要大。

冯·诺依曼解释说,尽管从历史上看,战争中占上风的情况可能会在交战双方之间摇摆不定,但超级大国所拥有的武器破坏力的阶跃变化,已经完全改变了战争的性质。"使用原子武器,尤其是导弹携带的原子武器的困难在于,"他坚持认为,"它们可以影响一场战争的结果,并在不到一个月或两周的时间里就能造成比以往大得多的破坏。因此,技术惊喜的性质将完全不同于以往。"由于一方发动的全面核攻击是根本不可能防御的,"这也许意味着你将被迫在任何时候都不会'精锐全出',因为这样当敌人也'破釜沉舟'时,你就根本无力抵挡……因此,你可能不得不保留这张制胜底牌"。

到1960年,克制战略,而非"引火烧身式的"大规模报复的"战争性高潮",已成为兰德公司的普遍立场。[92]用不惜打核战来回应常规武力的最小攻击,这种明显空洞的威胁丝毫不能阻止苏联的攻击。就在时任国务卿杜勒斯于1954年发表"大规模报复"演讲时,美国正日益陷入在越南的常规冲突,同年年底,国务卿本人也开始质疑这一政策。在12月致艾森豪威尔总统的一封信中,杜勒斯询问美国是否"已准备好充分应对可能发生的'小型战争',这些战争可能要求按照被攻击的程度和相关地点实施反击,但这并不意味着对苏联本身实施大规模报复是合理的"。

兰德公司以"核子武器还击"学说来回应打"小型战争"的问题。"核子武器还击"学说是由兰德公司的布罗迪首创,辅以兰德公司分析师们的博弈论矩阵,然后由威廉·考夫曼做最全面的阐述,该学说建议,在一开始就要避免打击城市。为应对苏联的侵略行动,美国将向非城市军事目标发射少量武器，然后用受到严密保护的核储备力量相威胁，以此作为阻止事态进一步升级的谈判筹码。考夫曼希望，如果苏联人真的报复，他们也会避免袭击城市。平民可幸免于难，而如果有时间进行化解危机的谈判，或许就能避免双方爆发全面的核交战。

"核子武器还击"学说是兰德公司的精髓，也是该智库寻求如卡恩所说的"更合理的暴力使用形式"的缩影。问题是，在美军内部，避免流血并不是一个被普遍认可的想法。负责美国轰炸机和洲际弹道导弹的战略空军司令部尤其反对这项新战略。

1960年约翰·F.肯尼迪当选总统后，其政府中有更多的人愿意倾听"核子武器还击"学说。肯尼迪的竞选活动得到了兰德公司的一些专家的暗中援助。其中就有丹尼尔·埃尔斯伯格，他在1971年向新闻界泄露了属于最高机密的"五角大楼文件"，其中披露了有关越南战争的破坏性信息。肯尼迪的国防部长罗伯特·麦克纳马拉把包括考夫曼在内的一大批兰德公司的分析师都拉进了白宫。这批被人称作"神童"的年轻人，招来了他们曾经的赞助商——空军的敌意，因为他们的系统分析研究破坏了代价昂贵的轰炸机和火箭项目，却支持了海军加速推进北极星潜射弹道导弹，以及陆军扩大常规战力。由于厌倦了被"常春藤盟校"的这帮新人拿其失败"打脸"，空军很快就雇用了自己的分析师，海军和陆军也纷纷效仿。兰德公司的方法根植于美国的军事思维，塑造了这个国家处理理论核冲突，以及即将在东南亚和其他地方发生的那些非常真实的"小型战争"的方法。

2019年6月，五角大楼意外地在其网站上公布了美军规划和执行小规模核战的条例。这份60页的《联合出版物3-72：核行动》文件很快就被删除了，但在此之前已经被美国科学家联合会（FAS）下载了。该联合会是一个由曼哈顿计划的研究人员于1945年成立的慈善机构,致力于原子能的和平利用。[93] 这份报告聚焦于最坏的情形,其侧重点是打核战而非核威慑。批评人士断言,这种关于有限核战争的言论有助于让美国的敌人相信,美国确实准备使用核弹,从而增加了有人真的这么做的可能性。通过想象出最坏的情形,令最坏的情形离变成现实又近了一步。

兰德公司的分析师们早就意识到了这种困境。在他们最早将博弈论工具应用于核战略的 70 年后,核战风险比以往任何时候都要高,与美国和俄罗斯核武库中的一些核弹相比,投放在广岛和长崎的原子弹不过是鞭炮而已。现在拥有核武器的国家越来越多,还有一些国家威胁要生产核武器。制造此种装置所需的专业知识现已流传得足够广泛,故组织严密的恐怖组织制造出核弹也并非不可能。因此,与 20 世纪 50 年代冷战时期的战略家们所撰写的文件相比,来自世界上最强大的核武器持有国的战略文件,就其规模而言,早已难以估算。然而,这份报告的大部分内容却非常眼熟,尤其是第三章"规划和目标"开头的那句题记:"我的猜测是,核武器将在未来 100 年的某个时候被使用,但其使用很可能是小规模和有限的,而非广泛和不受限制的。"这句话出自 1962 年出版的《思考不可能之事》(*Thinking About the Unthinkable*)一书,其源头正是赫尔曼·卡恩。

"过去半个世纪最壮观的事件,是一件并没有发生的事情,"谢林在 2005 年获诺贝尔奖的几天前说,"我们已经享受了 60 年没有核武器在愤怒中爆炸的生活。"谢林将我们的"惊人好运"归因于一个不言而喻的禁忌,即禁止使用哪怕是"最小的"核弹。他警告说,如果广岛和长崎的恐怖从公众的意识中消失,且更多的国家甚至恐怖组织获得了核武器,那便不能保证他们也会像其他人那样"几乎无例外地强烈反对"使用核武器。我们的时间不多了。

到了 20 世纪 50 年代中期,冯·诺依曼也已时日无多。也许是因为所有那些他曾参加的核武器试验,抑或是因为他那不健康的饮食,又或者只是因为运气不佳,癌症正慢慢地在他体内转移。由于对自己的病情毫不知情,他在生命的最后几年里还一直在努力工作。数学家往往在20多岁时就能写出最好的著作,并将中年视为自己多产岁月之暮,冯·诺依曼却仍能写出他有生之年最具原创性的作品。他开始探索如何从根本上理解复杂机器的非凡能力,尤其是他参与建造的高速计算机,以及超越一切机器的最复杂、最神秘的人脑。

"仿生人，"她说，"也会孤独的。"
——《仿生人会梦见电子羊吗？》，
菲利普·K. 迪克，1968 年

第 8 章
复制机器的崛起

造机器的机器
与造思想的机器

冯·诺依曼并不是提出"机器能繁殖吗？"问题的第一人，却是第一个回答此问题的人。事实上，他已经描绘出这样一台机器的蓝图。如今，一些未来学家推测，一种超人类的人工智能也许能把人类社会改造得面目全非。这种可能性被称为技术上的"奇点"，而这个术语最早是由数十年前就预见这种可能性的人——约翰·冯·诺依曼首先使用的。

奇怪的角度、刺眼的灯光和不停摆动的摄像头,给3D(三维)打印机工作的视频平添了几分业余色情电影的感觉。这副样子实在怪异,因为视频中那台机器像被抓了"现行"——它正在进行自我复制。Snappy("帅极")是一台RepRap——一种可以自我复制的3D打印机,能够打印大约80%的自身部件。[1]如果打印机的哪个部件坏了,你可以用之前打印好的备件进行替换。鉴于材料成本——那些须由打印机熔化并挤压成型的塑料丝的成本为每千克20~50美元,你可以为朋友打印另一台3D打印机的大部分材料。你只用购买少量必要的普通金属零件,如螺栓、螺丝、电动机、电子元件等,便可完成组装。

2004年,工程师、数学家阿德里安·鲍耶首次提出了他称之为"达尔文马克思主义"(Darwinian Marxism)的概念,即每个人的家最终都将成为一间工厂,生产他们想要的任何东西(只要能用塑料制造就行)。渥太华卡尔顿大学的工程师们正致力于补齐那顽固的20%,从而创造出一种打印机——即使你身边没有DIY(自己动手制作)店,它也能完全自我复制。具体来说,他们正在考虑只使用能够在月球表面找到的材料。以RepRap为出发点,研究人员已经开始设计一辆月球车,它将打印所有零件和复制自身所需的工具,并只使用就地获取的原材料，例如在太阳炉中熔化月球岩石。² 他们还用麦卡洛克-皮茨人工神经元模型制作了实验性的电动机和计算机，以使月球车能够导航。在月球上制造半导体电子设备几乎是不可能的，所以在 20 世纪 50 年代的一次华丽转折中，他们计划用真空管来代替。"当我初遇 RepRap 时，那虽然只是一个不起眼的开始，但对我来说却具有催化作用，"RepRap 项目的负责人亚历克斯·埃勒里说，"当初的一个附带项目现在却让我最费心思。"³

埃勒里的机器一旦在月球上建立起来，便可以自我"复制"，从而形成一个自我扩张、半自治的太空工厂，可以制造出……几乎任何东西。例如，它们可能会为人类迁移者打印基地，甚至还可像埃勒里希望的那样，通过制造密集成群的微型卫星来帮助缓解全球变暖问题，这些卫星可以保护我们不受太阳辐射的影响，或者将能量投送到地球。⁴

所有上述努力的灵感都来自一本名为《自复制自动机理论》的书，作者正是约翰·冯·诺依曼。冯·诺依曼在高等研究院制造计算机和为政府与工业界提供咨询服务期间，开始将生物机器与合成机器进行比较。他认为，他的学识也许有助于克服他正在协助设计的计算机的局限性。"一般来说，自然生物要比人工自动机复杂且微妙得多，因此人们对其细节上的了解也要少得多，"他指出，"然而，从前者的结构中观察到的一些规律，却可能对我们思考和规划后者具有很大的指导意义。"⁵

在阅读了麦卡洛克和皮茨描述人工神经网络的论文后，冯·诺依曼对生物科学产生了兴趣，并与几位正致力于阐明生命分子基础的科学家通信，其中包括索尔·斯皮格尔曼和马克斯·德尔布吕克。冯·诺依曼以他一贯的方式，对这一课题进行了精彩、广泛而尚无定论的涉猎，但他凭直觉有了许多想法，这些想法后来被证明是其他人研究的丰沃领域。他还讲授过细胞分裂过程中染色体分离的机理。他写信给诺伯特·维纳，提出了一个雄心勃勃的噬菌体研究计划，猜想这些感染细菌的病毒，既可能简单到可以进行有成效的研究，又可以大到用电子显微镜成像。在后来的20年里，由德尔布吕克和萨尔瓦多·卢瑞亚召集的一组研究人员正是这样做的，他们揭示了DNA的复制过程和遗传密码的本质，并绘制了首批病毒的详细图片。

冯·诺依曼最引人注意的建议之一，是在蛋白质结构领域。大多数基因都会编码蛋白质，而蛋白质是细胞中执行几乎所有重要任务的分子，也是肌肉、指甲和头发的关键组成部分。尽管在20世纪40年代人们对蛋白质进行过广泛研究，但没有人知道它们长什么样儿，而且最终被用于蛋白质研究的X射线晶体学技术，当时仍处于起步阶段。蛋白质的形状可以由向其晶体发射X射线所产生的斑点模式推导出来。但正如冯·诺依曼很快就意识到的，问题在于重建蛋白质形状所需的计算已远远超出当时可用计算机的能力。1946年至1947年，他会见了著名的美国化学家欧文·朗缪尔和杰出的数学家多萝西·林奇，这两位开发了蛋白质结构的"环状体"模型。林奇将蛋白质描绘成相互连接的环，这一猜想最终被证明是错误的，而冯·诺依曼认为，若将实验规模扩大几亿倍，也许会揭示这个问题。他建议用金属球及雷达技术中的X射线交换来建立厘米级的模型，然后将得到的模式与真实蛋白质的模式进行比较。这项提议从未得到资助，但它表明冯·诺依曼的兴趣几乎涵盖了前沿科学的每一个领域。结果，在X射线晶体学开始揭示蛋白质结构之前，需要在实际技术和理论技术上取得进步，且需要巨大的耐心，而这一切在1958年就开始了。

自1944年起，由诺伯特·维纳发起的各次会议都尽力将冯·诺依曼的思考聚焦于大脑和计算机。在昙花一现的"目的论社团"（Teleological Society）和后来的"控制论会议"（Conferences on Cybernetics）的聚会上，冯·诺依曼都是讨论大脑或计算机如何产生

"目的性行为"的核心人物。由于有许多其他事情要忙,他会旋风似的赶过来,就信息和熵之间的联系,或者逻辑推理的脑回路讲上一两个小时,然后又快速离开,留下颇有些困惑的与会者在下午的剩余时间里讨论他所讲内容的含义。一位科学家说,听冯·诺依曼谈论神经解剖学的逻辑,就好像"挂在风筝的尾巴上"。[6] 而维纳有一个让人难受的习惯,他会在讨论过程中昏昏入睡,鼾声大作,醒来时却会发表一些并不离题的评论,以表明他终究还是在听着。

1946 年底,冯·诺依曼对神经元的抽象模型越来越有挫败感,一年前,这个模型为其有关可编程计算机的 EDVAC 报告提供了信息。他在给维纳的信中抱怨道,"在吸收了图灵及皮茨和麦卡洛克的巨大积极贡献之后,情况比以前更糟了"。

> 事实上,这些作者已经以绝对和无望的普遍性证明了……哪怕是一个确定的机制也可以是"通用的"。反过来说,若没有"微观的"细胞学研究,我们所知道或学到的与有机体功能有关的任何东西,都不能提供任何关于神经机制进一步细节的线索……我想你们也会和我一样感受到我想表达的那种挫败感。

冯·诺依曼认为,纯逻辑在脑回路领域已经走完了自己的路,而且由于他在瑞士联邦理工学院学习期间曾因玻璃器皿破碎率奇高而创下破纪录的账单,他对烦琐、混乱的实验室工作能提供多少东西持怀疑态度。"用神经逻辑的方法来理解大脑,"他不屑地说,

> 在我看来,尽管没有任何关键器件的直径小于 2 英尺的趁手工具可用,也没有比摆弄消防水龙(尽管人仍可能会用煤油或硝化甘油代替水)或往电路中扔鹅卵石更微妙的干预方法,但要想搞懂 ENIAC 还是有希望的。

为了避免陷入他所认为的死胡同，冯·诺依曼建议将自动机的研究分为两部分：一部分致力于研究构成自动机的基本元素（神经元、真空管），另一部分研究它们的组织结构。就神经元而言，前者属于生理学领域，而对于真空管，后者则属于电气工程领域。后者会将这些元素视为理想化的"黑盒子"，并假设它们以可预测的方式运行。这便是冯·诺依曼自动机理论的范畴。

自动机理论于1948年9月24日在帕萨迪纳举行的"希克森（Hixon）大脑行为机制研讨会"上被首次提出，并于1951年发表。[7] 冯·诺依曼思考其中的核心思想已经有相当一段时间了，并于两年前就开始在普林斯顿的非正式讲座中多次提及。他的关注点发生了微妙的转移。在某次演讲快结束时，冯·诺依曼提出了一个问题：一个自动机能否制造另一个和自己同样复杂的自动机。他指出，乍一看，这似乎是站不住脚的，因为若要自我复制，母体机器必须有对新机器的完整描述及组装所需的全部设备。尽管这一论点"有一些不确定的合理性"，冯·诺依曼说，"但它显然与自然界中最明显的现象相矛盾。有机体会自我繁殖，也就是说，它们会产生新的有机体，但复杂性不会降低。此外，在漫长的进化过程中，其复杂性甚至还会不断增加"。凡是声称包含人工和自然自动机工作原理的理论，都必须解释人造机器是如何自我复制和进化的。三百年前，哲学家勒内·笛卡儿宣称"身体不过是一台机器"。据说他的学生，当时23岁的瑞典女王克里斯蒂娜曾向他质疑道："我从未见过我的时钟能生孩子。"[8] 冯·诺依曼并不是提出"机器能自我复制吗？"这个问题的第一人，却是第一个回答此问题的人。

冯·诺依曼理论的核心是通用图灵机。只要有其他图灵机的描述和一套指令表，此通用计算机就能进行模拟。冯·诺依曼一开始考虑的是，如图灵机这样的自动机需要拿什么来复制自己，而不仅仅是计算。他认为，有三点是充分必要的。首先，该机器需要一组描述如何制造另一个像它一样的机器的指令——譬如图灵机的纸带，但需要用和机器本身相同的"材料"制成。其次，该机器必须有一个构造单元，可以通过执行上述指令来建造一个新的自动机。最后，图灵机需要一个能够创建指令副本并将其插入新机器的单元。

冯·诺依曼特意有所保留地指出，他所描述的机器"还有一些更具吸引力的方面"。"很明显"，这些指令"大致影响了基因的功能。同样明显的是，复制机制……进行最基本的繁殖活动，即复制遗传物质，这显然是活细胞增殖的基本操作"。说完这个类比之后，冯·诺依曼又指出，对指令的微小改变"能够显示出与突变相关联的某些典型特征，而且通常是致命的，但也存在通过修改典型性状而继续繁殖的可能性"。[9] 在 1953 年，发现 DNA 结构的 5 年前，科学家们还远未了解细胞增殖的细节，而冯·诺依曼已经通过确定一个实体复制其本身所需的基本步骤，奠定了分子生物学的理论基础。意义不凡的是，冯·诺依曼也正确地猜测了其所做类比的局限性：基因不包含一步接一步的组装指令，而"只有一般的标志，一般的信号"——其他的，我们现在知道，是由基因的细胞环境提供的。

这些结论在 1948 年并不容易得出。埃尔温·薛定谔就没把这个问题搞明白，他当时已平平安安地栖身于都柏林高等研究院。在其 1944 年出版的《生命是什么？》[10] 一书中，薛定谔探索了复杂的生命系统是如何产生的，但他的解释似乎与物理定律相悖。但此书激励了詹姆斯·沃森、弗朗西斯·克里克等人继续他们的 DNA 研究。薛定谔给出的答案是染色体包含某种"代码脚本"，但它没有将代码和复制与执行代码的方法区分开来。[11] "染色体的结构同时有助于实现它们所预示的成长，"他错误地说道，"它们是法律法规和行政权力——或者，另外打个比方，是建筑师的设计规划与建造者手艺的结合体。"

似乎很少有生物学家读过冯·诺依曼的演讲稿，或者即便读过，也很少有人理解其中的含义。这令人惊讶，因为在20世纪40年代，许多与冯·诺依曼见过面或给他写过信的科学家都是对生物学感兴趣的物理学家。就像德尔布吕克一样，许多科学家很快就为阐明生命的分子基础发挥了作用。冯·诺依曼则对新闻记者大张旗鼓地推介其著作颇为谨慎，而他本人又过于忙碌以至不能亲自推广这一理论，这样一来这一理论便很难发挥作用（相比之下，薛定谔却是在心里将外行读者当成自己的受众）。

该讲义在1951年发表后不久，有一位生物学家读到了它，此人是悉尼·布伦纳。他后来成为德尔布吕克噬菌体研究小组的一员，并在20世纪60年代与克里克等人一起破解了遗传密码。布伦纳说，当他在1953年4月看到DNA的双螺旋模型时，一切都豁然开朗了。"冯·诺依曼的研究表明，必须有一种机制，它不仅复制机器，还复制那些具体描述机器规格的信息，"他解释说，"冯·诺依曼从根本上告诉了你这一切是如何做到的……DNA只是其中的工具之一。"[12] 或者，恰如弗里曼·戴森所说："就人们所知，每一个比病毒大的微生物的基本设计都完全如冯·诺依曼所说。"[13]

在之后几年的演讲和一份未完成的手稿中，冯·诺依曼开始详述他关于自动机的理论，包括描述自我复制机器可能的样子。他的著述将由数学家、电气工程师阿瑟·伯克斯精心编辑和完成，伯克斯曾参与ENIAC及冯·诺依曼的计算机项目。最终成书的《自复制自动机理论》直到1966年才出版。[14] 概述冯·诺依曼这方面理念的最初两篇发表的文章出现于1955年，但这两篇文章都算不上自动机理论的鼻祖。第一篇是计算机科学家约翰·凯梅尼在《科学美国人》上发表的文章，[15] 他后来开发了BASIC编程语言（他也曾是爱因斯坦在高等研究院的助手，正值纳什拜访爱因斯坦时期）。第二篇出现在当年晚些时候的《银河科幻》（*Galaxy Science Fiction*）杂志中，小说作者是菲利普·K.迪克，其作品后来成为电影如《银翼杀手》(1982)、

第8章　复制机器的崛起

《宇宙威龙》(1990)、《全面回忆》(2012)和《少数派报告》(2002)的改编基础。[16] 迪克的《自动工厂》(*Autofac*)讲述了自动化工厂开始消耗地球资源，生产没人需要的产品，同时制造更多自己的复制品的故事。迪克曾密切关注冯·诺依曼的事业，他的小说写于《科学美国人》那篇关于自动机的文章问世的前一年。[17]

在菲利普·K.迪克的《自动工厂》中，人类奋起反抗无休无止生产的机器

凯梅尼的那篇冷静的介绍文章题为"被看作机器的人"(Man Viewed as a Machine)，其轰动程度丝毫不亚于迪克的那本科幻小说。"我们，作为理性的生灵，和通用图灵机有本质区别吗？"他问道。"通常答案是，无论机器能做什么，都需要人来制造这个机器。有谁敢说一台机器可以进行自我复制并造出其他机器？"凯梅尼继续说着，听起来就像20世纪50年代B级电影的旁白一样有声有色。"冯·诺依曼敢说。事实上，他已经描绘出这样一台机器的蓝图。"

冯·诺依曼想象的第一个人造生物漂浮在"部件"或"器官"的海洋。共有八种不同类型的部件，其中有四种专门执行逻辑操作。在这些器官中，有一个是信号发生器，而其他三个则专司信号处理问题。"刺激"器官在其两个输入中的一个接收到信号时就会启动，而"耦合"器官只有在两个输入都接收到信号时才会启动，而第四个"抑制"器官只有在一个输入激活而另一个不激活时才会启动。有了这些部件，自动机就可以执行任何想到的计算集。

其余的部件都是结构性的。其中有支柱，还有可以将支柱切割或融合成更大排列的两个器官。最后是肌肉，它不但在受到刺激时会收缩，还可以将两个支柱合在一起以便焊接或抓握。[18] 冯·诺依曼认为，自动机可以通过一系列测试来识别零件。例如，如果被它用自己的双钳夹住的部件正在发送一个有规律的脉冲，那么它就是一个信号发射器；如果它受到刺激时收缩，那它就是肌肉。

自动机所遵循的二进制指令带，即其 DNA，巧妙地利用了"支柱"本身进行编码。一长串的支柱连接成锯齿状，从而形成"骨架"。然后，每个顶点都可以附加一个支柱来表示"1"，或空在那里表示"0"。为了写入或擦除纸带，自动机可添加或删除这些侧链。

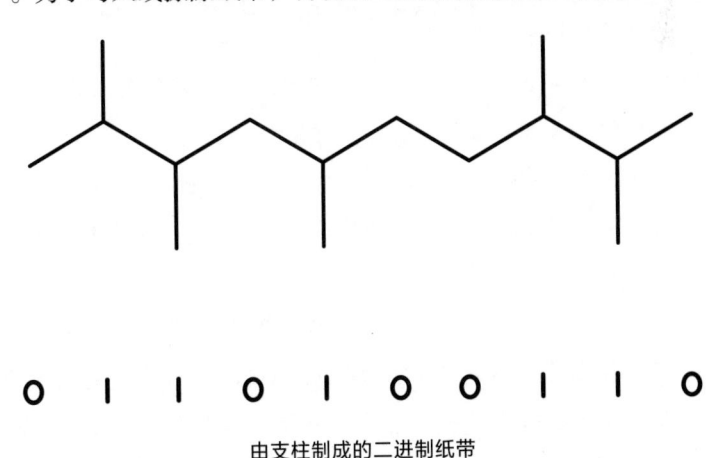

由支柱制成的二进制纸带

利用冯·诺依曼所描述的这些部件，我们可以组装出一个漂浮的自动工厂，它的装备齐全，可以从周围的"大海"中抓取所需的任何部件，以制造更多、更丰沃的自动工厂，并配有自己的"支柱 DNA"的物理副本。损坏的或是错误添加的支柱就是一种突变——虽然通常都是致命的，但有时则无害，偶尔还有益。

冯·诺依曼对这种早期的"运动态"的自我复制模式并不满意。那些用来制造自动机所需的所谓基本部件实际上相当复杂。他想知道更简单的数字有机体是否会自我复制。自我复制一定需要三维空间吗？还是二维平面就足够了？他与乌拉姆进行了交谈，乌拉姆一直在不很认真地考虑这样一个想法：将自动机限制在二维晶格中，并按照一套简单的规则与其四邻互动。冯·诺依曼大受启发，遂开发出后来被称为"元胞式"的自动机模型。）

冯·诺依曼的自我复制自动机存在于无尽的二维网格中。其中的每个方格或"元胞"可以处于 29 种不同的"状态"中的一种，而且每个方格只能与其相邻的 4 个进行通信。如下便是其工作原理：

- 大多数元胞一开始时处于休眠状态，但可以被邻居的适当刺激激活，然后被"杀死"。
- 传输刺激有 8 种状态，每一种都可以是"开"或"关"，从三面接收输入，并在另一面发出信号。
- 另有 8 个"特殊"传输状态会发送信号"杀死"普通状态，并将它们送回休眠状态。这些特殊状态反过来又被来自普通传输状态的信号降低到休眠状态。
- 4 种"汇合"状态，它们能在两个单位的时延内将信号从任何相邻元胞传输到任何其他元胞。它们可以被描绘成由两个开关 a 和 b 组成。两者均从"关闭"位置开始。当信号到达时，a 就会打开。接下来，信号被传递给 b，b 打开，而 a 返回到"关闭"的位置，除非该元胞收到了另一个信号。最终，b会将其信号传输给任何能够接收到的相邻传输元胞。
- 最后，一组8个"敏化"状态可以在接收到特定的输入信号序列之际转变为融合或传输状态。

冯·诺依曼将用这个有生命的矩阵建起一个庞然大物。他首先将不同的元胞混合组成更复杂的装置。脉冲器就是这样一个"基本器官"，它应对刺激会产生预先设定的脉冲流。另一个器官是解码器，它可以识别特定的二进制序列，并输出信号予以响应。由于二维作业造成的限制，所以还需要其他的器官。在现实世界中，如果两根电线相交，其中一根可以安全地越过另一根。但在冯·诺依曼的元胞式自动机世界里却不是这样的，所以他建造了一个交叉器官，让两个信号相互传递。

冯·诺依曼将零件组装起来，以完成他认为对自我复制至关重要的三个作用。他用"休眠"元胞（以"0"表示）和传输元胞（以"1"表示）构建了指令纸带。[19] 加上一个可以在指令纸带元胞中读写的控制单元，冯·诺依曼就能够在二维空间中复制通用图灵机。然后，他设计了一个构造臂，可以蛇行伸展至网格上的任何元胞，刺激该元胞进入所需状态，然后收回。

在这一点上，冯·诺依曼的虚拟生物摆脱了束缚，甚至超越了他那令人惊奇的多任务处理能力。从1952年9月开始，他花了一年多的时间来完成手稿，这比他想象中完成这项任务所需的时间要长得多。据克拉里说，他本打算在履行完各种紧迫的政府顾问职责后，重新回到他的自动机研究中，可惜他永远办不到了。在眼看目标就将实现的时候，他的身体却不好了，而这座非凡的"大厦"在他死后数年才由伯克斯完成，伯克斯仔细地按照冯·诺依曼的笔记拼凑出整个庞然巨兽。

完整的机器可以装在一个80×400单元的盒子里，但有一个15

万平方英尺长①的巨大尾巴，里面包含了这个构造器克隆自己所需的所有指令。启动时钟，这个"怪物"便开始按部就班地工作，读取并执行纸带上的每一个指令，在一段距离外生成自己的碳拷贝。触角式的构造臂一直不断伸展，直到抵达基质中预先设定的点，在那里它沉积了一排又一排的元胞来生成它的后代。冯·诺依曼的自动机通过将元胞逐层叠放，直至完成组装，然后将构造臂缩回母体，其后代便可以自由地开始自己的繁衍周期。一切任由其自身的装置处理，复制过程会无限地继续下去，越来越多的自动机慢慢地沿着广大的网格空间走向无限。

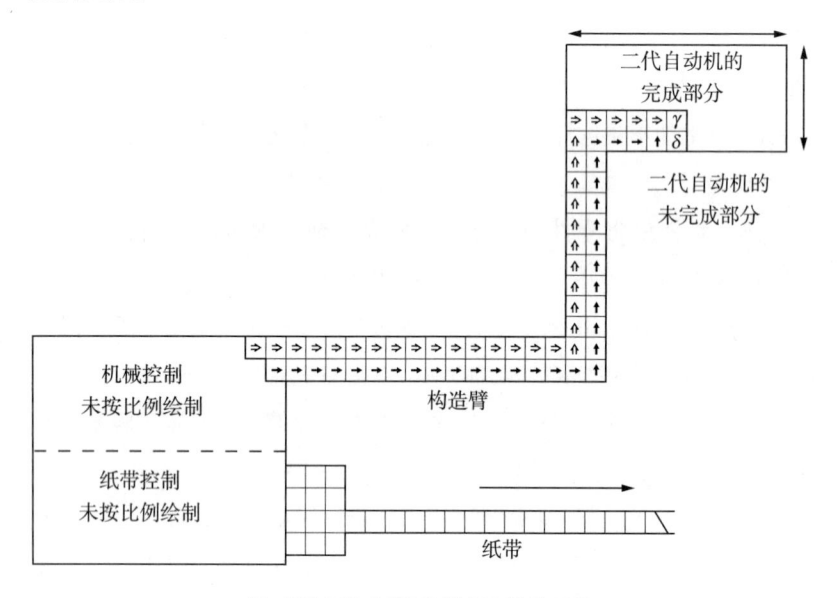

冯·诺依曼的自我复制的通用构造函数

或者至少这是伯克斯希望发生的。1966年,《自复制自动机理论》发表时，还没有任何强大到可以运行冯·诺依曼的29态方案的计算机，所以伯克斯无法确定自己协助设计的自动机能否顺利进行复

---

① 1平方英尺约等于0.09平方米。——编者注

制。第一次对冯·诺依曼机器进行模拟是在 1994 年，由于计算机速度太慢，到第二年作者的那篇论文发表时，他们的自动机都还没开始进行复制。[20] 若放到当今的笔记本电脑中，几分钟便可完成。只要对编程略知一二，任何人都可以看到冯·诺依曼在半个多世纪前凭借纯逻辑的力量打造的不断自我复制的生物。他们也在实践中见证了有史以来第一个经过设计的计算机病毒，以及理论计算机科学的一个里程碑。

冯·诺依曼的自我复制自动机开创了数学的一个新分支，并最终成为专门研究人造生命科学的一个新分支。[21] 有一件事阻碍了原本应该到来的革命，即第一个人造复制器被过度设计了。但凡再多一点点信心，就可以想象元胞自动机的进化。然而，人们毕竟无法想象，如此复杂的一个生物会由于偶然的意外而从某种数字的元初混沌中出现。再过一百万年也不行。然而冯·诺依曼所模仿的有机自动机却实实在在地做到了。冯·诺依曼写道："存在一个临界点，在临界点之下，合成过程是退化的，但在临界点之上，如果安排得当，合成现象就会是爆炸式的。换句话说，在此尺度之上，自动机的合成便可以用这样一种方式进行，即每个自动机会生产出比自身更复杂也更有潜力的其他自动机。"[22] 一个更简单的自动机——理想情况下应更加简单——是否能随着时间的推移，生成如此复杂而有活力的东西，以至于只有最坚定的活力论者才会犹豫是否称其为"生命"？在《自复制自动机理论》问世后不久，剑桥的一位数学家翻了翻这本书，并对这个问题着了迷。他痴迷的结果就是成就了有史以来最著名的元胞自动机。

约翰·霍顿·康威对玩游戏情有独钟，在 30 多岁时，他终于获得了一份让他既能玩游戏，还能拿薪水的工作。[23] 早年他在学术界干过，那段时间被他称为"暗黑空白期"，平庸至极。他在工作上几无建树，所以私下里一直担心自己会失去讲师的职位。

1968年，这一切都变了，康威开始发表群论领域的一系列重大突破，这些发现都是通过对高维对称问题进行深入思考获得的。要想了解康威的成就，可以想象在二维空间中排列圆圈，使它们之间的空间尽可能地小。这种结构被称为"六角堆积"（hexagonal packing），连接圆心的线将形成一个蜂窝状的六边形网络。正好有12种不同的旋转或反射将圆形结构映射到其自身，所以有人指出应该存在12种对称。康威发现的是一组备受追捧的稀有对称，用来在24维空间中填充球体。康威谈到这一刻时说道："以前，我无论接触什么都一无所获。现在我却成了拥有金手指的米达斯，凡是我碰过的东西一概成了金子。"[24]

Floccinaucinihilipilification 是康威最喜欢用的单词，意思是"习惯于视某物一钱不值"。他觉得其同行数学家们就是这样看待自己的研究的。在发现了对称群并很快以他的名字命名之后，康威就可以恣意妄为了。其中的一个奇思妙想是制作数学游戏。

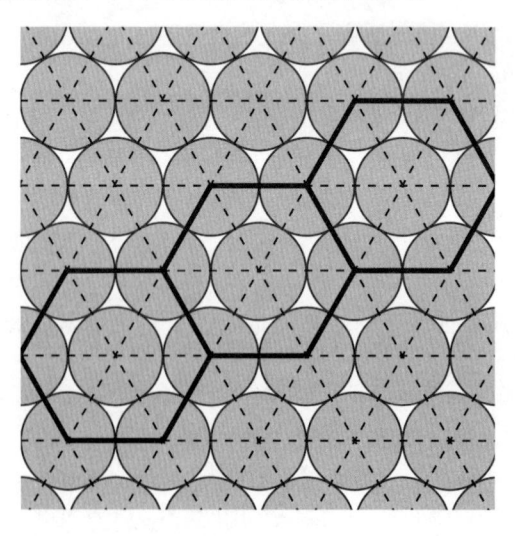

圆的六角堆积

在数学系的公共休息室里，康威经常跟一群吵吵嚷嚷的研究生在一起，弓着背看着一张网格棋盘，他们在上面按照康威和其团队成员制定的规则摆上或移走黑白筹码。按照冯·诺依曼的方案，需要有 29 个不同的状态。"这看起来非常复杂，"康威说，"让我兴奋的是那些极其简单的东西。"[25] 他把这个数字减少到仅仅 2 个——每个元胞要么死，要么活。但是，在冯·诺依曼的方案中，一个元胞的状态取决于它本身的状态及离它最近的 4 个元胞的状态，而康威的元胞与其所有的 8 个相邻元胞相通，包括接触到其转角的那 4 个。

每个星期，康威和他的团队都会修改那些决定元胞能否出生、存活或消亡的规则。这是一种微妙的平衡："即使决定死亡的规则略强一丝一毫，几乎所有的构型都会消失殆尽。相反，决定出生的规则比决定死亡的规则哪怕强一点点，则几乎所有的构型又都会爆炸性增长。"[26]

这一元胞推演持续了好几个月。加在咖啡桌上的一块木板已容纳不下后续的推演，于是他们又增加了更多的木板，直到推演慢慢地在地毯上蔓延开来，并大有占满整个公共休息室之势。在茶歇时间，教授和学生们会手脚并用地在地板上放置或移走小石头，而所谓的茶歇有时会持续一整天。两年后，玩家们终于使游戏达到了最佳状态。三条简单的规则既没有造成掩盖不住的浪费，也没有引起一片混乱，而是带来了有趣和不可预知的变化。这些变化如下：

1. 每一个有 2 或 3 个邻居的元胞都存活了下来。
2. 凡有 4 个或更多活着的邻居，元胞就会因过度拥挤而消亡，而少于 2 个邻居的元胞会因孤独而死。（无论哪种情况，筹码都会从棋盘上被移除。）
3. 当一个空的元胞正好有 3 个邻居时，新的元胞就会"出生"（即在正方形的网格中放入一枚新的筹码）。

小石子被摆放到各处，游戏规则也一直被运用，一代又一代的怪异东西发生形变并逐渐长大，又或者渐渐萎缩，直至完全归零。他们把这个游戏称为"生命"。

玩家仔细地记录了不同元胞群的行为。他们指出，1 到 2 个活的元胞经过一代之后便会死亡。3 个水平元胞会变成 3 个垂直元胞，然后又闪回为水平元胞，并如此无限地循环往复。这是一个"闪烁器"，属于被称为"振荡器"的那一类周期性模式之一。有一个元胞群被称为"R-五格拼板"，它由 5 个元胞组成，看上去好似无辜，但一旦爆炸就会炸出一连串的元胞，这种令人眼花缭乱的展示似乎无穷无尽。只是在对其后代进行了几个月的跟踪之后，他们才发现它在大约 1 103 代之后稳定成一个固定的模式。1969 年秋季的一天，康威的一位同事对其他玩家喊道："快过来，这儿有一个会走路的玩意儿！"棋盘上还有另一种由 5 个元胞组成的生物，它似乎在不停地打滚，4 代之后又回到原来的形态——只是沿对角线下移了一个方格。除非受到干扰，否则被戏称为"滑翔机"的它将永远沿着它的轨迹前进。康威的自动机展示了冯·诺依曼模型中没有的生命特征：运动。

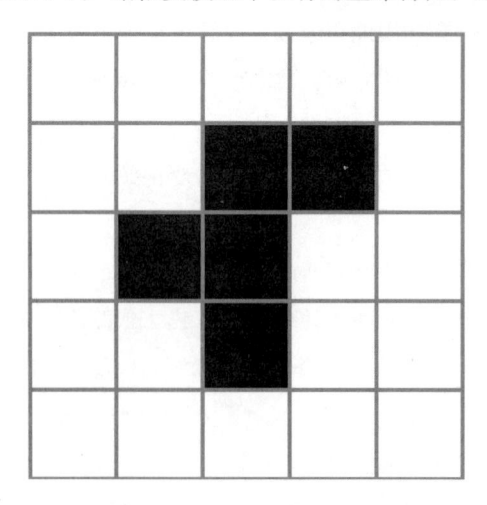

康威的"生命游戏"里的 R-五格拼板

康威把他的发现做成了一张图表，寄给了他的朋友马丁·加德纳。加德纳在《科学美国人》杂志主持的《数学游戏》专栏颇具传奇色彩，赢得了解难题者、程序员、怀疑论者和数学痴迷者的狂热追捧。当1970年10月加德纳推出了与"生命"有关的专栏时，信件开始涌入收发室，有些来自遥远的莫斯科、新德里和东京。就连乌拉姆也给该杂志写了信，后来还给康威寄了一些他本人关于自动机的论文。《时代》周刊专门报道了这款游戏。加德纳有关"生命"的专栏成为他最受欢迎的专栏。"全世界的数学家都在用计算机编写'生命程序'。"他回忆说。

> 我听说有一位数学家在一家大公司上班。他在办公桌下面安装了一个隐蔽的按钮。如果在他捣鼓"生命"的时候正好有管理层的人走进来，他就会按下按钮，电脑便会变回正在处理一些与公司有关的问题的状态！[27]

康威把一个刁钻的问题偷偷地塞进了加德纳的专栏，以此吊读者们的胃口。"滑翔机"是他在"生命"内部建造通用图灵机所需的第一个部件。就像冯·诺依曼极其复杂的元胞自动机一样，康威想要证明"生命"具有计算任何东西的能力。这个"滑翔机"可以把信号从A传到B。然而，其中还缺少一种产生信号流的途径——脉冲发生器。康威因此推断"生命"中没有一种结构可以"无限地"产生新元胞，并要求加德纳的读者通过发现一种结构来证明他是错的。第一个获胜的人可以获得50美元的奖金。康威甚至描述了忠于事实的人可能会发现的东西：一个反复发射"滑翔机"或其他移动物体的"大炮"，或者一列"蒸汽火车"，即那种会留下痕迹的移动模式。"滑翔机炮"是在文章发表后不到一个月内被发现的。麻省理工学院人工智能实验室的黑客威廉·高斯帕很快就编写了一个程序，以此在该实验室一台

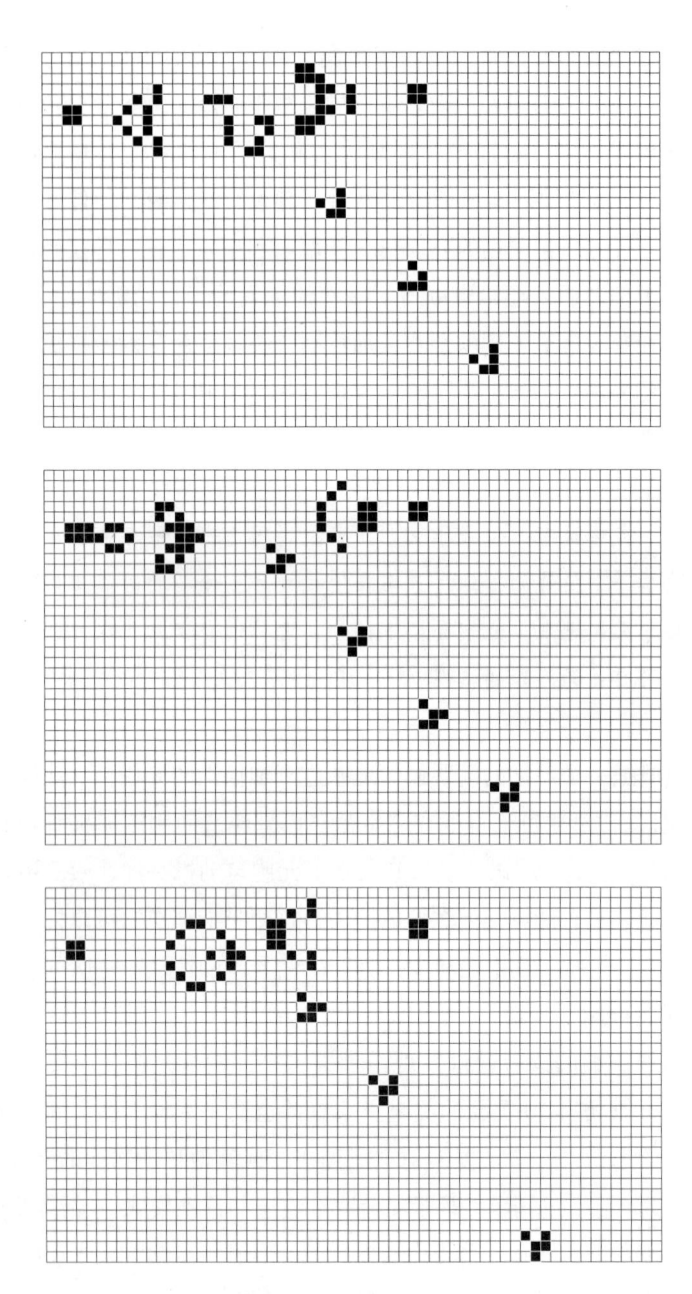

高斯帕"滑翔机炮"的截图

功能强大的计算机上运行"生命"。很快，高斯帕的团队也发现了一列"蒸汽火车"。"我们最终得到了能发射'滑翔机'的'蒸汽火车'，它们相互碰撞，形成'滑翔机炮'，然后再发射'滑翔机'，但数量却已呈二次方增长，"高斯帕惊叹道，"我们用'滑翔机'填满了整个空间。"[28]

康威有他的信号发生器。他很快设计出能够执行基本的逻辑操作和存储数据的"生命"有机体。[29] 但康威并没有费心去完成这件事，他知道用他组装的组件就可以造出一台图灵机。他所做的已足以证明，他的自动机可以进行任何计算，而且，在一个比冯·诺依曼的系统还要简单得多的系统中，能够产生出令人惊艳的复杂性。[30] 他向前迈出了比冯·诺依曼更加大胆的一步。康威深信，"生命"本身就可以生生不息。"毫无疑问，在足够庞大的规模之上，'生命'便可以产生各种各样活着的构型，"他断言道，"它们是真真切切活着的构型。它们进化、繁殖、争夺领地。撰写博士论文。"[31] 然而，他确实承认，这种创造行为可能需要在一个规模巨大得难以想象，也许比已知的宇宙还要大的棋盘上运行"生命游戏"。

让康威永远懊恼的是，他将作为"生命"的发明者而被世人铭记。今天在谷歌搜索"康威'生命游戏'"，闪烁的方格群就会出现在一个角落里，并开始在屏幕上横冲直撞，充分证明了该游戏经久不衰的魅力。

康威的成就让自动机的发烧友欢欣鼓舞，他们中的许多人一直都过着离群索居的生活。这些孤立的狂热分子有一个关键的群体，其活动基地就在密歇根大学。1956 年，伯克斯在那里建立了一个跨学科中心——计算机逻辑组。对于那些对新的数学有机体的类生命属性十分着迷的科学家来说，这个中心将是他们的圣地。他们和康威的观点一致，认为极其复杂的现象背后可能是非常简单的规则。白蚁能够建造数米高的巨大土堆，但是，正如著名生物学家 E. O. 威尔逊所指出的,"没有一只白蚁需要手拿蓝图来做监工"。[32]

20世纪60年代,密歇根大学的这一研究小组在计算机上进行了最早一批的自动机模拟,而自动机理论的许多分支也可以在这里找到源头。[33] 托马索·托福利是第一批进入该研究小组的梦想家之一,他于1975年开始在这里撰写有关元胞自动机的毕业论文。托福利确信自动机和物理世界之间存在深刻的联系。"冯·诺依曼自己设计了元胞自动机,以便用简化论的观点来说明在一个具有非常简单的原始元素的世界里,生命的合理性是有可能存在的。"托福利解释说,"但即便是身为量子物理学家的冯·诺依曼,也完全忽视了其与物理学的关系,即元胞自动机可以成为基础物理学的模型。"[34]

托福利猜想,也许复杂的物理定律可以借助自动机重写,从而变得更简单。量子力学这个陌生领域是否可以解释为冯·诺依曼的那些数学机器之间相互作用的产物,而它们本身仅遵守不多的规则呢?要证明这一点,第一步就是要证明存在"可逆"的自动机。宇宙达到当前状态所采取的路径,理论上可以向后(或向前)追溯到任何其他时间点(只要我们现在完全了解它的状态)。然而,没有一种已发明的元胞自动机具有此种特性。例如,在康威的"生命"中,有许多不同的构型最后都是以空空如也的网格板告终。从这个空空的板子出发,我们不可能了解哪些元胞网格在游戏开始时是被占据的。托福利在他的博士论文中证明了可逆自动机确实存在,而且,任何自动机都可以通过在游戏场中增加额外的维度来实现可逆(因此,如"生命"就有一个可逆的三维版本)。[35]

就在托福利四处求职之际,爱德华·弗雷德金找到了他。弗雷德金是一位成功的科技企业家,曾是麻省理工学院人工智能实验室的负责人。弗雷德金被一种不可抗拒的信念鼓舞,而被引导到托福利的研究中。"活物一般可能会又软又黏。不过,生命的基础显然是数字化的，"弗雷德金说，"换句话说，没有什么大自然能做的事是计算机做不到的。如果计算机做不到，大自然也做不到。"[36] 即使在20世纪70年代，这些也都是边缘观点，弗雷德金完全可以不在意。由于在计算机方面的一系列成功投资，他数度变身为百万富翁，甚至还买下了属于他自己的加勒比海小岛。弗雷德金不怕引起争议，有一次他曾在一个电视节目中推测，或许有一天，人们会把纳米机器人戴在头上剪头发。当联系托福利时，弗雷德金正忙着在麻省理工学院筹建一个小组来开发他感兴趣的东西——尤其是认为生命、宇宙和万物的可见表现都不过是代码脚本在计算机上运行的结果。弗雷德金为托福利在其新成立的信息机制小组中安排了一份工作。托福利接受了。

麻省理工学院的研究小组迅速成为自动机研究方面的新的神经中枢。托福利对该领域的贡献之一，就是与计算机科学家诺曼·马戈卢斯一起设计了一台专门运行元胞自动机程序的计算机，该计算机的速度甚至超过了当时的超级计算机。元胞自动机将帮助研究人员驾驭由康威的"生命"引发的兴趣浪潮。复杂的模型在他们眼前精彩纷呈，旋又烟消云散，元胞自动机在各种模拟过程中呼啸而过，大大加快了他们的许多发现，而这些发现若是在原来那些笨重无趣的实验室机器上就有可能被错过。1982年，在弗雷德金那田园诗般的加勒比海度假胜地莫斯基托岛（现为英国大亨理查德·布兰森所有），弗雷德金张罗了一次非正式研讨会，以发展这一新的研究领域。但天堂里有个麻烦，一位名叫斯蒂芬·沃尔夫勒姆的年轻数学家。

沃尔夫勒姆在科学界是一个颇有争议的人物。他曾获得伊顿公学的奖学金，但从未毕业。之后他又去了牛津大学，但被该校授课的水准吓坏了，于是便退学。他的下一站是加州理工学院，他在那里拿到了理论物理学博士学位。当时他才20岁。他于1983年加入高等研究院,但在4年后创立沃尔夫勒姆研究公司之后,他离开了学术界。该公司的旗舰产品Mathematica是一款功能强大的科学计算工具,是用他设计的一种语言编写的。自1988年发行以来,已售出数百万份。

沃尔夫勒姆是在高等研究院时开始认真钻研自动机理论的。他在这一领域的成就备受赞誉,自然也少不了他的自夸,而且他对前辈先行者都不屑一顾。"刚开始的时候,"他对记者史蒂文·利维说道,"大概只有200篇关于元胞自动机的论文。令人惊讶的是,从这200篇论文中总结出的结论竟如此之少。这些论文实在是很差。"[37]

与弗雷德金一样,沃尔夫勒姆也认为,自然世界的复杂性源自重复执行简单的计算规则(甚至可能只是一条规则而已)。[38]沃尔夫勒姆猜测,一个元胞自动机按照这条规则循环大约10^{400}次,就足以再现所有已知的物理定律。[39]然而,两位科学家在一件事上存在分歧:这些想法是谁先提出的。[40]

弗雷德金坚持说,是他在加勒比海的那次会议上与沃尔夫勒姆讨论了自己的数字宇宙发生论,并由此唤起了沃尔夫勒姆对元胞自动机的最初兴趣。沃尔夫勒姆则说,自己最早是独立发现自动机的,后来才发觉冯·诺依曼和其他人的著作描述了与自己的计算机屏幕上所出现的现象类似的现象。沃尔夫勒姆说自己对自动机的兴趣最早可追溯到1972年,那时他12岁。[41]沃尔夫勒姆说,遗憾的是,当时他并没有进一步阐述自己的想法,因为对理论粒子物理学的研究分散了他的注意力。事实上,如果沃尔夫勒姆没有从1975年开始在权威学术期刊上发表关于量子理论的文章的话,这种断言就太可笑了,因为他当时也才15岁。

沃尔夫勒姆关于元胞自动机的第一篇论文发表于1983年,[42]也就是莫斯基托岛会议之后发表的,尽管他自称早在两年前就开始这个领域的研究了。[43] 他当时正在研究自然界中的复杂模式，并被两个截然不同的问题吸引，即气体如何结合形成星系，以及麦卡洛克-皮茨神经元模型如何被组装成大规模的人工神经网络？沃尔夫勒姆开始在他的计算机上进行模拟实验，并惊讶地看到几行计算机代码竟出现了惊人的华丽形式。他忘记了星系和神经网络，开始探索他偶然发现的奇怪实体的特性。

沃尔夫勒姆开始摆弄的各种自动机都是一维的。冯·诺依曼和康威的构筑物是在二维平面上，而沃尔夫勒姆的构筑物则是占据了一条水平线。每个元胞只有两个邻居，两边各一个，不是死的就是活的。和康威的"生命游戏"一样，要理解沃尔夫勒姆的自动机在做什么，最简单的方法就是在计算机上模拟它们的行为，用黑色和白色的方格分别代表活的和死的元胞。元胞世代的延续以逐层叠加的状态显现，最早的始祖一代排在顶部。当沃尔夫勒姆的程序运行时，其计算机屏幕上就出现了一张图，一行又一行地呈现出其自动机的整个进化史。他称之为"初级元胞自动机"，因为决定元胞命运的规则非常简洁明了。

在沃尔夫勒姆的方案中，一个元胞只与它的近邻进行通信交互，近邻们的状态及它自己的状态共同决定了它的生死存亡。这3个元胞可以处于8种可能的混合状态之一。如果1代表活元胞，0代表死元胞，它们分别是：111、110、101、100、011、010、001和000。对于这些配置中的每一种，都有一个规则决定中央单元的下一个状态。这8条规则，连同元胞的起始排列，可以用来计算一个初级元胞自动机的每个后续配置。沃尔夫勒姆发明了一种编号约定，这样所有规范自动机行为的那8条规则都可以被限制在一个数字中，从0到255。将十进制数转换为二进制，就会得到一个8位数的数字，它揭示了每个由3个元胞构成的组合的中间元胞依次往下是1还是0。

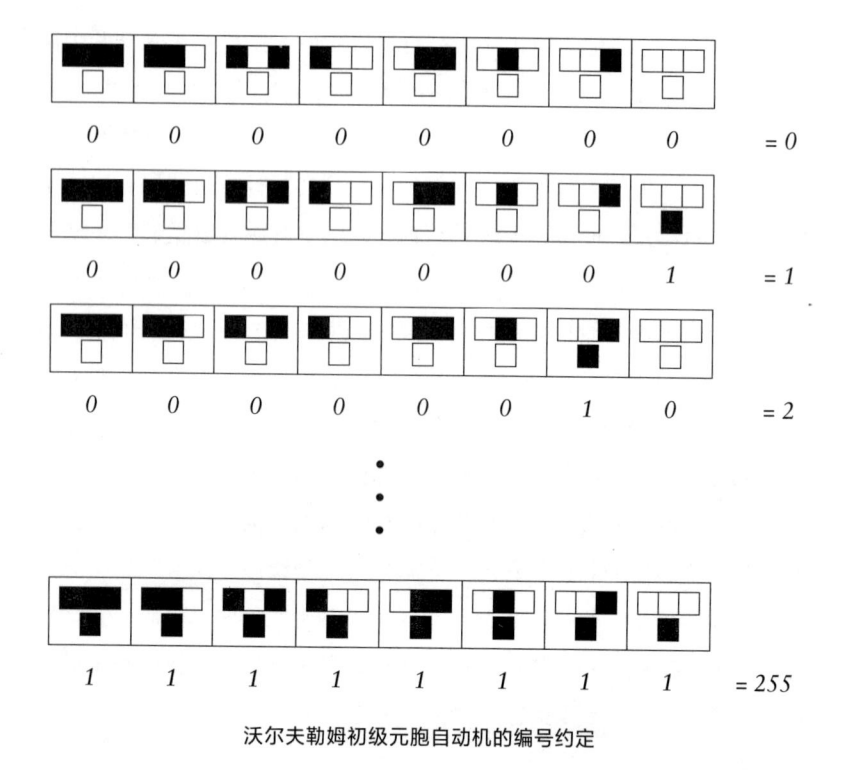

沃尔夫勒姆初级元胞自动机的编号约定

　　沃尔夫勒姆系统地研究了适用于他的初级元胞自动机的所有 256 套不同的可用规则，并像数学动物学家一样将它们仔细分类。

　　一些规则集产生了非常无聊的结果。规则 255 将所有 8 种配置映射到活元胞上，导致屏幕变暗。规则 0 使所有元胞死亡，产生空白屏幕。另外一些则导致重复的模式，例如规则 250，它映射到的二进制数字是 11111010。它由一个单一的黑色元胞开始，导致了一个扩大的棋盘图案。

　　当自动机遵循规则 90 时，就会出现更复杂的图案。这个图案就是一个由无数三角形组成的大三角形，就像是某种反复重复的拼图板，其中每个相同的部分都由更小的部分组成，将人吸引到令人眩晕的深处。这种在不同尺度上看起来相同的图案被称为"分形"，而这种特殊的谢尔宾斯基三角形，会在许多不同的元胞自动机中突然出现。例如，在"生命"中，这类形状的出现只需要用一长串活元胞来开始游戏而已。

不过，这些图案尽管很漂亮，但不会让人感到惊奇。人们一边看着它们，一边可能就会猜测，一个简单的规则被应用许多次也许就是图案明显复杂的原因所在。所有的初级元胞自动机最终都会产生最核心也是最基本的图案吗？规则30明确表明，它们办不到。这个自动机所遵循的规则，也是沃尔夫勒姆的其他自动机所遵循的规则，其中每个规则都描述了每个由3个元胞构成的组合的中心元胞的新颜色。这些规则可以总结如下：除了中心元胞和其右边相邻元胞都是白色的这两种情况，中心元胞的新颜色与其当前左边相邻元胞的颜色相反。在前述两种情况下，中心元胞的颜色与其左侧相邻元胞相同。与之前一样，由一个单一的黑色元胞开始，不出50代，这种图案样式就会陷入混乱。虽然在金字塔形的左侧有明显的对角线带，但右侧却是一堆三角形的泡沫。

沃尔夫勒姆检视了初始黑色方格正下方的元胞序列，看是否有重复的迹象。即便过了100万步，他还是一无所获。根据标准的统计测试，这个黑白元胞序列是完全随机的。在沃尔夫勒姆提出他的发现后不久，人们开始给他寄来带有三角形纹路的贝壳，这些纹路与规则30所产生的"随机"图案惊人地相似。对于沃尔夫勒姆来说，这是一个强烈的暗示：自然界中明显的随机性，无论是出现在海螺壳上还是在量子物理中，都可能是几行基本算法的产物。

沃尔夫勒姆在探究规则110时，发现了更引人注目的行为。像以前一样，从一个黑色方格开始，图案只向左侧扩展，形成一个不断增长的直角三角形（而不是像规则30那样的金字塔形），在这个由白色小三角形构成背景的直角三角形上，一道道的条纹发生着位移和碰撞。即使沃尔夫勒姆从随机的元胞序列开始，有序的结构也会出现并在元胞网格中左右移动。这些移动图案暗示了一种非常有趣的可能性。这些规律是否能像康威"生命"中的"滑翔机"那样,将信号从图案的一部分传递到另一部分呢?如果确实如此的话,这台极端简陋的一维机器也可能是一台通用计算机。数学家马修·库克曾在20世纪90年代担任沃尔夫勒姆的研究助理,他之后会证明这一点。[44]如果有足够的空间和时间及正确的输入,规则110便可以运行任何程序,甚至连《超级马里奥兄弟》都可以。

在诸如此类的计算机实验的基础上,沃尔夫勒姆开发出自动机分类系统。第一类所包含的自动机,就像规则0或255一样,无论初始输入是什么,都能迅速被整合成统一的最终状态。第二类自动机可能最终会归于众多状态中的一种。所有的最终图案要么十分稳定,要么每隔几步就自我重复一次,就像规则90所产生的分形一样。在第三类中,自动机与规则30一样,表现出本质上的随机行为。第四类自动机,像规则110一样,会产生无序的图案,其中穿插着既移动又交互的规则结构。这个分类系统是所有能够支持通用计算的元胞自动机的家园。[45]

沃尔夫勒姆发表的一系列有关自动机的论文引起了轰动,但并不是每个人都赞同他的观点。自冯·诺依曼时代以来,高等研究院的态度就一直没有太大变化,可以在计算机上完成有意义的数学运算的想法——沃尔夫勒姆的办公室里就塞满了计算机——仍然是一个诅咒。沃尔夫勒姆的4年任期在1986年结束,他并没有得到加入地位显赫的终身雇员队伍的机会。一年后,由于忙于他的新公司,他暂停了对元胞自动机的探索,直到2002年,他才戏剧性地重返这一领域,出版了《一种新科学》(*A New Kind of Science*)一书。[46]此书是沃尔夫勒姆与广大的科学界隔绝长达10年的隐士般的研究成果,也是他计算万物的理论的初稿。

这本1 280页的大部头以典型的谦逊态度开篇。"三个世纪前,科学被一种戏剧性的新思想改变，即可以用基于数学方程的规则来描述自然世界，"他宣称，"我写这本书的目的就是发起另一个这样的转变。"他解释说，要让这种转变得以实现，就必须找到作为所有其他物理定律基础的唯一"终极规则"，也就是主宰所有物理定律的自动机，即上帝的四行计算机程序。沃尔夫勒姆并没有发现这一规则，他还差得远呢。但他确实告诉记者，他希望这一密码能在他有生之年被找到，也许是由他本人找到。[47]

这本书以令人眼花缭乱的细节，呈现了沃尔夫勒姆对种类众多的元胞自动机进行艰苦调研的结果。他的结论是，简单的规则可以产生复杂的输出，但增加更多的规则（或维度）鲜少会给最终结果添加太多复杂性。事实上，他调查过的所有自动机系统的行为都可分别归于他多年前就已确定的四大类。沃尔夫勒姆接着主张，类似的简单程序在自然界中也在起作用，并举了生物学、物理学甚至经济学上的一些例子来佐证他的观点。例如，他展示了如何使自动机产生雪花的形状，该自动机只在仅有一个相邻元胞为黑色的情况下，才会将六角形元胞网格上的元胞变成黑色。后来，他仅用了5条规则来模拟流体中的旋涡和涡流，以确定移动于二维网格上的分子相互碰撞的结果。类似的尝试也产生出与树木枝丫和叶子很像的形状。沃尔夫勒姆甚至提出，股票在短期内的随机波动可能是简单规则的结果，并指出某一维元胞自动机大致再现了现实市场中出现的那种价格飙升。

这本书中最雄心勃勃的一章阐述了沃尔夫勒姆对基础物理学的想法，概括了他对引力、粒子物理和量子理论的思考。他认为，元胞自动机并不是模拟宇宙的正确选择。空间必须被划分成一个个细小的单元，还需要某种计时装置来确保每个单元都能完美地同步更新。沃尔夫勒姆偏爱的空间图景是一个巨大的亚微观的节点网络，其中每个节点都与另外三个节点相连。他认为，构成我们复杂物理学基础的自动机，是一种根据一些简单规则改变相邻节点之间连接关系的自动机——例如，将两个节点之间的并联转换为三个节点之间的分叉。沃尔夫勒姆希望，若将正确的规则在整个网络中应用数十亿次，该网络就会完全按照爱因斯坦在广义相对论中所预测的方式扭曲和波动。在天平的另一端，沃尔夫勒姆猜想，像电子这样的基本粒子是网络中持续波动模式的表现——与规则110或"生命"中的"滑翔机"并无多大区别。

正如其批评者很快指出的那样，沃尔夫勒姆模型的问题在于，无法确定它们是否反映了现实，除非它们做出可证伪的预测，然而沃尔夫勒姆的模型（目前）做不到。沃尔夫勒姆希望他的书能激励研究人员采用他的方法并进一步发展，但他关于建立"一种新科学"的不着边际的主张却遭到了许多科学家的冷眼。弗里曼·戴森在这本书出版后对《新闻周刊》表示："科学家们有一个传统，他们往往在老迈之时提出一些宏大且不太可能的理论。而沃尔夫勒姆在这方面却非同寻常，因为他才40多岁就干这事儿了。"[48]

在对科学界对该书的反响悲不自胜之余，沃尔夫勒姆从公众视野中消失了，直到近20年后的2020年4月才重新出现。[49] 在两位年轻的助手，物理学家乔纳森·戈拉德和马克斯·皮斯库诺夫的鼓励下，他在沃尔夫勒姆研究公司的团队探索了遵循不同规则而出现的大约1 000个宇宙。[50] 沃尔夫勒姆和他的同事表明，这些宇宙的性质与现代物理学的某些特征一致。

这一结果引起了某些物理学家的兴趣，但总的来说，学术界再一次对其没有表现出任何热情。沃尔夫勒姆习惯于贬低或模糊他的前辈的成就，这使得他的思想不那么容易被人接受。"约翰·冯·诺依曼绝对没有看到这一点，约翰·康威也一样。"沃尔夫勒姆说，并坚称自己才是第一个真正明白自动机可以产生巨大复杂性的人。[51]

《一种新科学》是一本出色的书。随着时间的推移，它也可能成为一本重要的书。然而，目前尚无此说。无论他的同行最终给出何种结论，沃尔夫勒姆已成功地让元胞自动机出名了，这一点无人能及。他的基础性研究将有助于激励那些认为自动机不仅是生命的粗糙模拟，也是生命的原始本质的人。

冯·诺依曼说过："若人们不相信数学是简单的，那只是因为他们没有意识到生命有多么复杂。"[52] 他对物竞天择的进化十分着迷，而在他那台 5 000 字节的高等研究院的机器上所进行的一些最早的实验中，就包含可以像 DNA 一样复制和变异的代码串。播下早期数字生命种子的是一位古怪、一根筋的挪威-意大利裔数学家，名叫尼尔斯·奥尔·巴里切利（Nils Aall Barricelli）。[53]

作为一个真正的特立独行者，巴里切利从未获得博士学位，因为他拒绝将其长达 500 页的学位论文缩短到考官可以接受的篇幅。他经常站在有识之士和怪人的分界线的错误一边。有一次，他竟然自掏本就不丰厚的腰包给助手发钱，要他们在哥德尔的那个著名证明中寻找漏洞。他曾计划制造一台机器来证明或推翻某些数学定理，却从未造出过。然而，他在生物学方面的一些观点确实走在了时代前列。冯·诺依曼总是倾向于帮助那些怀有伟大想法的人。当巴里切利找到他，请求给自己一点时间使用高等研究院的机器时，冯·诺依曼很感兴趣。"巴里切利先生在遗传学方面的研究，给我的印象是具有高度原创性和十分有趣的，且需要进行大量的数值计算工作，"冯·诺依曼在支持巴里切利的拨款申请时写道，"这可以用非常先进的高速数字计算机来实现。"

巴里切利于 1953 年 1 月抵达普林斯顿，在 1953 年 3 月 3 日晚将他的数字有机体释放到它们的数字栖息地，并催生了人工生命领域。巴里切利认为，仅靠基因突变和物竞天择并不能解释新物种的出现。他认为，一个更有希望的途径是共生起源，即两个不同的生物紧密合作，从而有效地融合成一个单一的更加复杂的生物。共生的概念至少在20世纪初就已经存在了。对于巴里切利这样的狂热拥趸来说，这一理论意味着，推动进化的主要是物种之间的合作，而非竞争。

巴里切利在冯·诺依曼的机器中创造了微观宇宙，设计目的就是测试其源自共生起源的假说，即基因本身最初是像病毒一样的有机体，在过去，它们结合在一起，为复杂的多细胞生物铺平了道路。植入计算机内存的每个"基因"都是一个从-18到+18的数字，由巴里切利用一副扑克牌随机分配。[54] 他的初始配置是一行水平排列的512个基因。在下一代中，下一行的每个编号为n的基因，都会产生自己的副本，数字如果为正，向右n个位置后复制，如果为负，则向左n个位置后复制。例如，基因2，在它下面的一行仍位于相同位置，但向右2个位置后会复制一个自己的副本。这便是繁殖行为。巴里切利随后引入了各种规则来模拟基因突变。例如，如果两个数字试图占据同一个方格，它们就会叠加在一起，以此类推。"通过这种方式，"他写道，"我们创造了一类能够繁殖并经历遗传变化的数字。根据达尔文理论的原理，进化过程的条件似乎已经具备。"[55]

为了模拟共生起源，巴里切利改变了规则，使"基因"只能在另一种不同类型的基因的帮助下自我繁殖。否则，它们只是在阵列中徘徊，向左或向右移动，但从不繁殖。

高等研究院的计算机要忙于炸弹计算和天气预报，所以巴里切利只能在晚上运行他的代码。他独自工作，将穿孔卡片在计算机上循环往复，以跟随其物种在数千代繁殖中的命运。他自豪地对冯·诺依曼说："在普林斯顿大学的实验之前，还没有任何进化过程被人们观察到。"[56]

但是1953年进行的实验并不完全成功。简单的数字配置会入侵成为单一的主导生物。其他原始的数字组合就像寄生虫一样，在自己死亡之前吃掉它们的宿主。一年后，巴里切利回到普林斯顿再次进行尝试。他对规则做了微调，例如，不同的突变规则适用于每个数值数列的不同部分。复杂的数字组合在矩阵中繁殖，产生的不同图案与几十年后沃尔夫勒姆的计算机模拟的输出十分相似。这并非巧合，说到底，巴里切利的数字有机体其实也是一维自动机。在这次旅行中，穿孔卡片记录了更多有趣的现象，巴里切利将其比作自我修复、亲代基因序列交叉等生物事件。

巴里切利的结论是，共生是非常重要的，而且无处不在，可能还不只存在于地球上，甚至太阳系外的行星上也存在。他认为，随机的基因变化加上物竞天择都不能解释多细胞生命形式的出现。在这一点上，他错了。但共生现象现在是解释植物和动物细胞如何从更简单的原核有机组织中产生的主要理论。最近发现的植物和动物之间的基因转移（烟粉虱就属于此类）表明，这一过程比巴里切利时代所认识到的更广泛。[57]

在20世纪60年代，巴里切利发展出数字有机体，先是用其来玩"井字棋"，这是一种在4×4的网格上进行的简单的双人策略游戏，再后来就是国际象棋。他开发的算法预测了机器学习，这是人工智能的一个分支，专注于通过发现数据中的模式来改进任务的应用程序。但或许是因为与主流思想格格不入，巴里切利的开创性研究在很大程度上被遗忘了。直到几十年后，对数字有机体的研究才得到适当的复兴。1987年9月，第一次致力于人工生命的会议在洛斯阿拉莫斯举行，来自物理学、人类学和遗传学等不同学科的科学家们，在同一面大旗之下会聚一堂（共有大约160名与会者，进化生物学家理查德·道金斯是其中之一）。"生命系统的合成与模拟跨学科研讨会"由计算机科学家克里斯托弗·兰顿召集，他用巴里切利曾经熟悉的术语阐述了该领域的目标。"人工生命是对展示出自然生命系统行为特征的人工系统的研究……其最终目标，"兰顿写道，"是提取生命系统的逻辑形式。"[58] 洛斯阿拉莫斯曾秘密诞生了死亡技术，兰顿希望这片贫瘠的土地有一天也能因为孕育了新型的生命而被人们记住。

兰顿曾在20世纪70年代初为位于波士顿的斯坦利·科布精神病学研究实验室编程，那是他第一次接触自动机。当人们开始在自动机上运行康威的"生命"时，兰顿被该游戏迷住了，并开始亲自测试这款游戏。然而，直到1975年在北卡罗来纳州蓝岭山脉，他遭遇了一次几乎丧命的悬挂式滑翔事故后住进医院，他对人工生命的零碎想法才开始成形。兰顿没有受过正规的科学训练，但由于有大量的时间读书，他很清楚自己真正的兴趣所在。第二年，他进入图森的亚利桑那大学读书，并从教学大纲所列的课程中归纳出人工生物学的原理。当第一台个人计算机出现时，他买了一台，并开始尝试模拟进化过程。正是在那时，当兰顿把图书馆的书架全都翻遍时，他发现了冯·诺依曼关于自我复制自动机的著述，并突然想到在自己的计算机上模拟一个自动机。

兰顿很快意识到，这个29态的元胞自动机太复杂了，以他手头的技术是根本复制不出来的。他给伯克斯写了信，伯克斯告诉他，几年前英国计算机科学家埃德加·科德简化了冯·诺依曼的设计，那是科德在密歇根大学读博士期间的研究的一部分。科德的8态自动机和冯·诺依曼的一样，具有通用的计算和构造能力。但兰顿发现科德的机器同样太复杂了，无法在他的Apple II计算机上进行模拟，于是他放弃了这些要求。"这简直不太可能，"他后来解释说，"所有的生物都应该衍生自最早的自我复制分子，而它们却没有通用的构造能力，而我们还想要把它们从真正的自我复制配置中剔除。"[59]

经过多次简化，兰顿达成了他所谓的"环"。每个环都是一个略带方形的"甜甜圈"，从一个角落里伸出一只短臂，就好像一个仰卧的字母p。当一个环开始它的繁殖周期时，这个附着的短臂就会生长，在其母体旁边形成一个一模一样的方形环。完成之后，其与母体之间的联系就会被切断，母女各自从不同的角落再长出另一条短臂，开始新一轮的复制。被其他环四面围死的环无法繁殖新的短臂。它们会死去，留下一个死核，周围是肥沃的外层，就像珊瑚礁一样。

兰顿决心要进一步研究自动机，于是便开始寻找一个愿意接受他的研究生项目。他只找到了一个：伯克斯创立的计算机逻辑组。1982年，已33岁的兰顿来到密歇根大学，准备开始他的学业，这一年龄对于一个读研究生的人来说有些不同寻常的成熟。他很快就接触到了沃尔夫勒姆关于自动机分类的早期研究，并认识到这是一个与自己志趣相投的研究。"加州理工学院的斯蒂芬·沃尔夫勒姆的一篇论文，真是令我惊讶，一年前我都是如何摆弄这些线性阵列的啊，我更是从来没有想过我竟然是在研究一堆可以发表的材料，"他在日记中写道，"当然，我心里想，这可都是30年前的事了。一个加州理工学院的年轻学子竟发表了一篇关于一维双态阵列的学术论文！可惜啊，这些年来人们都在干什么？"[60]

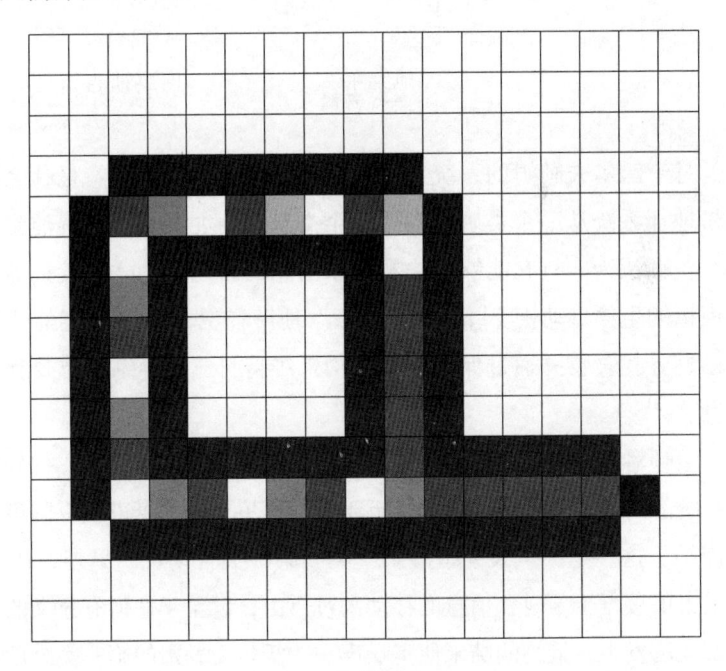

一个兰顿环

一个环群

对于沃尔夫勒姆的系统，让兰顿最感兴趣的问题是：是什么能轻松地让系统从一个类别转向另一个类别——尤其是，从混沌到计算。兰顿认为，只有能够传输和操纵信息的自动机，才最接近他想要模拟的生物自动机。"活的有机体，"他解释说，"利用信息来重建自己、寻找食物并通过保留内部结构来维持自己……结构本身就是信息。"[61]

兰顿对各种自动机的实验使他提出了某种数学调谐旋钮，他称之为系统的"λ 参数"。[62]在 λ 接近于零的设置下，信息以重复的模式被冻结。这些是沃尔夫勒姆的第一类和第二类自动机。另外，在 λ 的最大值接近于1时，信息的移动太过自由，以至于任何有意义的计算都无法发生。最终的结果便是噪声——沃尔夫勒姆的第三类自动机的输出。最有趣的是第四类自动机，它可平衡于某个 λ 值上，而该值允许信息稳定地存储和传输。所有的生命全都平衡于临界点，正如冯·诺依曼所说："在临界点以下，合成过程是退化的，但在临界点以上，如果安排得当，合成现象就会是爆炸式的。"如果这个临界点在地球上是凭好运偶然被发现的，那么它能够被积极寻找它的智慧生物再次发现吗？兰顿相信这是可能的——人类应该开始为人工生命必然带来的伦理困境和危险做好准备。

1987年，当兰顿在洛斯阿拉莫斯会议上发表演讲时，他高兴得几乎流下了眼泪。事后，他的反思却要阴郁得多。"在20世纪中叶，人类已经获得了灭绝生命的能力，"他写道，"到20世纪末，人类将能够创造生命。在这两者中，很难说哪一个赋予我们的责任更大。"[63]

兰顿的预言稍有偏差。人类不得不比他预想的又多等了10年，才等来第一个实验室制造的生物的出现。2010年，美国生物技术学家兼企业家克雷格·文特尔及其合作者从丝状支原体中合成了一个几乎一模一样的基因组副本，并将其移植到一个已去除自身基因组的细胞中。[64] 该细胞会在新的指令下被"启动"，并开始像天然细菌一样复制。文特尔为"拥有地球上第一个以计算机为母体的自我复制物种"而欢呼雀跃，尽管许多科学家不认为他的团队创造的生物是一种真正的"新生命形式"，但这种生物很快就被命名为"辛西娅"。[65] 6年后，文特尔研究所的研究人员培育出了含有比自然界中已被发现的任何独立复制生物体都要小的基因组的细胞。通过反复试错，他们将丝状支原体的基因组缩小到原来的一半。这种新微生物只有473个基因，是一个真正的新物种，他们将其命名为"JCVI-syn3.oa"。[66] 研究小组甚至通过计算机模拟了他们的"新兽"的生命过程。[67]

其他人则希望由此前进一步。这些科学家希望，在10年之内，通过向被称为脂质体的囊泡中注入细胞生长和分裂所必需的生物机制，由下而上地构建合成细胞。[68]

冯·诺依曼的元胞自动机为万物的宏大理论埋下了种子，并激励了敢于想象生命从无到有的开拓先驱们。他未完成的运动学自动机也结出了果实。在凯梅尼公布冯·诺依曼的想法后不久，其他科学家便思考这样的想法是否可以在现实生活的实物中实现，而不只是在计算机中模拟。他们的那些装置并非植根于生物学的"软"世界，而是由螺母和螺栓连接在一起的机械部件的"硬"世界，纳米技术先驱埃里克·德雷克斯勒称之为"叮当作响的复制机"（clanking replicators），或者迪克故事中的"自动工厂"。[69]

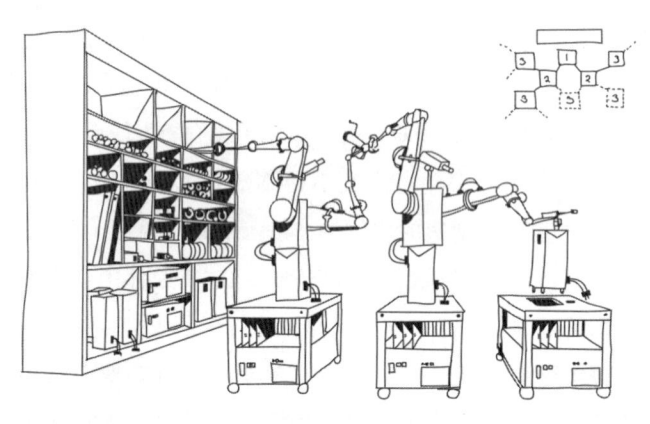

叮当作响的复制机

冯·诺依曼没有给任何人留下可供效仿的蓝图——他的自动机只是一个理论构想，一个思想实验，用来证明一台机器可以制造其他机器，包括它自己。因此，科学家们最早实现运动学自动机的努力是粗略的，目的只是证明繁殖能力并非生物的专有特征。正如遗传学家莱昂内尔·彭罗斯所指出的那样，自我繁殖这个概念本身，"因与生物学的基本过程密切相关，故而仿佛自带魔力"。[70] 彭罗斯和他的儿子——后来的诺贝尔奖得主罗杰一起，制作了一系列胶合板模型，以证明复制可以在没有任何把戏的情况下进行。每组木板块都有经过巧妙设计并排布的抓手、钩子和杠杆，只允许将特定的木板块料配置黏合在一起。通过在托盘上摇动这些木板块，彭罗斯能够演示耦合和分裂过程，他将其比作细胞分裂等自然过程。例如，一个木板块可以"赶上"其他三个木板块。这条由四个木板块组成的链会从中间分裂，形成一对新的双块"有机体"，每一个都可以像它们的上一代一样生长和繁殖。

化学家霍默·雅各布森用一组改良过的火车模型做了类似的实验。[71]他的机动车厢在环形轨道上缓缓行驶，随后一辆接一辆地转入侧线，并与其他车厢配对，就好像它们知道自己在做什么似的。雅各布森借助儿童玩具，像有魔法似的弄出了一幅机器自我复制的景象。

还有一些梦想家，他们不满足于仅仅演示机器复制的原理，还想要挖掘叮当作响的复制机无尽的生产潜力。从本质上讲，他们所设想的是迪克的自动工厂的良性版本。最早的提议之一来自数学家爱德华·F.穆尔的想象。他的"人造生命植物"是由太阳能驱动的沿海工厂，可以从空气、陆地和海洋中提取原材料。[72]按照冯·诺依曼的运动学自动机的逻辑，这些工厂将能够无数次复制自己。但它们近乎无限的经济价值，则来自它们根据自身设计而制造的任何其他产品。穆尔认为淡水首先会是一种很好的"作物"。他设想这些"植物"像旅鼠一样周期性地迁移到某个预先被设定好的地点，它们将在那里收获它们所制造的所有物品。

"如果专为海岸设计的模型被证明是成功的，那下一步就将解决更大的难题，那就是为海洋表面、沙漠地区抑或其他任何阳光充足但未有植物的地方设计人造生物植物，"穆尔激动地说，"甚至南极洲这块未被开发过的大陆也可能被投入生产。"

也许是对海滩和大片原始荒野将被改造成烟雾弥漫的工业区的前景感到不安，没有人愿意为穆尔的计划提供资金。尽管如此，白手起家（至少在满足可观的启动成本之后）的想法吸引了许多人，这个概念徘徊在科学的边缘。很快，愿意接受自我复制自动机想法的人想出了一种办法来克服穆尔项目所面临的主要障碍。他们推测，如果将无休止繁殖的机器送入太空，那么地球有可能被其淹没的风险便可以完全减少。为了承认这些类型的飞行器的灵感来源于自我复制自动机的原始理论这一事实，人们现在将它们称为冯·诺依曼探测器。

冯·诺依曼在高等研究院的同事弗里曼·戴森是最早考虑这种航天器的科学家之一。在20世纪70年代，以穆尔的想法为基础，弗里曼设想向土星的第六大卫星——土卫二发射一个自动机。[73]自动机在土卫二结冰的表面着陆后，仅利用所能收集到的材料，它就能炮制出"微型太阳能帆船"。一艘接着一艘，每艘帆船都装载着一大块冰，并被弹射到太空中。在阳光照射在船帆上的压力推动下，航天器缓慢地向火星航行，并在火星那里存放物质，最终积攒出足够的水来使火星的气候变暖，并在10亿年间首次为这个干旱的星球带来雨水。另外一项不那么神奇的建议是由物理学家罗伯特·弗雷塔斯提出的，他同时拥有法学学位。2004年，弗雷塔斯和计算机科学家拉尔夫·默克尔出版了一本名副其实的自我复制技术的"圣经"——《运动学自我复制机》(*Kinematic Self-Replicating Machines*)，该书对所有这类装置，无论是真实的还是想象的，都进行了权威调研。[74] 1980年夏天，弗雷塔斯本人为这一领域做出了大胆的贡献，他设计了一个探测器，以期在木星的一颗卫星上着陆，并制造出一艘被称为"复制号"（REPRO）的星际飞船，每500年一次。[75]对于地球上的那些没有耐心的凡人来说，这似乎漫长得有点儿尴尬，但由于"复制号"的终极目的是探索银河系，所以并不特别着急。弗雷塔斯估计，完成这一任务将需要大约1 000万年。

一项最雄心勃勃、最详细的太空复制器提案，是在位于加州硅谷中心的城市炮制出来的，花了超过10周的时间。1980年，应卡特总统的要求，美国航空航天局（NASA）在圣克拉拉召开了一次关于人工智能和自动化在未来太空任务中的作用的研讨会。18位学者被邀请与NASA工作人员一起工作。到提交最后的报告时，这项工作已经花费了1 100多万美元。

这个团队很快就确定了四个他们认为必须有尖端计算和机器人技术的领域，然后分成几个小组，以细化每项任务的技术要求和目标。这些想法包括一个由地球观测卫星组成的智能系统、探索太阳系以外行星的自主飞船，以及从月球和小行星上开采与提炼物质的自动化太空工厂。第四项建议被认为是最牵强的。该项目由理查德·莱恩领导，项目小组规划出冯·诺依曼式的自动机如何殖民月球、地外行星，并最终殖民遥远的外太空。"复制工厂应该能够实现非常通用的制造能力，其产品应包括太空探测器、行星着陆器及可安置于其他星球表面的可移动'种子'工厂，"他们在报告中宣称，"复制系统的一个主要好处是，它们将允许对太空进行广泛的探索和利用，而不会令地球资源紧张。"[76]

莱恩是伯克斯团队的另一位校友。他没有读完英语文学的本科专业就辍学来到密歇根大学，为那里的一些计算机科学家做技术写手。当伯克斯成立计算机逻辑组时，莱恩被吸引到关于机器复制的激烈辩论中。他随即加入了这个组，并在完成博士学位后，探索了冯·诺依曼的自动机的含义。莱恩最不可磨灭的贡献之一，便是证明了自动机无须拥有自身的完整描述就可以开始复制。他证明，一台配备了自我检查装置的机器，也可以产生自己的自我描述，从而依样进行复制。[77]

在美国航空航天局于圣克拉拉召开的研讨会上，莱恩很快就找到了志同道合的人。除了最近概述了他自己的自我复制探测器设计的弗雷塔斯，美国航空航天局工程师罗杰·克利夫和德国火箭科学家格奥尔格·冯·铁森豪森（Georg von Tiesenhausen）也加入了莱恩的行列。第二次世界大战期间，铁森豪森曾与韦纳·冯·布劳恩一起研究V–2计划。他被接到美国后，曾帮助设计阿波罗登月任务的月球漫游车。

这个团队的想法是有争议的，他们也清楚这一点。为了消除围绕其项目的各执己见的情绪，他们收集了每一点对他们有利的科学资料。当其他团队在一开始报告时就强调他们所选择的任务有哪些好处时，"自我复制系统"（SRS）小组便开始以守为攻，以详尽的案例来阐明他们提出的理论，从而证明他们的建议是可行的。"约翰·冯·诺依曼，"他们自命不凡地总结道，"以及大量追随他的理论计算机科学研究人员已经证明，机器系统可以通过许多替代策略来复制自己。"

SRS团队为完全自我复制的月球工厂推出了两套详细的设计。第一个设计是一个不断扩展的制造枢纽，它在周围的土地上进行露天开采，以生产商业产品或自己的新副本。由一个中央指挥和控制系统协调整个行动。他们将提取的材料进行分析，并加工成工业原料，储存在物料仓库中。零部件生产厂可以使用这些原料来生产工厂所需的任何种类的部件。然后，这些部件要么被运至某个设施，以制造地球需要的任何产品，要么被运到某个通用构造器那里，以拼装组建更多的工厂。

以上方案有一个缺点，即在自动机进行复制之前，必须在月球上先建造一个完整的工厂。该团队的名为"生长性月球制造设施"的第二个设计就避开了这一难题，只需要一个100吨重的球形"种子"飞船就可以开工建厂，飞船里装满了专门执行不同任务的机器人。在月球表面着陆后，"种子"飞船会裂开，释放出所载货物。同样，这里的整个行动也是由一台主计算机负责指挥的。首先，侦察机器人会勘察"种子"的周边环境，以精准确定拟建造设施的位置。一个临时的太阳能电池板会被竖起来提供电力。5个铺路机器人会从飞船上滚下来，建造太阳能高炉来熔化月球土壤，将熔化的岩石浇铸成玄武岩板。这些石板被铺设成工厂的地基，那是一个直径120米的圆形平台。与此相并行的是，其他机器人开始打造一个巨大的太阳能电池屋顶，最终将覆盖整个工作空间，为该单元提供制造和自我复制所需的所有电力。同时，还设立了化学处理、制造、组装等分区。该团队预测，在着陆的一年内，月球上的第一个自我复制工厂将完全运作起来，以大量生产商品和创建更多的工厂。

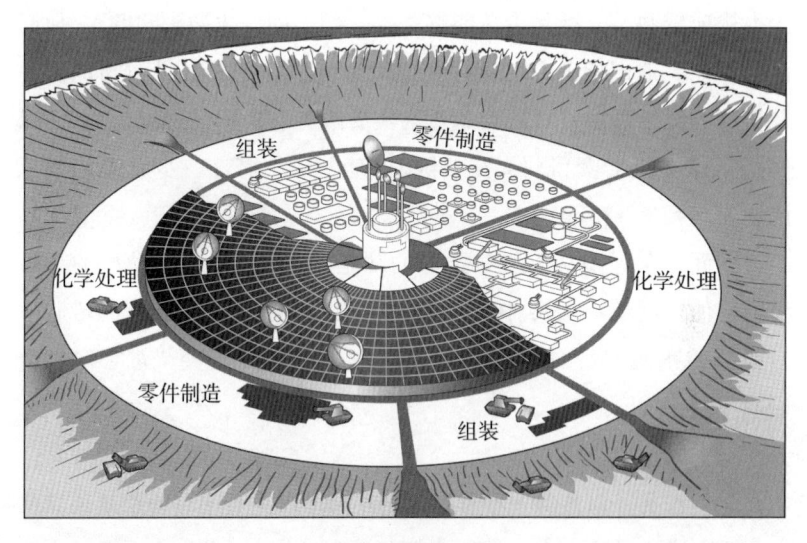

生长性月球制造设施

与多年后的亚历克斯·埃勒里相同的是，莱恩的团队也担心"闭合"——他们的自动机仅用当地现成的材料和能源就能运行吗？他们得出的结论是，月球可以满足工厂90%的需求。与埃勒里不同的是，他们认为剩下的4%~10%必须从地球发送上去，而埃勒里从一开始就志在以整合3D打印机的探测车一举实现100%的闭合。"这些'维生素部件'，"他们说，"也许就包括难以制造但重量很轻的产品，如微电子元件、滚珠轴承、精密仪器和其他在地球以外通过自动化生产可能不划算的产品，除非着眼于长远发展。"

这个项目的社会和哲学问题也没有逃过该团队的眼睛。他们期待他们的工厂能够进化，就像生物复制器一样。如果任由它们在太空中自行运转，这些机器会变得有自我意识吗？如果会的话，那它们是否一定乐于为我们服务，而不是为自己服务？机器可以被教导何为"对"与"错"，但就如人类一样，谁也不能保证它们一定会表现得很好。这一令人不安的结论促使科学家们思考，如果自动工厂对人类构成威胁，人类是否总能够关掉它们，即"拔插头问题"。他们认为不能。他们指出，"在某种程度上，机器人进行系统分析的深度及行动的复杂程度，可能会超过人类要战胜它所需的思维能力"，如何防止这类机器变得"无法拔除"，是一个"需进一步研究的紧急课题"。

然而，莱恩团队感受最强烈的却是冯·诺依曼的自动机的无限潜力。他们问道："人类将如何应对被称为'我们需要制造的最后一台机器的东西'？"他们表示，释放复制机器可能会"对宇宙产生影响"。

> 人类可以启动一种以接近光速的速度席卷宇宙的组织连锁反应。宇宙中这个有组织的部分本身就可以被看作一个更高层次的"有机体"。这不仅遵循力学和热力学定律，而且，一些在我们的认知中相当独特的事情也将会发生。宇宙组织的程度会增加。生命可能会变得司空见惯，而现在似乎相当罕见。新的规则，生命的规则，将会广泛传播。

但事实并非如此。1983 年，当莱恩听说罗纳德·里根总统即将发布一项大规模的新太空计划时，他满怀憧憬地期待着这次演讲。然而，里根总统宣布的却是战略防御计划——"星球大战"。

这一梦想并没有被遗忘。2021 年，总部位于伦敦的非营利组织"星际研究倡议"公布了一架冯·诺依曼探测器的更新设计，他们称该探测器能在 10 年内建成。[78] 埃勒里的团队正在削减所剩的最后几个百分点，从而将使他们完成 100% 的闭合。对此坚信不疑的人等待着来自赞助人的召唤,已准备好去"挑战强大的事物"。

到 20 世纪 80 年代,冯·诺依曼的名字已经成为自我复制机器概念的代名词。人类探索太空过程中最令人兴奋的日子早已过去,但基因工程的新时代已经到来,分子生物学方兴未艾。1982 年,美国食品药品监督管理局批准了基因泰克公司的优泌林(Humulin),这是一种由细菌产生的胰岛素。第二年,第一个基因改良植物——一种耐抗生素的烟草植株见诸报道。[79] 被复制机器概念吸引的科学家们,已将他们的想法从宇宙转向了一个由分子机器而不是机器人组成的超微观世界。

第一位清晰表达这一愿景的人是美国工程师埃里克·德雷克斯勒,是他开始用"纳米技术"一词来描述分子制造新领域的。德雷克斯勒在其颇具影响力的《创造的引擎》(*Engines of Creation*)一书中说:"当生化学家需要复杂的分子机器时,他们仍然不得不从细胞中借用。尽管如此,先进的分子机器最终会让他们建造出纳米电路和纳米机器,就像工程师们现在建造微电路或洗衣机一样简单直接。"[80]

德雷克斯勒预测,第一个纳米机器将由已经在细胞中执行机械性任务的蛋白质制成。令人高兴的是,用这些生物分子制造的机器甚至不需要组装。它更像彭罗斯设计的木制复制器,在摇动时便以精确的配置连接起来,这些结构复杂的蛋白质零部件,比如病毒的外壳,就会相互弹开,直到互补的化学力量将它们拉拢并黏合起来。这些柔软的生物机器将成为由如陶瓷、金属和钻石那样更坚硬的材料制成的第二代纳米机器的敲门砖。

德雷克斯勒偶然读到了理查德·费曼在 1959 年的一篇题为《底部还有很多空间》的演讲稿,该文稿内容极富启发性。费曼在文中问道:"如果我们能按我们想要的方式将原子一个一个地排列起来,会发生什么呢?"这个想法和德雷克斯勒本人当时的想法一致,受到此想法的激励,他想要实现费曼的愿景。在《创造的引擎》一书中,他提出了一种数十亿分之一米长的"组装器",能够使原子一个个地复制自己和制造其他机器。然而,后来令他后悔的是,[81] 他曾对实验室意外泄漏的危险复制体而导致的"灰色黏胶"(gray goo)这一末日场景发出警告:"它们可以像吹散的花粉一样传播,极快速地复制,并在几天之内使生物圈化为尘土。"[82]

一些著名的科学家驳斥了其整个观点,指责德雷克斯勒危言耸听。化学家、诺贝尔奖得主理查德·斯莫利在《化学化工新闻》(*Chemical & Engineering News*)期刊上对德雷克斯勒咆哮道:"你梦想中的自我复制的机械纳米机器人这样的怪物是不会存在的。"[83]

但在 2017 年 9 月,曼彻斯特大学的研究人员在《自然》杂志上发表了一种分子的细节,这种分子可以通过编程制造出 4 种不同分子中的一种。[84] 再后来,牛津大学的化学家们甚至声称,他们已经制造出一种初级的自我复制组装器。[85] 尽管德雷克斯勒现在淡化了自我复制的纳米机器人在分子制造中的作用,但他的推测看起来不像以前那么牵强。

冯·诺依曼的理论继续传播、复制和进化,就像该理论所描述的自我复制的机器一样。"基于主体的模型"试图模拟自主个体间的相互作用,它源自冯·诺依曼的元胞自动机。经济学家托马斯·谢林对冯·诺依曼的研究非常熟悉,也是最早使用这种技术的人之一。谢林曾调查城市中的种族隔离现象,当时仅用了一个棋盘和两组不同颜色的个体(假设它们是粉色和棕色),分别代表两个不同的群体。[86] 由此产生的"游戏"很像康威的"生命"那样的二维自动机。

这是谢林最著名的实验。一开始,他把相同数量的粉色和棕色个体随机分布在棋盘上。棋盘上大约有 1/4 的方格是空的,以便个体四处移动。同时设定每组个体对与其同色的邻居具有相同的固定偏好。周围方格中本色个体与相反颜色个体的比率,就是此种偏好的表现形式。试想一下，如果只有不到一半的邻居是相同的颜色，那么没有一个个体会"高兴"。不开心的个体会移动到离自己最近但又满足其偏好的空的方格上。大多数方格有 8 个邻居，所以若一个粉色个体周边仅有 3 个或更少的粉色邻居，它就会搬家。如果 5 个邻居中只有不到 3 个与其颜色相同，那么位于边缘方格中的粉色个体就会移动。对于边角位置的方格，除非 3 个邻居中至少有 2 个是粉色的，否则个体不会满足。棕色个体也是如此。

当谢林将这些规则加以应用时，最初两种颜色个体混杂的棋盘很快就被划分为相同颜色的同质街区。[87]

即便对邻居分类颜色的倾向相对温和，也会导致同类分隔。任何大于 1∶3 的好恶倾向都会触发逃离和最终分区。谢林指出："令人惊讶的是，这项分析得出的结果，并不取决于每种颜色的个体是否偏好单独居住，甚至也不取决于每种颜色的个体是否偏好与大多数居住！"[88]

此外，一旦个体被分隔开，这一过程就无法通过软化对相同颜色同伴的偏见来逆转。只有当一个个体想要的相似颜色邻居的比例被引入了上限时，向混合程度更高的邻里社区的回归才会发生。例如，当个体的所有邻居都是相同的颜色时，个体就会移动。

谢林用一个相当基本的模型得出了两个强有力的结论。一是，即使没有人介意生活在一个混合社区，城市可能也会依照种族界限被分隔成不同区域。二是，只有对多样性的主动渴望才能带来多样化的社区，而冷漠会导致隔离。

随着基于主体的模型变得更加复杂，计算机变得更加无处不在，模拟也变得数字化了。罗伯特·阿克塞尔罗德关于囚徒困境策略的决斗比赛就是一个早期的例子。现在，它们被用来理解从细菌菌落增长和住房市场一直到缴税行为与投票行为等一切事物。

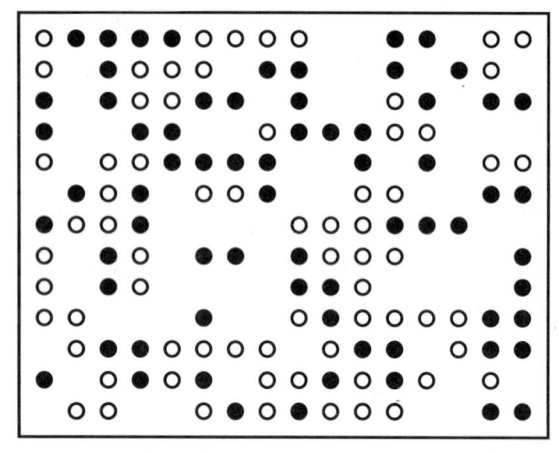

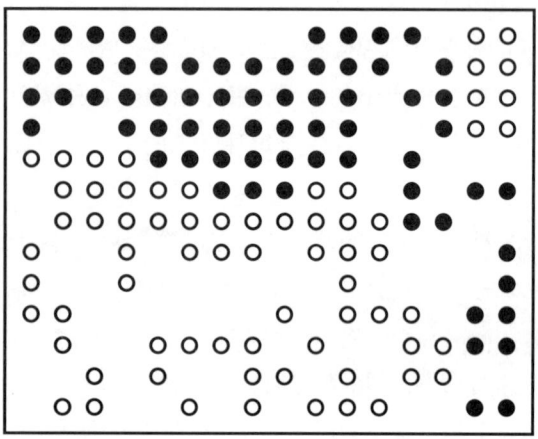

启动时的配置（上图），结束时的配置（下图）

资料来源：摘自 Thomas C. Schelling, 'Dynamic Models of Segregation', *Journal of Mathematical Sociology*, 1 (1971), pp. 143–86。

也许是因为它近乎无穷无尽的令人难以置信的含义，冯·诺依曼将他的自动机研究视为其晚年的最高成就。乌拉姆说，就像冯·诺依曼对计算机的其他贡献一样，自我复制机器理论是冯·诺依曼"最永久、最有价值也最有趣的研究"。[89]

戈德斯坦对此深以为然。"这不仅将他早期对逻辑的兴趣与后来在神经生理学和计算机方面的研究联系起来，"他说，"还具有让他通过同一种仪器对以上三个领域都做出真正深远贡献的潜力。而他未能够完成他在自动机理论方面的研究计划，这将永远是科学的一大根本损失……"

"他从不喜欢自吹自擂，也从不主张什么，除非真的非他莫属，"戈德斯坦继续说，"他很可能是想把他的自动机器人研究立为自己的丰碑，事实也的确如此。"[90]

距冯·诺依曼第一次讲述他的元胞自动机理论，已经过去 70 多年，但其中的可能含义仍在继续被研究。完全有可能的是，该理论还能给我们带来纳米机器、自主建造的月球基地，甚至计算万物的理论。然而，尽管图灵的计算机仅仅用了几年时间就从抽象的数学变成了物理的现实，冯·诺依曼所想象的自我复制机器却还没有被制造出来。或者已经造出来了？

天文学家罗伯特·贾斯特罗（Robert Jastrow）在 1981 年预言："计算机——一种致力于纯粹思维的生命新形式——将由它的人类伴侣照料，并用电力和零部件来满足其身体需求。人类也将为计算机的繁衍提供保障……我们是计算机的生殖器官。"[91]

他几乎全说对了。在贾斯特罗写下这几句话的 40 年后，世界上已经有了 20 亿台计算机。但与另一种更多产的自动机——智能手机相比，计算机的数量就相形见绌了。2014 年，计算机数量首次超过世界人口数，而目前全球有超过 100 亿张手机 SIM 卡（用户识别模块）在使用，远远超过地球上所有人类的数量。[92] 2019 年，全球智能手机销量超过 15 亿部，而且正在以前所未有的速度成倍增长，与人类的繁殖比率至少达到 10∶1。这数十亿张 SIM 卡现在主要被人类使用。这种情况可能很快就会改变，因为当我们使用我们的智能设备在以太网上彼此聊天时，越来越多的智能设备也开始相互交谈……

冯·诺依曼在 1948 年的希克森大脑行为机制研讨会上所做的"论自动机的一般和逻辑理论"的演讲,带来了极其丰富的可能性。但冯·诺依曼感兴趣的却不仅仅是证明机器复制的可能性。正如研讨会标题中的"大脑行为机制"所暗示的,冯·诺依曼的自动机理论也有助于推介他关于大脑运作的想法。

当然,大脑本身是不能被复制的,但是人却能够做到,而非常睿智的冯·诺依曼并没有总是仔细地区分这两者。尽管如此,冯·诺依曼的自动机理论及他对大脑的思考,都源于他对麦卡洛克-皮茨神经元模型局限性的认识。而且,至少在某种意义上,大脑可以被认为是一个自我复制的自动机的产物。大脑必须自下而上地构建自己,并且没有任何蓝图。每个人类细胞内的染色体都包含数十亿个碱基对数据,但这些数据本身并不足以描述大脑(或任何复杂的器官)。一个神经元必须通过一些规则与其他神经元进行相互作用,这些规则允许不可思议的大脑组织在子宫里从简单的初始状态开始生长。这使得它们在某些方面与元胞自动机相似,冯·诺依曼、沃尔夫勒姆及其他人已经证明,即使没有复杂机器或指导计划的帮助,元胞自动机也可以产生巨大的复杂性。与此同时,在逻辑层面上,冯·诺依曼和其他计算机领域的早期先驱们都将他们的机器视为原始的电子神经系统,大脑,计算机,自我复制机器。这是一种令人兴奋的智力混合。年轻的杰里米·伯恩斯坦在哈佛大学读本科时就听过冯·诺依曼阐述自己的想法,伯恩斯坦形容这些演讲是"我听过的所有专业讲座中最好的,就像心灵香槟"。[93]

在冯·诺依曼的希克森大脑行为机制研讨会演讲的听众中,有一位刚从数学专业毕业的学生,名叫约翰·麦卡锡。麦卡锡被演讲深深触动,当即决定尝试开发会思考的机器。[94]他设想通过进化来生产智能机器。"我的想法是用自动机来做实验,"麦卡锡说,"一个自动机与另一个自动机相互作用,彼此互为对方的环境。你可以试验一下,看看能否从中得到一个智能高的自动机。"麦卡锡提出通过让一个自动机与另一个自动机相互竞争来开启他探索机器智能之路。

麦卡锡在致冯·诺依曼的信中提到了这一想法，冯·诺依曼对此很喜欢。第二年，麦卡锡前往普林斯顿大学攻读博士学位，并与这位伟大的数学家再次会面，还一起讨论了这个方案。"写下来，快写下来！"冯·诺依曼催促道。尽管麦卡锡做过一些初步实验，不过始终没有成功。但受冯·诺依曼演讲的激发，他对制造会思考的机器的热情却一直未曾消退。后来，正是麦卡锡首创了"人工智能"一词，并于20世纪50年代末与马文·明斯基一起在麻省理工学院建立了首批致力于人工智能研究的实验室之一。

1955年初，冯·诺依曼受邀于次年在耶鲁大学西利曼纪念讲座上演讲，以便更全面地阐述他对计算机与大脑这一课题的看法。西利曼讲座通常持续两周，但是即便该讲座名声很响，冯·诺依曼还是一上来就提出他是否能够把演讲压缩到一周之内完成。他是一个大忙人，为美国政府及军方的各部门承担着各种各样的研究和咨询工作，因此，美国空军的飞机经常被派来载着他到全美各地出席一些重要会议。

但这种情况没有持续太久。1955年7月9日，冯·诺依曼在与美国原子能委员会主席刘易斯·施特劳斯通电话时晕倒。[95] 一个月后，他被诊断出患有骨癌，并被火速送往医院进行紧急手术。到了年底，他已经坐上了轮椅，所有的重要会议都被取消了。仅有一项约定是他决心要完成的，那便是西利曼纪念讲座。他为此拼命地工作，想要把自己的想法全都写在纸上，并询问西利曼委员会能否让他在一两天内总结性地讲完。但到了3月，很明显，即使这样，他也无法做到了。他又住进了医院，随身还带着他的手稿，希望能把他的主要想法编辑成别人可以代替他演讲的形式。即使这样，看来也是不可能了。

但他设法将自己的思想充分地加以细化充实，使得这些思想成果能在他去世一年后出版。在《计算机与人脑》一书中，冯·诺依曼系统地比较了他所助力发明的机器的能力与人类颅骨内的那部软机器所进行的计算能力。[96] 看起来人脑并没有那么令人印象深刻：一个神经元可能每秒放电100次，而当时最好的计算机已经能够每秒进行100万次或更多的运算——现代笔记本电脑的速度至少比这还要快上1 000倍。更糟糕的是，神经元的精确度比计算机部件低数十亿倍：每当信号从一个神经元传递到另一个神经元时，错误就有加剧的风险。

那么，比冯·诺依曼所完成的难以置信的壮举要平凡得多的人脑，却又是如何在某些方面打败当今最复杂的计算机，比如编造一个有趣的双关语的？答案是，神经元不是一个接一个地放电，而是同时开工：它们不像冯·诺依曼体系结构的计算机那样是连续的，而是并行的——大规模地并行。这是一种持久的洞察力。为当今表现最好的人工智能系统提供动力的人工神经网络，比如谷歌的DeepMind（深度思维），也都是一种并行处理器：它们似乎以某种类似于人类大脑的方式"学习"——改变每一个人工神经元的不同权重，直至它们能够执行特定的任务。

这是第一次有人将人脑和计算机比较得如此清晰。"在冯·诺依曼之前，"发明家、未来学家雷·库兹韦尔说，"计算机科学和神经科学本是没有任何桥梁相连的两座孤岛。"[97]

但有一些人认为这种两不相干的状况应该保持下去。例如，心理学家罗伯特·爱泼斯坦声称，"信息处理"（IP）这一比喻说法的流行——正如冯·诺依曼所建议的那样，把人脑看作一种计算机——已经阻碍了神经科学的进步。他说："'信息处理'这个比喻已经被用了半个世纪，在这一过程中几乎没有产生什么深刻的见解，现在是该按下'删除键'的时候了。"[98] 另一些人则指出，有希望的替代隐喻很少，且关联性相去甚远。

事实证明，这个比喻对从事神经网络和人工智能研究的计算机科学家非常有用，尽管其也经历过一系列的错误开端。就在冯·诺依曼撰写他的西利曼讲座演讲稿时,心理学家弗兰克·罗森布拉特正在改进麦卡洛克-皮茨人工神经元,制造出一个具有学习能力的神经元。人们最初对"感知神经元"的那种很高的期望渐渐消退了。1969年,明斯基和西蒙·派珀特出版了一本谴责的书,对人工神经元的简单网络的运算局限性进行了评估。20世纪70年代,由于相关资金枯竭,出现了第一个"人工智能的寒冬";之后在20世纪80年代,本已恢复的乐观情绪又让位给了第二个"人工智能的寒冬",这在一定程度上是由研究人员引发的,他们认为,进步需要来自感官(摄像头和麦克风)的反馈,以及与现实世界的互动(例如,通过压力或温度传感器)。尽管有诸多批评,但近年来,人工智能算法已经开始取得惊人的成就——从击败世界围棋冠军到自学编程,而且这些算法通常是在由人工神经元组成的神经网络上运行的,而这些神经元与罗森布拉特的感知神经元并没有太大区别。

如今,一些未来学家推测,一种超人类的人工智能也许能把人类社会改造得面目全非。这种可能性被称为技术上的"奇点",这个术语最早是由数十年前就预见这种可能性的人——约翰·冯·诺依曼首先使用的。[99]

在住院的11个月里,冯·诺依曼接待了络绎不绝的探访者,有家人、朋友、合作者,也有在他生命的最后几年里与他共度了许多时光的军人。施特劳斯回忆起"那张非凡的照片,坐在这个人的床边……他是一个移民,而在他周围的是美国国防部长、副国防部长、空军部长、陆军部长、海军部长和总参谋长"。[100] 他坐着轮椅离开医院,去接受艾森豪威尔总统颁授的美国总统自由勋章。"我希望我能活得足够长,以配得上这个荣誉。"他对总统说。"我们和你在一起的日子还长着呢,"艾森豪威尔向他保证,"我们需要你。"[101]

冯·诺依曼发现自己患癌是在一个特别残酷的时期。事实上,冯·诺依曼在去世前的几年里，在高等研究院一直不快乐。"当我在普林斯顿的时候，冯·诺依曼承受着巨大的压力，"1953年应冯·诺依曼聘请进入高等研究院的伯努瓦·曼德尔布洛特说，"那是因为，数学家们瞧不起他，因为他不再是数学家；物理学家们瞧不起他，因为他从来就不是一个真正的物理学家；而所有的人又都怨他给普林斯顿带来了这么一群被称为'程序员'的低层次人士。"

"冯·诺依曼，"曼德尔布洛特继续说，"只是被人避而远之了。而他也不是一个能受得了这个的人。"[102]

冯·诺依曼研究过好几份职位提议，然后才接受了加州大学洛杉矶分校的"客座教授"职位，该校承诺将为他提供最尖端的计算机设备。他和克拉里期待着西海岸的新生活，但只有克拉里最终搬到了那里。

听到朋友生病的消息后，库尔特·哥德尔写信给冯·诺依曼表示慰问。"惊闻你病倒了，我非常难过。这消息令我完全没有想到，"他在信的开头写道，"我希望并祝愿你的病情很快得到更大好转，如果尚有可能的话，也期望最新的医学发现能使你康复如初。"[103]

但随后，说话从来都不懂圆滑的哥德尔立刻就转向了更重要的事情。"既然我听说，你现在感觉更强壮了，那我想给你写一个数学问题，我对你的观点很感兴趣……"然后他开始描述图灵机，该机器若能被证明真的能够存在，"那将会产生最重要的结果"。也就是说，哥德尔表示，尽管图灵对判定问题给出了否定的答案，但这意味着某些数学证明的发现是可以自动达成的。我们不知道冯·诺依曼对哥德尔的问题作何应答，甚至不知道他有没有看到这封信。克拉里那个时候代他回复了大部分的来信。哥德尔所描述的内容，正是现在的"P vs NP问题"，并且只有到1971年才会被严格地表述出来。今天，它是数学领域最重要的未解难题之一。

玛丽娜当时21岁，打算订婚。订婚对象鲍勃·惠特曼拥有哈佛大学的英语博士学位，最近在普林斯顿大学找到了一份讲师的工作。但玛丽娜的父亲冯·诺依曼担心早婚会有损于她的事业发展。"亲爱的，别搞错了自己的性格，你可是非常有才华的，"冯·诺依曼警告她，"你是上帝亲自挑中的执行者，我可不是开玩笑的。再说，你那么喜欢钱……你得自于父母双方的'遗传基因都很重'，玛丽耶特和我也都很爱钱。"

"如果眼看着你生活在平庸、一无所长的环境中，那将是一种遗憾、一种痛苦，"他接着说，"最糟糕的是，你将没法儿展示你的才华，也不能在生活中扮演你应扮演的角色。"[104] 但冯·诺依曼最终还是慈爱地默许了他们的计划，并于1955年12月参加了他们的订婚派对，尽管第二年他病重得未能参加婚礼。他对玛丽娜会被迫荒废自己才能的担心，事实证明毫无根据。玛丽娜在其丈夫的全力支持下一飞冲天。

"我曾问他，"玛丽娜说，"那时他已知道自己将不久于人世，并且非常不安，'你能平静地思考如何消灭数百万人，却无法面对自己的死亡？'"他说："那完全不是一回事。"[105]

冯·诺依曼被自己即将到来的死亡吓坏了，他要求见医院的天主教神父，并重拾自数十年前他的家人在布达佩斯皈依天主教以来他一直忽视的信仰。"也许真的有上帝呢，"他曾经对母亲说，"要是真有，那很多事情就更容易解释了，至少比没有更容易。"

尼古拉斯无论如何也无法相信，他的兄长竟会"一夜之间变成一个虔诚的天主教徒"。这种变化也让冯·诺依曼的朋友们感到担忧。乌拉姆写信给施特劳斯，声称自己"对这一宗教立场的发展深感不安"。玛丽娜说，她父亲想起了帕斯卡的赌注①，并且一直相信，哪

---

① 帕斯卡的赌注是法国数学家、物理学家、思想家布莱士·帕斯卡在其著作《思想录》中表达的一种论述。他指出，他不知道上帝是否存在，如果不存在，作为无神论者没有任何好处，但是如果存在，作为无神论者将有很大的坏处。所以，他宁愿相信上帝存在。——编者注

怕在面对很小的可能会永世背负骂名的情况,唯一合乎逻辑的做法就是在生命结束前成为一名信徒:"父亲曾多次告诉我,对活人而言,天主教是一种非常粗糙的宗教,但它却是将死之人唯一可信的宗教。"[106]

癌症转移到了冯·诺依曼的大脑。他在睡梦中产生了幻觉,口中咿咿呀呀地嘟囔着匈牙利语。有一两次,他把守卫他的士兵叫过来,要他向军方传达一些紧急的建议。这个星球上头脑最敏锐的人的智力也在慢慢衰退。到了最后关头,玛丽娜说:"他让我给他出一些非常简单的算术题,比如7加4,我出了几分钟就再也受不了了。我哭着离开了房间。"[107]

另一个经常到冯·诺依曼床边探望的人是特勒。"思考对于大多数人来说是痛苦的,"特勒后来说,"但我对此产生了怀疑。我们中的一些人始终痴迷于思考。有些人甚至觉得它是必需品。约翰尼就非常乐此不疲。我甚至怀疑,除了思考,他没有任何别的乐趣。"

"当他因癌症即将去世时,他的大脑也受到了影响,"特勒回忆道,"我认为,他在因患癌而大脑受损的过程中所遭受的痛苦,比我在其他任何情况下见过的任何人所受的痛苦都要大得多。"[108]

冯·诺依曼于1957年2月8日去世。1957年2月12日,他被安葬在普林斯顿公墓的一块墓地里,与一年前同样死于癌症的他的母亲的墓,以及克拉里的父亲查尔斯·达恩的墓比邻。

葬礼中有一个简短的天主教仪式。他那些来自洛斯阿拉莫斯的朋友,依然对他突然转而信教感到茫然。"如果约翰尼真的到了他心向往之的地方,"一个人开玩笑说,"那他现在一定正在进行一些非常有趣的谈话。"

乌拉姆可能是最了解冯·诺依曼的思想广度的人,他也活着看到了其中的许多创意思想在其创造者去世后的蓬勃发展。"他真的是英年早逝，"多年后乌拉姆回忆道，"明明已经看到了希望之地，却终究还是没能踏进去。"[109]

克拉里·达恩·冯·诺依曼第四次也是最后一次结婚是在 1958 年，这一次她嫁给了美国海洋学家、物理学家卡尔·埃卡特。她搬到了拉霍亚，但最终还是无法摆脱过去的阴影。1963 年 11 月 10 日，人们在温丹希海滩发现了她被海水冲上来的尸体。她用 15 磅的湿沙子装满了她优雅的黑色鸡尾酒裙，然后走进了大海。据她的精神科医生说，验尸报告显示，她发现她的第四任丈夫"冷漠"，"专注于他的工作"，"不愿意出去和人交往"。他们分睡在房子两端的不同房间里。[110]

她在未完成的回忆录的最后一页写道："这是我人生中第一次放松下来，不再追逐彩虹。"书中标题为"约翰尼"的一章是这样开始的："我想讲述这个人，一个奇怪、矛盾而又颇具争议的人。他既孩子气又很幽默，既世故又粗蛮，既绝顶聪明，但在处理自己的情绪时又显得能力十分有限，这是一个自然之谜，还将继续无解下去。"[111]

对冯·诺依曼来说,通往成功的道路是一条多车道的高速公路,车流稀少,还不限速。

——小克莱·布莱尔,1957 年

我来这儿就是想说,我们的房子失火了。

——格蕾塔·桑伯格,2019 年

后记

此人来自哪个未来？

冷静的理性主义和善良的博爱主义构成了冯·诺依曼性格矛盾的两面，其最明显的体现在于他关于未来数十年人类将面临的生死存亡危机的非凡沉思。他赞成以新的地球工程技术来控制气候变化的观点，这很可能是第一次有人故意用这种方式谈论如何使地球变暖或变冷。他甚至预见复杂的气候控制手段可能会"被利用为迄今尚无法想象的气候战争形式"。

1950年，恩里科·费米一次在洛斯阿拉莫斯吃午饭时突然向他的朋友们问道："人都到哪儿去了？"大家哄堂大笑。费米翻阅了一份《纽约客》，无意中看到一幅漫画，竟将垃圾箱最近的消失不见都归咎于外星人。费米悖论所指的是，尽管有人估计，外星物种在我们银河系中应该为数众多，可人类却仍未与他们取得联系。30年后，弗兰克·蒂普勒"解决"了这一悖论。[1] 蒂普勒问道，既然总有一些智慧生物是有望开发出自我复制的机器的，而且类似冯·诺依曼探测器这样的装置，或许已在银河系中纵横交错数十亿年，那为何在我们的太阳系中却始终没有探测到任何蛛丝马迹呢？他的结论是，人类是宇宙中唯一的智慧生物。

冯·诺依曼也认为宇宙之中仅有我们。在广岛原子弹事件后不久，他半认真地评论说，超新星，即大质量恒星，自身坍缩之所以引起明亮的爆炸，就是因为那些先进的文明"虽然未能解决生存与共的问题，但至少通过宇宙自杀成功地实现了同归于尽"。他敏锐地意识到，他的研究也许会以各种方式最终导致人类的毁灭。在创造"奇点"一词时，冯·诺依曼在与乌拉姆的对话中想象出"人类历史存在一个临界点，一旦超过了这个点，我们所了解的人类的一切事物都无法延续"。[2] 此判断的意义究竟是消极的还是积极的，仍然是一个值得争论的问题。思想家们从各种各样的角度进行推测，认为某种超级人工智能也许最终能够满足人类所有的欲望，要么把我们当玩物一样宠溺，要么将我们彻底地清除干净。

冯·诺依曼性格中有愤世嫉俗的一面，这是他在与极权主义的斗争中形成的，并因为他曾短暂地狂热主张对苏联实施先发制人的打击而名声在外，但他私下里的这一面却常常让位于一副温和的面孔。与冯·诺依曼同时代的神经生理学家拉尔夫·杰拉德说："我对冯·诺依曼在各个方面都敬仰有加。他总是那么平和，那么善良，又总是那么鞭辟入里，那么清晰透亮。"[3] 他不屑于显山露水，做好事也都是私下里背着别人默默做的。1939 年，田纳西州的一位讲匈牙利语的工厂工人写信给他，问他如何才能学习中学数学，冯·诺依曼便请自己的朋友奥特维给这位工人送去了课本。[4] 伯努瓦·曼德尔布洛特进入高等研究院搞研究是由冯·诺依曼资助的，多年后曼德尔布洛特意外发现自己还欠冯·诺依曼另一个人情。冯·诺依曼去世后的一段时间，曼德尔布洛特在 IBM 与自己的上司经理因性格问题发生了冲突，他便跑去找新的工作，而他发现跳槽求职这条路对他来说已经变得更容易了。冯·诺依曼曾到处对别人说，曼德尔布洛特的研究也许意义重大，但风险也很大。曼德尔布洛特说，冯·诺依曼曾提醒他人，"他有可能真的会一败涂地，如果他有麻烦了，请帮帮他"。[5]

凡此种种，哪个才是真正的冯·诺依曼呢？"正反两面都是真的。"玛丽娜说。[6] 但她承认，两者之间的不和谐甚至让她自己也感到困惑。在表面之下，他性格的两个方面是对立的。冯·诺依曼希望人类最优秀的一面会获得胜利，并尽可能表现得宽宏大量、品格高尚。但经验和理智告诉他，要避免过分相信人类的美德。

图片由玛丽娜·冯·诺依曼·惠特曼提供

冷静的理性主义和善良的博爱主义的激烈交锋，最明显地体现在冯·诺依曼关于未来数十年人类将面临的生死存亡危机的非凡沉思。1955年6月的《财富》杂志发表了他的《我们能否在技术中存活？》一文，开篇便是一个可怕的警告："无论从字面上，还是比喻上看，我们都快没有立足之地了。"[7]武器和通信等领域的进步，大大加快了冲突升级和范围扩大的速度。地区争端可以迅速席卷整个地球。"终于，"他继续说，"我们开始以一种批判的方式感受到地球有限的实际大小的影响。"

这篇文章显示，早在气候变化成为广泛议题之前，冯·诺依曼就已对燃烧煤炭和石油排放的二氧化碳正在使地球变暖的观点保持注意。他赞成以新的地球工程技术来控制气候变化的观点，例如，通过在物体表面进行喷涂来改变其表面反射阳光的多少，这很可能是第一次有人故意用这种方式谈论如何使地球变暖或变冷。他预测，这样的干预，"将使每个国家的事务与其他国家的事务融合在一起，这比威胁打一场核战或任何其他战争所造成的影响来得更彻底"。

冯·诺依曼推测，核反应堆将迅速变得更加高效，并且从长远来看，对人类利用核聚变应抱持希望。他预言，自动化将会继续，固态电子技术的进步势必带来速度更快的运算机器，从而加速自动化的进程。但他警告说，所有的技术进步也将不可避免地被用于军事领域。例如，复杂的气候控制手段可能"被利用为迄今尚无法想象的气候战争形式"。

预防灾难将需要发明"新的政治模式和程序"（成立于1988年的联合国政府间气候变化专门委员会可以说正是这样的一种尝试）。但他说，我们不可能阻止思想的进步。他认为，"将危险和不稳定制造出来的技术本身是有用的，或者与有用密切相关"。在"幸存——一种可能性"这一不祥的标题下，他继续写道："对于进步，没有矫正方法。任何试图为当前爆炸式多样化的进步寻找不经思索的安全途径的尝试都必将遭遇挫折。唯一可能的安全是相对的，它取决于每天都做出明智的判断。"

正如他所说，没有"万全的配方"，也没有万灵之药可以让人类避免灭绝于技术之手，"我们只能具体说明人类所需要的品质：耐心、灵活性和智慧"。

注释

引言

1. Albert Einstein, 1922, *Sidelights on Relativity*, E. P. Duttonand Company, New York.
2. Freeman Dyson, 2018, personal communication.

第 1 章 布达佩斯制造

1. Renamed Bajcsy-Zsilinsky Street in 1945 after a resistance hero.
2. John Lukacs, 1998, *Budapest 1900: A Historical Portrait of a City and Its Culture*, Grove Press, New York.
3. Robert Musil, 1931–3, *Der Mann ohne Eigenschaften*, Rowohlt Verlag, Berlin. English edition: 1997, *The Man without Qualities*, trans. Sophie Wilkins, Picador, London.
4. Nicholas A. Vonneuman, 1987, *John von Neumann as Seen by His Brother*, P.O. Box 3097, Meadowbrook, Pa.
5. 同上。
6. 心算能力强大但并非永不犯错。他的同校好友尤金·维格纳回忆说，有一次约翰尼想心算两个 5 位数的乘法，结果算错了。"那你究竟为什么祝贺我？"扬奇不知所措地问他。维格纳说，因为约翰尼和自己亲如兄弟。
7. 参见，例如，Harry Henderson, 2007, *Mathematics: Powerful Patterns into Nature and Society*, Chelsea House, New York, p.30。
8. 尽管相关研究已经进行了数十年，但在对弈能力与一般智力或数学能力之间是否存在相关性，仍旧是一个争论激烈的问题。最近的一项针对以往研究的元分析 (Alexander P. Burgoyne et al., 'The Relationship between Cognitive Ability and Chess Skill: A Comprehensive Meta-analysis', *Intelligence*, 59 (2016), pp.72–83) 表明，就技艺高超的年轻而非年长的选手而言，这几项能力之间确实存在某种相关性，尤以数字能力方面的相关性最强。该领域最早的一项研究发现，在 8 位国际象棋大师和非国际象棋选手之间，并不存在智力上的差异。(I. N. Djakow, N. W. Petrowski and P. A. Rudik, 1927, *Psychologie des Schachspiels*, deGruyter, Berlin)。
9. Klára von Neumann, *Johnny*, quoted in George Dyson, 2012, *Turing's Cathedral*,

Pantheon Books, New York.

10. Vonneuman, *John von Neumann as Seen by His Brother*.
11. 同上。
12. 同上。冯·诺依曼是受到这种巧妙机制启发的几位早期计算机先驱之一，而正是由于这种机制，图案复杂的织物才首次得以大规模生产。与织布机一样，英国博学家查尔斯·巴贝奇在19世纪30年代设计的机械计算机"分析机"也要用一系列穿孔卡片来编程。巴贝奇的合作者、数学家阿达·洛芙莱斯伯爵夫人写道："我们可以恰如其分地说，分析机编织代数的模式，就像雅卡尔的提花机编织花朵和树叶一样。"遗憾的是，巴贝奇始终未能筹到建造这台机器所需的大笔资金。雅卡尔在计算技术史上的地位是由他的织布机对赫尔曼·霍勒瑞斯的影响而确立的，霍勒瑞斯是一位在美国人口普查局工作的有进取心的公务员。巴贝奇于1871年去世后不到20年，霍勒瑞斯就获得了一项机电设备的专利，即通过在纸带上穿孔记录信息，"简化并推动统计数据的汇编"，不过他很快就改用了更坚固的穿孔卡片。霍勒瑞斯的机器被用于1890年的美国人口普查，由于带来显著的效率提升，几十个国家都来租赁他的设备。1911年，他的公司和其他三家公司合并，组成了后来的IBM公司，冯·诺依曼在晚年影响了这家公司，鼓励其从机械计算机转向电子计算机。
13. 在约翰尼的弟弟们中，尼古拉斯在抵达美国后将"冯"与"诺依曼"合并，成为冯诺依曼。迈克尔则只使用了诺依曼。
14. Theodore von Kármán with Lee Edson, 1967, *The Wind and Beyond: Theodore von Kármán, Pioneer in Aviation and Pathfinder in Space*, Little, Brown and Co., Boston.
15. Tibor Frank, 2007, *The Social Construction of Hungarian Genius (1867–1930)*, Eötvös Loránd University, Budapest.
16. George Klein, 1992, *The Atheist and the Holy City: Encounters and Reflections*, MIT Press, Cambridge, Mass.
17. Edward Teller (with Judith Shoolery), 2001, *Memoirs: A Twentieth-Century Journey in Science and Politics*, Perseus, Cambridge, Mass.
18. Stanisław M. Ulam, 1991, *Adventures of a Mathematician*, University of California Press, Berkeley.
19. 在现实世界中，科学很少能企及这种理想。

第 2 章　无穷之外

1. 1933年，纳粹迫使他辞去柯尼斯堡大学的工作。
2. George Pólya Papers, quoted in Frank, *The Social Construction of Hungarian Genius*.
3. Gabor Szegö Papers, quoted in ibid.
4. M. Fekete and J. L. von Neumann, 'Über die Lage der Nullstellen gewisser Minimum-

polynome', *Jahresbericht der Deutschen Mathematiker-Vereinigung*, 31 (1922).

5. Timothy Gowers (ed.), 2008, *The Princeton Companion to Mathematics*, Princeton University Press, Princeton.
6. Freeman Dyson, 'A Walk through Johnny von Neumann's Garden', *Notices of the American Mathematical Society*, 60 (2) (2013), pp.154–61.
7. Andrew Janos, 1982, *The Politics of Backwardness in Hungary*, Princeton University Press, Princeton.
8. Vonneuman, *John von Neumann as Seen by His Brother*.
9. Pál Prónay, 1963, *A hatarban a halal kaszal: Fejezetek Prónay Pal feljegyzeseibol*, ed. Agnes Szabo and Ervin Pamlenyi, Kossuth Könyvkiadó, Budapest.
10. Eugene P. Wigner, 'Two Kinds of Reality', *The Monist*, 48(2) (1964), pp. 248–64.
11. 引自这本论述数学现代主义的权威著作：Jeremy Gray, 2008, *Plato's Ghost: The Modernist Transformation of Mathematics*, Princeton University Press, Princeton。
12. 同上。
13. P. Stäckel, 1913, *Wolfgang und Johann Bolyai: Geometrische Untersuchungen, Leben und Schriften der beiden Bolyai*, Teubner, Leipzig, quoted in ibid.
14. 以下大部分内容均基于 Constance Reid, 1986, *Hilbert-Courant*, Springer, New York; and Gray, *Plato's Ghost*。
15. Reid, *Hilbert-Courant*.
16. Bertrand Russell, 1967, *The Autobiography of Bertrand Russell: 1872–1914* (2000 edn), Routledge, New York.
17. 同上。
18. Reid, *Hilbert-Courant*.
19. John von Neumann, 'Zur Einführung der transfiniten Zahlen', *Acta Scientiarum Mathematicarum (Szeged)*, 1(4) (1923), pp. 199–208.
20. Von Kármán, *The Wind and Beyond*. 2008 年，世界会认识到，恰恰相反，搞数学可以赚很多钱——也有可能把钱赔得精光。
21. 相比于冯·诺依曼，维格纳中学毕业后追求理论物理的梦想结束得不那么愉快。"匈牙利到底能有多少工作岗位留给理论物理学家？"父亲问他。"4 个。"维格纳回答道。他很快就被安排到柏林学习化学工程。费勒最初开始学习这个专业也是出于类似的原因。他们三人在拿到学位后很快就放弃了该专业，转而追求他们真正热爱的事业。
22. 引自 Stanisław Ulam, 'John von Neumann 1903–1957', *Bulletin of the American Mathematical Society*, 64 (1958), pp. 1–49。
23. John von Neumann, 'Eine Axiomatisierung der Mengenlehre', *Journal für die reine und angewandte Mathematik*, 154 (1925), pp. 219–40.

24. John von Neumann, 'Die Axiomatisierung der Mengenlehre', *Mathematische Zeitschrift*, 27 (1928), pp.669–752.
25. 引自 Dyson, *Turing's Cathedral*。

第 3 章　量子布道者

1. Einstein to Heinrich Zangger, 12 May 1912, *The Collected Papers of Albert Einstein*, Princeton University Press, Princeton, vol.5, p.299, quoted in Manjit Kumar, 2008, *Quantum: Einstein, Bohr and the Great Debate about the Nature of Reality*, Icon Books, London.
2. Werner Heisenberg, 'Über quantentheoretische Umdeutung kinematischer und mechanischer Beziehungen', *Zeitschrift für Physik*, 33(1) (1925), pp. 879–93.
3. 其实，这并非真正瞬时发生的。2019 年 6 月发表的一些著名实验的结果表明，跃迁也需要很短但有限的时间（许多微秒）：https://doi.org/10.1038/s41586-019-1287-z。
4. 例如，一个能量状态为 n=6 的电子可能会下降到基态，或者通过 n=2 到达基态，有效地进行了两次瞬时的微小跃迁：一个是从 n=6 到 n=2，另一个是从 n=2 到基态。
5. 如果我掷两次骰子，想知道我掷出一个 3(1/6)，接着一个 4(1/6) 的概率是多少，于是我将两个概率相乘，答案是 1/36。
6. 这是海森伯的一个 3×3 矩阵自行相乘的算式。结果矩阵中的第一位数字是 2×2+5×1+4×4=25 的结果，第一行的第二个数字是 2×5+5×1+4×2=23 的结果，以此类推。

$$\begin{pmatrix} 2 & 5 & 4 \\ 1 & 1 & 3 \\ 4 & 2 & 7 \end{pmatrix} \times \begin{pmatrix} 2 & 5 & 4 \\ 1 & 1 & 3 \\ 4 & 2 & 7 \end{pmatrix} = \begin{pmatrix} 25 & 23 & 51 \\ 15 & 12 & 28 \\ 38 & 36 & 71 \end{pmatrix}$$

杰里米·伯恩斯坦在他的论文《马克斯·玻恩和量子理论》['Max Born and the Quantum Theory', *American Journal of Physics*, 73(2005), pp. 999-1008] 中详细地解释了这一点。

7. 例如，$\begin{pmatrix} 1 & 3 \\ 4 & 2 \end{pmatrix} \times \begin{pmatrix} 2 & 5 \\ 1 & 3 \end{pmatrix} = \begin{pmatrix} 5 & 14 \\ 10 & 26 \end{pmatrix}$。将顺序颠倒后相乘，结果则为 $\begin{pmatrix} 22 & 16 \\ 13 & 9 \end{pmatrix}$。

8. Kumar, *Quantum*.
9. Born to Einstein, 15 July 1925, in Max Born, 2005, *The Born–Einstein Letters 1916–1955: Friendship, Politics and Physics in Uncertain Times*, Macmillan, New York.
10. 玻恩方程把粒子的位置 x 与动量 p 联系起来：

$$xp - px = i\frac{h}{4\pi}I$$

右边 h 是普朗克常数；I 为单位矩阵；i 为虚数（由其平方为 -1 的性质定义）。单位矩阵对角线上都是1，其他地方都是0，就像这样 $\begin{pmatrix} 1 & 0 \\ 0 & 1 \end{pmatrix}$。方程中的 I 允许两边都写成矩阵。虚数遵循与实数相同的数学规则，并且在物理和工程中被证明非常有用（例如在电路理论的非虚数领域）。在量子力学中，虚数能提供便利，使方程更容易求解。它们能让数学起作用。

11. 不确定性原理指出，如果 Δx 和 Δp 分别是测量位置和动量时的不确定度，则它们的乘积总是至少等于 $\frac{h}{4\pi}$，即 $\Delta x \Delta p = \frac{h}{4\pi}$。我们对一个粒子的位置掌握得越准确，对其动量的了解就越不准确。物理专业的学生有时还会被告知，这种不确定性是由测量行为引起的干扰导致的。这并非事实。虽然在实际测量的过程中，确实引入了一些额外的不确定性，但海森伯不确定性原理对粒子的位置和动量的确定精度提出了基本限制，无论它们被测量得多么精准。不确定性是所讨论粒子的固有特性。

12. Louis de Broglie, 'XXXV. A Tentative Theory of Light Quanta', *The London, Edinburgh, and Dublin Philosophical Magazine and Journal of Science*, 47(278) (1924), pp. 446–58.

13. 约翰尼的同胞利奥·齐拉特此时已经从布达佩斯"极其无聊"的数学课上恢复过来，并试图为利用电子波给小物体成像的创意申请专利，而恩斯特·鲁斯卡和马克斯·克诺尔于1931年（独立地）制造了第一台电子显微镜的原型机。

14. 如果你想知道一个函数如何满足一个方程，一个相对简单的例子就是：$f(x)+f(y)=x+y$，此方程为函数 $f(x)=x$ 所满足。

15. $\Psi = a_1\Psi_1 + a_2\Psi_2 + a_3\Psi_3 + a_4\Psi_4 + \cdots$ 其中 a_n 是每个波函数在总体中所占的比例。

16. Kumar, *Quantum*, p. 225.

17. 同上。

18. 设想写一串从 1，2，3 开始的数字……你可以想象在每个数字旁边写一个海森伯矩阵中的元素。

19. 一个受限粒子，例如氢原子的电子，也可以处于无限的叠加状态。但正如我们所看到的，这些状态是可数的：可以给它们分配量子数。但是，如量子力学这样的物理学理论，也必须能够处理在空间中自由运动的非受限粒子。

20. 坐标 x, y, z 都是实数，所以可以是数轴（就像教小学生做的加法）上的任意点。实数包括负数、分数和无理数，比如圆周率 π 和 $\sqrt{2}$，它们不能用分数表示（它们在小数点后可一直延续，且不会重复）。

21. John von Neumann, 2018, *Mathematical Foundations of Quantum Mechanics*, Princeton University Press, Princeton.

22. Ian McEwan, 2010, *Solar*, Random House, London.

23. Freeman Dyson, quoted in Graham Farmelo, 2009, *The Strangest Man: The Hidden Life of Paul Dirac, Quantum Genius*, Faber and Faber, London.

24. Paul A. M. Dirac, 'The Fundamental Equations of Quantum Mechanics', *Proceedings of the Royal Society of London. Series A, Containing Papers of a Mathematical and Physical Character*, 109 (752) (1925), pp. 642–53.
25. Paul Dirac, 1930, *The Principles of Quantum Mechanics*, Oxford University Press, Oxford.
26. Dyson,'A Walk through Johnny von Neumann's Garden', p.154.
27. 在波动力学中，算符用偏导数表示。
28. Max Jammer, 1974, *The Philosophy of Quantum Mechanics: The Interpretations of Quantum Mechanics in Historical Perspective*, Wiley, Hoboken.
29. 所以，$x_1^2+x_2^2+x_3^2+x_4^2+x_5^2\cdots$必须小于无穷大。数学家说数列必须"收敛"。
30. 量子态的希尔伯特空间是什么样子的？由于每个波函数的大小（平方）为1，它们的向量的长度都为1。如果希尔伯特空间仅仅是二维的，那么所有可能的状态向量的集合将描述一个以原点为中心的圆，而在三维空间中，它们将描述一个球体的表面。由于希尔伯特空间是无限维的，表示波函数的状态向量的尖端会接触到无限维球的表面，称为超球面。
31. 对于懂行的人来说，正交函数是由正弦和余弦组成的傅里叶级数。
32. 冯·诺依曼第一篇论文中的切比雪夫多项式是正交的。
33. 像这样：$\Psi=c_1f_1+c_2f_2+c_3f_3+c_4f_4+\cdots$这里，$f_s$是正交函数，$c_s$是系数。
34. I.e. $|c_1|^2+|c_2|^2+|c_3|^2+|c_4|^2+\cdots$ etc. = 1.
35. Von Neumann, *Mathematical Foundations of Quantum Mechanics*.
36. Frank, *The Social Construction of Hungarian Genius*.
37. Interview of Eugene Wigner by Charles Weiner and Jagdish Mehra, 30 November 1966, Niels Bohr Library and Archives, American Institute of Physics, College Park, MD USA, www.aip.org/history-programs/niels-bohr-library/oral-histories/4964.
38. 'With Nordheim and (nominally) Hilbert': David Hilbert, John von Neumann and Lothar Nordheim, 'Über die Grundlagen der Quantenmechanik', *Mathematische Annalen*, 98 (1927), pp. 1–30; 'later on his own': J. von Neumann, 'Mathematische Begründung der Quantenmechanik', *Nachrichten von der Gesellschaft der Wissenschaften zu Göttingen* (1927), pp. 1–57, and John von Neumann, 'Allgemeine Eigenwerttheorie Hermitescher Funktionaloperatoren', *Mathematische Annalen*, 102 (1929), pp. 49–131.
39. 物理学家埃里希·休克尔认为是这首诗的作者，译者为费利克斯·布洛赫。参见 Elisabeth Oakes, 2000, *Encyclopedia of World Scientists*, Facts on File, New York。
40. Steven Weinberg, 'The Trouble with Quantum Mechanics', *The New York Review of Books*, 19 January 2017.
41. Niels Bohr, 'Wirkungsquantum und Naturbeschreibung', *Naturwiss*, 17 (1929), pp. 483–6. 1934年第一次被翻译成英文，参见 *The Quantum of Action and the Description of*

Nature, Cambridge University Press, Cambridge。

42. Einstein to Max Born, 3 March 1947, in Born, *The Born–Einstein Letters 1916–1955*.

43. 在量子力学的标准历史中，哥本哈根诠释第一次出现是在 1927 年，最早由玻尔在布鲁塞尔举行的第五届索尔维会议上提出。流行的说法是，玻尔的那些有影响力的助手后来大力推广玻尔的观点，直到其成为正统理论。然而，事实似乎却是，玻尔的观点与哥本哈根诠释并不完全一致，他的著作在当时也并没有多少人阅读。事实上，"哥本哈根诠释"这个短语第一次出现于 1955 年海森伯的一篇论文中，他似乎已经写下了科学家们通常认为是量子力学权威观点的那些想法［参见，例如，Don Howard, 'Who Invented the "Copenhagen Interpretation?" A Study in Mythology', *Philosophy of Science*, 71(5) (2004), pp. 669–82, doi:10.1086/425941］。尽管如此，早在海森伯将它们集中于一面大旗下之前，哥本哈根诠释的不同方面就已经出现，而冯·诺依曼关于测量难题的研究是对这种综合集成最早的贡献之一。

44. David N. Mermin, 'Could Feynman Have Said This?', *Physics Today*, 57(5) (2004), pp.10–12.

45. 维格纳后来改了看法。

46. Abraham Pais, 'Einstein and the Quantum Theory', *Reviews of Modern Physics*, 51 (1979), pp. 863–914.

47. 《量子力学的教学基础》直到 1955 年才被翻译成英语。

48. Andrew Hodges, 2012, *Alan Turing: The Enigma. The Centenary Edition*, Princeton University Press, Princeton.

49. Erwin Schrödinger, 'Die gegenwärtige Situation in der Quantenmechanik', *Naturwissenschaften*, 23(48) (1935), pp. 807–12.

50. Einstein to Born, 4 December 1926, in Born, *The Born–Einstein Letters 1916–1955*.

51. 假设它们是可测量的，那么量子力学很容易被证明是错误的。

52. 这听起来像是胡扯，但其实未必。物理学中有许多类似隐变量理论的例子，它们已被证明是有用的。例如，理想气体定律就与一定数量气体的压力、体积和温度相关。但是，还有一个更深层次的"隐变量"理论——气体的动力学理论，可以通过考虑气体原子或分子在容器内碰撞反弹的行为来推导出该定律。换句话说，这一理想气体定律是气体粒子"隐藏"运动的结果。

53. Jammer, *The Philosophy of Quantum Mechanics*.

54. Andrew Szanton, 1992, *The Recollections of Eugene P. Wigner: As Told to Andrew Szanton*, Springer, Berlin.

55. 关于此事，说法不一。维格纳说，冯·诺依曼夫妇比他晚一天到达。冯·诺依曼的传记作者则声称他们晚了一周到达 (Norman Macrae, 1992, *John von Neumann: The Scientific Genius Who Pioneered the Modern Computer, Game Theory, Nuclear Deter-*

rence and Much More, Pantheon Books, New York)。

56. David N. Mermin, 'Hidden Variables and the Two Theorems of John Bell', *Reviews of Modern Physics*, 65 (1993), pp. 803–15.

57. 此处及接下来的大部分内容都出自 Elise Crull and Guido Bacciagaluppi (eds.), 2016, *Grete Hermann: Between Physics and Philosophy*, Springer, Berlin, Heidelberg, New York。

58. Werner Heisenberg, 1971, *Physics and Beyond: Encounters and Conversations*, Harper and Row, New York.

59. 可加性假设指出，作用于一个系统的两个算子的期望值（平均值）之和，等于它们本身之和的期望值。这在量子物理学和经典物理学中都是正确的。例如，一个粒子的平均能量（粒子的动能和势能之和）等于其平均动能加上平均势能。

60. 这篇论文从未发表过，但最近人们从狄拉克的档案中找到了这篇论文，并将其翻译成英文。

61. Grete Hermann, 'Die naturphilosophischen Grundlagen der Quantenmechanik', *Abhandlugen der Fries'schen Schule*, 6(2) (1935), pp. 75–152.

62. Grete Hermann, 'Die naturphilosophischen Grundlagen der Quantenmechanik', *Die Naturwissenschaften*, 23(42) (1935), pp. 718–21.

63. 赫尔曼最终阐述的哲学是现在所知的量子力学的关系解释的一个版本。人们普遍认为，是卡洛·罗韦利于1994年首次描述了这一概念，赫尔曼早在半个多世纪前就已经进展到这一步。笼统地说，在关系解释中，量子理论只描述一个系统相对于其他系统或观察者的状态。在一个系统当中，根本不存在"客观的"观察者独立状态。对同一个量子事件，两个观察者的看法可能截然不同，除非他们互相进行比较。根据赫尔曼的说法，任何观察者都可以重建导致特定观察的事件序列，因此因果关系在某种程度上便得以恢复。这就是大多数康德主义者所要求的全部因果关系。

64. John Stewart Bell, interview in *Omni*, May 1988.

65. Quoted in Nicholas Gisin, 'Sundays in a Quantum Engineer's Life' (2001), arXiv: quant-ph/0104140, https://arxiv.org/abs/quant-ph/0104140.

66. John Stewart Bell, 1987, *Speakable and Unspeakable in Quantum Mechanics*, Cambridge University Press, Cambridge.

67. From 'On the Impossible Pilot Wave', republished in ibid.

68. John Stewart Bell, 1966, 'On the Problem of Hidden Variables in Quantum Mechanics', *Reviews of Modern Physics*, 38 (1966), pp. 447–52.

69. N. D. Mermin, 'Hidden Variables and the Two Theorems of John Bell', *Reviews of Modern Physics*, 65 (1993), pp. 803–15.

70. Jeffrey Bub, 'Von Neumann's "No Hidden Variables" Proof: A Re-Appraisal', *Foun-*

dations of Physics, 40 (2010), pp. 1333–40; D. Dieks, 'Von Neumann's Impossibility Proof: Mathematics in the Service of Rhetorics', *Studies in History and Philosophy of Modern Physics*, 60 (2017), pp. 136–48.

71. Michael Stöltzner, 1999, 'What John von Neumann Thought of the Bohm Interpretation', in D. Greenberger et al. (eds.), *Epistemological and Experimental Perspectives on Quantum Physics*, Kluwer Academic Publishers, Dordrecht.
72. Einstein to Born, 12 May 1952, in Born, *The Born–Einstein Letters 1916–1955*.
73. Albert Einstein, Boris Podolsky and Nathan Rosen, 1935, 'Can Quantum-Mechanical Description of Physical Reality Be Considered Complete?', *Physical Review*, 47(10) (1935), pp. 777–80.
74. 在这类实验中，使用纠缠光子比使用氢原子更容易。
75. 此处及接下来的内容都出自 Stefano Osnaghi, Fábio Freitas and Olival Freire Jr, 'The Origin of the Everettian Heresy', *Studies in History and Philosophy of Modern Physics*, 40, pp. 97–123。
76. Peter Byrne, 2010, *The Many Worlds of Hugh Everett III: Multiple Universes, Mutual Assured Destruction, and the Meltdown of a Nuclear Family*, Oxford University Press, Oxford.
77. 菲利普·鲍尔在他2018年出版的精彩著作《量子力学，怪也不怪》(*Beyond Weird*, The Bodley Head, London) 中讨论了量子力学的此种及别的种种解释的问题和优势。
78. G. C. Ghirardi, A. Rimini and T. Weber (1986), 'Unified Dynamics for Microscopic and Macroscopic Systems', *Physical Review D*, 34(2) (1986), pp. 470–91.
79. Von Neumann, *Mathematical Foundations of Quantum Mechanics*.
80. P. A. M. Dirac, 1978, *Directions in Physics*, Wiley, New York.
81. 洛朗-莫伊兹·施瓦茨在1945年整理了与狄拉克"反常"函数相关的数学，并因此获得了著名的菲尔兹奖。
82. Jammer, *The Philosophy of Quantum Mechanics*.
83. 非常感谢乌尔里希·彭尼希 (Ulrich Pennig)，要不是他，有关冯·诺依曼代数，我恐怕一个字也写不出来。
84. Dyson, 'A Walk through Johnny von Neumann's Garden'.
85. Carlo Rovelli, 2018, *The Order of Time*, Allen Lane, London.
86. Von Neumann to O. Veblen, 19 June 1933, Library of Congress archives.
87. Fabian Waldinger, 'Bombs, Brains, and Science: The Role of Human and Physical Capital for the Creation of Scientific Knowledge', *Review of Economics and Statistics*, 98(5) (2016), pp. 811–31.
88. A. Fraenkel, 1967, *Lebenskreise*, translated and quoted by David. E. Rowe, 1986, '"Jewish Mathematics" at Gottingen in the Era of Felix Klein', *Isis*, 77(3), pp. 422–49.

第 4 章 曼哈顿计划和"超级"计划

1. Paul Halmos, 'The Legend of John von Neumann', *The American Mathematical Monthly*, 80(4) (1973), pp. 382–94.

2. 玛丽耶特后来在长岛建立了布鲁克海文国家实验室，并作为高级管理者在那里工作了大约 28 年。参见 Marina von Neumann Whitman, *The Martian's Daughter*, University of Michigan Press, Ann Arbor, and https://www.bnl.gov/60th/EarlyBNLers.asp。

3. Richard Feynman with Ralph Leighton, 1985, *Surely You're Joking, Mr. Feynman!: Adventures of a Curious Character*, W. W. Norton, New York.

4. 遍历理论出现在物理学和数学的许多不同领域。数学家陶哲轩和本·格林在 2004 年用该定理证明了一个与素数有关的猜想，这一猜想可以追溯到 18 世纪 70 年代。他们证明，存在任意长度的素数序列，其中相邻项之间的差为常数。例如，3，5，7 就是这样一个长度为 3 的序列。

5. 双方的争论参见 Joseph D. Zund, 'George David Birkhoff and John von Neumann: A Question of Priority and the Ergodic Theorems, 1931–1932', *Historia Mathematica*, 29 (2002), pp. 138–56。

6. Garrett Birkhoff, 1958, 'Von Neumann and Lattice Theory', *Bulletin of the American Mathematical Society*, 64 (1958), pp. 50–56.

7. Alan Turing, 'On Computable Numbers, with an Application to the *Entscheidungsproblem*', published in two parts 1936–7, *Proceedings of the London Mathematical Society*, 42 (1) (1937), pp. 230–65.

8. 对赫尔曼·戈德斯坦的采访出自 Nancy Stern, 1980, https://conservancy.umn.edu/bitstream/handle/11299/107333/oh018hhg.pdf?sequence=1&isAllowed=y。

9. Ulam, *Adventures of a Mathematician*.

10. 引自 Macrae, *John von Neumann*。

11. Von Neumann Whitman, *The Martian's Daughter*.

12. "这基本上就是愤怒的小鸟"历史学家托马斯·黑格说。http://opentranscripts.org/transcript/working-on-eniac-lost-labors-information-age/。

13. 引自 Dyson, *Turing's Cathedra*。

14. 同上。

15. 引自 Macrae, *John von Neumann*。

16. Von Neumann Whitman, *The Martian's Daughter*.

17. 引自 Dyson, *Turing's Cathedral*。

18. https://libertyellisfoundation.org/passenger-details/czoxMzoiOTAxMTk4OTg3MDU0MSI7/czo4OiJtYW5pZmVzdCI7.

19. 关于迈特纳的生活细节出自 Ruth Lewin Sime, 1996, *Lise Meitner: A Life in Physics*,

University of California Press, Berkeley。

20. John von Neumann, 2005, *John von Neumann: Selected Letters*, ed. Miklós Rédei, American Mathematical Society, Providence, R.I.
21. Subrahmanyan Chandrasekhar and John von Neumann, 1942, 'The Statistics of the Gravitational Field Arising from a Random Distribution of Stars. I. The Speed of Fluctuations', *Astrophysical Journal*, 95 (1942), pp.489–531.
22. 托马斯·黑格和马克·普利斯特利最近证明，就计算机设计而言，冯·诺依曼受到图灵的影响并不大，依据是他们发现的三份讲座的演讲稿：'Von Neumann Thought Turing's Universal Machine Was "Simple and Neat". But That Didn't Tell Him How to Design a Computer', *Communications of the ACM*, 63(1) (2020), pp. 26–32。
23. 此委员会的名字并非缩写。该委员会成员约翰·科克罗夫特曾收到莉泽·迈特纳通过她的一位英国朋友发来的一份神秘电报："近会尼尔斯及玛格丽特，两人均好，但不悦，请告考克罗夫特和穆德·雷·肯特（MAUD RAY KENT）。"考克罗夫特对电报内容感到茫然。于是他将字母"Y"换成了"I"，并推断最后三个单词其实是"radium taken"（镭已取）的异序重组词。德国人储存放射性物质是为了制造反应堆或炸弹吗？迈特纳狡黠的警告恰如其分地激发了委员会的热情，遂以她的电报中那三个神秘单词的头一个"MAUD"作为委员会的名字。在考克罗夫特和其他人对该电报的单词的含义深感困惑多年后，人们才发现迈特纳的电报根本就不是为了号召人们采取行动，而是写给玻尔孩子的前家庭教师的。她的名字就叫穆德·雷，而她住在肯特郡。迈特纳作为一位坚定的和平主义者，却无意中推动了两个国家对原子弹的研发。
24. 关于原子弹开发的两本重要著作：Richard Rhodes, 2012, *The Making of the Atom Bomb*, Simon & Schuster, London；Jim Baggott, 2012, *Atomic: The First War of Physics and the Secret History of the Atom Bomb: 1939–49*, Icon Books, London。
25. Kenneth D. Nichols, quoted in Peter Goodchild, 1980, *J. Robert Oppenheimer: Shatterer of Worlds*. Houghton Mifflin, New York.
26. 引自 Rhodes, *The Making of the Atom Bomb*。
27. 曼哈顿计划遇到的技术问题，以及冯·诺依曼为解决这些问题做出的一些贡献，均引自 Lillian Hoddeson, Paul W. Henriksen, Roger A. Meade and Catherine Westfall, 1993, *Critical Assembly: A Technical History of Los Alamos during the Oppenheimer Years, 1943–1945*, Cambridge University Press, Cambridge。
28. 此发现被保密至二战之后。
29. 引自 Hoddeson et al., *Critical Assembly*。
30. John von Neumann, 1963, *Oblique Reflection of Shocks*, in *John von Neumann: Collected Works*, ed. A. H, Taub, vol. 6: *Theory of Games, Astrophysics, Hydrodynamics and Meteorology*, Pergamon Press, Oxford.

31. Hoddeson et al., *Critical Assembly*.
32. 基斯佳科夫斯基声称，他曾在洛斯阿拉莫斯教冯·诺依曼如何打扑克，直到"他开始打得比我好"时才停下来。然而，冯·诺依曼对打扑克非常熟悉，以至于他在 1928 年发表的一篇博弈论论文中还提到了扑克游戏。当年他邂逅基斯佳科夫斯基时，他已经写完了《博弈论与经济行为》，书中就包含对扑克游戏的各种分析。冯·诺依曼打扑克的名声实在不怎么样，所以他是想哄骗其朋友产生一种虚假的安全感。https://www.manhattanprojectvoices.org/oral-histories/george-kistiakowskys-interview。
33. 在接下来的几个月里，实验证实，反应堆产生的样品中含有高比例的钚–240，它比洛斯阿拉莫斯所需的钚–239 衰变得还快。
34. 然而，当时的足球并不像截角二十面体那样。大多数足球最多由 18 个皮革面板缝合而成。
35. Arjun Makhijani, '"Always" the Target?', *Bulletin of the Atomic Scientists*, 51(3) (1995), pp. 23–7.
36. 'Personal Justice Denied: Report of the Commission on Wartime Relocation and Internment of Civilians', National Archives. Government Printing Office, Washington, D.C., December 1982, https://www.archives.gov/research/japanese-americans/justice-denied.
37. 冯·诺依曼关于目标委员会议程的说明出自 Macrae, *John von Neumann*。
38. http://www.dannen.com/decision/targets.html.
39. https://www.1945project.com/portfolio-item/shigeko-matsumoto/.
40. The Committee for the Compilation of Materials on Damage Caused by the Atomic Bombs in Hiroshima and Nagasaki, 1981, *Hiroshima and Nagasaki: The Physical, Medical, and Social Effects of the Atomic Bombings*, Basic Books, New York.
41. Freeman Dyson, 1979, *Disturbing the Universe*, Harper and Row, New York.
42. 引自 von Neumann Whitman, *The Martian's Daughter*。
43. 引自 Dyson, *Turing's Cathedral*。
44. 作者的采访，2019 年 1 月 14 日。
45. Von Neumann Whitman, *The Martian's Daughter*.
46. 作者的采访。
47. German A. Goncharov, 'Thermonuclear Milestones: (1) The American Effort', *Physics Today*, 49 (11) (1996), pp. 45–8.
48. https://www.globalsecurity.org/wmd/intro/classical-super.htm.
49. Goncharov, 'Thermonuclear Milestones'.
50. German A. Goncharov, 'Main Events in the History of the Creation of the Hydrogen Bomb in the USSR and the USA', *Physics–Uspekhi*, 166 (1996), pp. 1095–1104.

第 5 章　现代计算机的曲折诞生

1. From her unfinished memoirs, quoted extensively in Dyson, *Turing's Cathedral*. This chapter is particularly indebted to Dyson; Thomas Haigh, Mark Priestley and Crispin, Rope, 2016, *ENIAC in Action: Making and Remaking the Modern Computer*, MIT Press, Cambridge, Mass., and William Aspray, 1990, *John von Neumann and the Origins of Modern Computing*, MIT Press, Cambridge, Mass.
2. 书中一段稍长的摘录引自 Leonard, *Von Neumann, Morgenstern, and the Creation of Game Theory Cambridge University Press, Cambridge*。
3. 参见 Macrae, *John von Neumann*。
4. Earl of Halsbury, 'Ten Years of Computer Development', *Computer Journal*, 1 (1959), pp. 153–9.
5. Brian Randell, 1972, *On Alan Turing and the Origins of Digital Computers*, University of Newcastle upon Tyne Computing Laboratory, Technical report series.
6. 引自 Aspray, *John von Neumann and the Origins of Modern Computing*。
7. 威廉·阿斯普雷的采访，文献来源同上。
8. Hermann H. Goldstine, 1972, *The Computer from Pascal to von Neumann*, Princeton University Press, Princeton.
9. Herman Goldstine, interview with Albert Tucker and Frederik Nebeker, 22 March 1985, https://web.math.princeton.edu/oral-history/c14.pdf.
10. Harry Reed, 18 February 1996, ACM History Track Panel, quoted in Thomas J. Bergin (ed.), 2000, *50 Years of Army Computing: From ENIAC to MSRC*, Army Research Lab Aberdeen Proving Ground MD.
11. 她们的贡献是被历史学家托马斯·黑格及其同事发现的。参见 Haigh et al., *ENIAC in Action*。
12. http://opentranscripts.org/transcript/working-on-eniac-lost-labors-information-age/.
13. 出自安尼·菲茨帕特里克的论文。引自 Haigh et al., *ENIAC in Action*。
14. 同上。
15. 同上。
16. 最初发表于 1945 年。1993 年，迈克尔·D. 戈弗雷出版了经过精心编辑的版本。John von Neumann, 'First Draft of a Report on the EDVAC', *IEEE Annals of the History of Computing*, 15 (1993), pp. 27–75.
17. Wolfgang Coy, 2008, *The Princeton Companion to Mathematics*, Princeton University Press, Princeton.
18. 哥德尔在这里的生活和工作的细节大部分源自 John W. Dawson, 1997, *Logical Dilemmas: The Life and Work of Kurt Gödel*, A. K. Peters, Wellesley, Mass., and Rebecca Goldstein, 2005, *Incompleteness: The Proof and Paradox of Kurt Gödel*. W. W. Norton

& Company, New York。

19. 在三段论中，如下所示，由一对前提引出一个结论：

所有的人都是凡人

苏格拉底是人

所以苏格拉底也是凡人

以一阶逻辑的符号来表示，三段论就变成：

∀ $x(M(x) \rightarrow P(x))$

$M(a)$

$P(a)$

……其中

∀ 表示"所有"或"任意"，→表示"意味着"或"是"，

$M(a)$，读作"M of a"，意思是任何 a 都具有 M 属性，

M = 人的属性

P = 凡人的属性

a 即苏格拉底。

20. David Hilbert and Wilhelm Ackermann, 1928, *Grundzüge der theoretischen Logik*, Julius Springer, Berlin (later translated as *Principles of Mathematical Logic*).

21. 例如，设 M = 一只橙子的属性，P = 绿色的属性，遂插入上述三段论。

22. 牛津大学的安德鲁·怀尔斯在 1994 年证明了费马的最后一个定理，这距离费马提出这个问题并声称他有一个"奇妙的证明"已过去 350 多年，他的范围太窄了，无法包含该定理。怀尔斯的证明长达 100 多页。哥德巴赫猜想仍未得到证实。

23. 哥德尔以同样的方式开始，为《数学原理》中的每个符号分配了唯一的数字：之后他用质数来表示特定符号的位置（前 5 个质数是 2、3、5、7 和 11）。然后，他将每一个质数都提升为在代数式中相应位置的那个符号数的幂。将这些值相乘得到该代数式的哥德尔数。例如，让我们定义以下符号数：M=1, a= 2,（=3, 和）= 4, 则表达式 $M(a)$ 的哥德尔数为 $2^1 \times 3^3 \times 5^2 \times 7^4$ = 3 241 750。如你所见，哥德尔数很快就会变得非常大。所谓的"算术基本定理"指出，每个大于 1 的整数要么是素数，要么是素数的唯一乘积。这意味着每个代数式都有一个唯一的哥德尔数，通过对该数进行因式分解，我们总是可以恢复经过编码的代数式。

24. 在数学的形式系统中出现的哥德尔式奇怪循环……是一个循环，它允许这样的系统"感知自我"、谈论自己、具有"自我意识"，从某种意义上说，凭借这样一个循环，一个形式系统获得了一个自我，这并不言过其实。Douglas R. Hofstadter, 1979, *Gödel, Escher, Bach: An Eternal Golden Braid*, Basic Books, New York. 引自该书 20 周年纪念版的序言。

25. 他对此了解得不多，也不太在意。

26. Minutes of the Institute for Advanced Study Electronic Computing Project, Meeting 1,

12 November 1945, IAS, quoted in Dyson, *Turing's Cathedral*.

27. Martin Davis, 2000, *The Universal Computer: The Road from Leibniz to Turing*, W. W. Norton & Company, New York.
28. Kurt Gödel, 'Über formal unentscheidbare Sätze der Principia Mathematica und verwandter Systeme I', *Monatshefte für Mathematik und Physik*, 38 (1931), pp. 173–98.
29. Von Neumann, *Selected Letters*.
30. Any details of Turing's life are drawn from Andrew Hodges, 2012, *Alan Turing: The Enigma. The Centenary Edition*, Princeton University Press, Princeton. My brief description of Turing's paper is abridged from Charles Petzold, 2008, *The Annotated Turing: A Guided Tour Through Alan Turing's Historic Paper on Computability and the Turing Machine*, Wiley, Hoboken, and 'Computable Numbers: A Guide', in Jack B. Copeland (ed.), 2004, *The Essential Turing: Seminal Writings in Computing, Logic, Philosophy, Artificial Intelligence, and Artificial Life plus The Secrets of Enigma*, Oxford University Press, Oxford.
31. Alonzo Church, 'A Note on the *Entscheidungsproblem*', *Journal of Symbolic Logic*, 1(1) (1936), pp. 40–41.
32. Turing, 'On Computable Numbers'.
33. 他将此机器的行为归纳到下面一张表中：

初始 m-配置	符号读取	行动	最终 m-配置
a	空格	P_0, R	b
b	空格	R	c
c	空格	P_1, R	d
d	空格	R	a

其中，P_0 表示"打印 0"，P_1 表示"打印 1"，R 表示向右移动一格。

34. 查尔斯·佩措尔德这样描述图灵机，比如，它可以将两个二进制数相加和相乘。
35. 在拥有了一份标准描述的副本之后，通用计算机开始工作所需要的，只是其拟仿制的图灵机的初始状态，以及该机器应读取的第一个符号。它首先要去扫描指令带上的标准描述，寻找所给出的符号和初始状态。一旦找到了这个配置，通用计算机就可以读取下一步行动的指令：编码的 m-描述提供了要打印的符号、它的头部应该如何移动及下一个状态。手边有了这些信息，通用计算机就可以把指令带回卷至它刚开始的位置，打印出下一个符号及正在模拟的图灵机的新状态。现在，通用计算机要反复在指令带上的标准描述中寻找新的符号和状态，然后打印符号并切换至下一个状态，这种循环往复的"搜索和匹配"可以永远持续下去，或者直到指令带上的"程序"终结。通用计算机的输出与其所模拟的机器的输出是不一样的。例如，通用计算机需要额外的空间来打印状态。尽管如此，它确实精确地再现了预期的序列——即使由于"做工粗糙"而在字符之间存在间隙。

36. John von Neumann, 1963, 'The General and Logical Theory of Automata', lecture given at the Hixon Symposium on Cerebral Mechanisms in Behaviour, 20 September 1948, reproduced in *Collected Works*, vol. 5: *Design of Computers, Theory of Automata and Numerical Analysis*, Pergamon Press, Oxford.

37. 简而言之，图灵的策略是这样的：他一开始就考虑，有无可能让某台图灵机从另一台机器的标准描述中分辨出该机器会一直打印数字还是会停止。令人略有不解的是，他把那些一直打印的机器称为"非闭环"，而那些最终停止打印的机器称为"闭环"。图灵随后证明，没有任何机器能有能力决定另一台任意机器是否为非闭环。他指出，任何一台这样的机器在试图评估自己的标准描述时，都会陷入循环。他同样证明无法构造一台机器可以判定另一台机器是否打印过某个给定的符号，例如 0。他之所以这样做就是想表明，这也意味着存在一种机器，它可以确定另一台机器是否非闭环。既然他已经证明，没有任何机器可以通过分析另一台机器的标准描述来判断另一台机器是否会一直打印 0，那么也就不可能有机器能够判断另一台机器是否会打印 0。最后，图灵用一阶逻辑构造了一个相当复杂的语句，实际上是说，"0 出现在 M 机器的指令带上的某个地方"。他称这个公式为 Un(M)，意为"不可确定的"。现在，想象一台机器，它可以确定一阶逻辑中的任何语句是否可以用一阶逻辑来证明。哲学家杰克·科普兰称这种机器为"希尔伯特之梦"。可惜，正当"希尔伯特之梦"试图通过 Un(M) 来决定其是否可以证明时，它的轮子掉了，因为图灵已经证明，没有机器能确定这一点。"希尔伯特之梦"在逻辑中消失了。

38. 源自克拉里·冯·诺依曼的论文。引自 Dyson, *Turing's Cathedral*。

39. 黑格彻底粉碎了有关图灵的一些更加疯狂的主张。参见 Thomas Haigh, 'Actually, Turing Did Not Invent the Computer', *Communications of the ACM*, 57(1) (2014), pp.36–41。

40. Copeland, *The Essential Turing*.

41. *First Draft of a Report on the EDVAC*. 经过仔细校对和编辑的版本参见 Michael D. Godfrey, *IEEE Annals of the History of Computing*, 15(4) (1993), pp. 27–75。

42. W. S. McCulloch and W. Pitts, 1943, 'A Logical Calculus of the Ideas Immanent in Nervous Activity', *Bulletin of Mathematical Biophysics*, 5 (1943), pp. 115–33.

43. Goldstine to von Neumann, 15 May, 1945, quoted in Haigh et al., *ENIAC in Action*。

44. 同上。

45. 计算机的"主记忆器"或"主存储器"一旦断电就会丢失数据。辅助存储器由硬盘或闪存提供，可保存数据直到被重写。

46. John W. Mauchly, 'Letter to the Editor', *Datamation*, 25 (11) (1979), https://sites.google.com/a/opgate.com/eniac/Home/john-mauchly.

47. J. Presper Eckert, oral history interview by Nancy B. Stern, 28 October 1977, http://purl.umn.edu/107275.

48. 引自一本未出版的书，即黑格等人所著的《ENIAC 在行动》。在计算机历史上，这仍然是一个有争议的说法。在他们最近关于 ENIAC 所做的深入研究中，黑格及其同事得出结论："我们对证据的最佳解释是，通过编辑、整合及扩展与 ENIAC 团队在联席会议上讨论过的构想，冯·诺依曼第一次建立起作为一个统一整体的 EDVAC 体系结构。"

49. Von Neumann to Aaron Townshend, 6 June 1946, quoted in Aspray, *John von Neumann and the Origins of Modern Computing*.

50. John von Neumann, deposition concerning EDVAC report, n.d. [1947], IAS, quoted in Dyson, *Turing's Cathedral*.

51. Von Neumann to Frankel, 29 October 1946, quoted in Aspray, *John von Neumann and the Origins of Modern Computing*.

52. I. J. Good, 1970, 'Some Future Social Repercussions of Computers', *International Journal of Environmental Studies*, I (1970), pp. 67–79.

53. 1946 年 3 月，埃克特和莫奇利拒绝签署将他们的发明移交给宾夕法尼亚大学的新协议，并随即离开了摩尔学院。他们成立了自己的计算机公司，生产了 UNIVAC I，这是用于商业和军事领域的一系列计算机中的第一款，后被亏本卖给了美国人口调查局。埃克特-莫奇利计算机公司很快陷入严重的财政困难，当莫奇利被诬告同情共产主义时，情况更加恶化。一些利润丰厚的国防合同被取消，该公司被挂牌出售。该公司于 1950 年被雷明顿-兰德公司收购，合并后变成斯佩里·兰德公司。作为埃克特和莫奇利的专利的新的所有者，斯佩里兰德在法庭上为他们进行了辩护，但并未成功。尽管那场战斗的结局是毁灭性的，但斯佩里兰德依然活到了今天：1986 年它被商用机器制造商巴勒斯（Burroughs）收购，合并后的公司成了计算机巨头优利系统（Unisys）。

54. 诺伯特·维纳于 1945 年 3 月 24 日致约翰·冯·诺依曼函。引自 Macrae, *John von Neumann*, and Dyson, *Turing's Cathedral*。

55. 1945 年 10 月 19 日高等研究院董事会定期会议纪要，引自 Goldstine, *The Computer from Pascal to von Neumann*。

56. Dyson, *Disturbing the Universe.*

57. Klára von Neumann, *Johnny*, quoted in Dyson, *Turing's Cathedral*.

58. 1945 年 10 月 19 日高等研究院董事会定期会议纪要，引自 Goldstine, *The Computer from Pascal to von Neumann*。

59. John von Neumann to Lewis Strauss, October 1945, quoted in Andrew Robinson

(ed.), 2013, *Exceptional Creativity in Science and Technology: Individuals, Institutions, and Innovations*, Templeton Press, West Conshohocken, Pennsylvania.

60. ENIAC 改装和编程的所有细节引自 Haigh et al., *ENIAC in Action*。
61. 与库珀的对话参见 N. G. Cooper et al. (eds.), 1989, *From Cardinals to Chaos: Reflection on the Life and Legacy of Stanislaw Ulam*, Cambridge University Press, Cambridge。
62. 引自 Dyson, *Turing's Cathedral*。
63. Klára von Neumann, *c.* 1963, 引自 Dyson, *Turing's Cathedral*。
64. Ulam, quoted in Roger Eckhardt, 1987, *Stan Ulam, John von Neumann, and the Monte Carlo Method*, *Los Alamos Science*, 15, Special Issue (1987), pp. 131–7, https://permalink.lanl.gov/object/tr?what=info:lanl-repo/lareport/LA-UR-88-9068.
65. 乌拉姆玩的是坎菲尔德牌戏（美国）或恶魔（英国）游戏，两者都出了名的难赢。
66. 乌拉姆在 ENIAC 专利审理期间的证词，引自 Dyson, *Turing's Cathedral*。
67. 黑格等人没能找到第一轮 "蒙特卡罗" 运行的程序代码，但后来运行的代码清单是克拉里写的。
68. "ENIAC 是目前使用中的 4 个 '数学大脑' 中唯一的电子计算机，正在进行改装，以便在不重置的情况下处理所有与之相适应类型的数学问题。"《时代》周刊指出，这些改变将使 ENIAC "获得绝大部分正在为 EDVAC 打造的效率" (Will Lissner, '"Brain" Speeded Up for War Problems', *New York Times*, 13 December 1947), 以及 "根据所做的改变，有望将 ENIAC 每周的实际输出量从相当于 10 000 工时提高到 30 000 工时" (Will Lissner, 'Mechanical "Brain" Has Its Troubles', *New York Times*, 14 December 1947)。
69. Nicholas Metropolis, Jack Howlett and Gian-Carlo Rota (eds.), 1980, *A History of Computing in the Twentieth Century*, Academic Press, New York.
70. John von Neumann, 1951, 'Various Techniques Used in Connection with Random Digits', https://mcnp.lanl.gov/pdf_files/nbs_vonneumann.pdf.
71. S. Ulam to von Neumann, 12 May 1948, Putnam, New York quoted in Dyson, *Turing's Cathedral*.
72. Von Neumann to S. Ulam, 11 May 1948, quoted in Haigh et al., *ENIAC in Action*.
73. Klári von Neumann to S. Ulam, 12 June 1948, quoted in ibid.
74. 参见 Haigh et al., *ENIAC in Action*。
75. Von Neumann to S. Ulam, 18 November 1948, quoted in ibid.
76. Klári von Neumann to the Ulams, quoted in Dyson, *Turing's Cathedral*.
77. MANIAC I 的全称是数学分析仪、数值积分器和计算机模型 I（Mathematical Analyzer Numerical Integrator and Computer Model I）。
78. 参见 Haigh et al., *ENIAC in Action*。
79. Julian Bigelow interview with Nancy Stern, quoted in Dyson, *Turing's Cathedral*.

80. Dyson, *Turing's Cathedral*.
81. 理查德·R. 默茨的采访，文献来源同上。
82. 南希·斯特恩的采访，文献来源同上。
83. Stanley A. Blumberg and Gwinn Owens, 1976, *Energy and Conflict: The Life and Times of Edward Teller*.
84. John von Neumann, 'Defense in Atomic War', *Scientific Bases of Weapons, Journal of American Ordnance Association*, 6(38) (1955), pp. 21–3, reprinted in *Collected Works*, vol.6.
85. Julian Bigelow, 'Computer Development at the Institute for Advanced Study', in Metropolis et al. (eds.), *A History of Computing in the Twentieth Century*, pp. 291–310.

第 6 章　博弈论

1. Von Neumann Whitman, *The Martian's Daughter*.
2. 同上。
3. 同上。
4. Jacob Bronowski, *The Ascent of Man*, Little, Brown, 1975.
5. This chapter is indebted to Robert Leonard, *Von Neumann, Morgenstern and the Creation of Game Theory: From Chess to Social Science, 1900–1960*, Cambridge University Press, Cambridge and William Poundstone, *Prisoner's Dilemma: John von Neumann, Game Theory and the Puzzle of the Bomb*, Doubleday, New York. 关于博弈论的非数学介绍，可参考 Ken Binmore, *Game Theory: A Very Short Introduction*, Oxford University Press, Oxford。
6. 拉斯克在与荷兰冠军亚伯拉罕·斯皮杰的一场比赛后这样写道："我当时怀着那种越危险越想上的心情。所以，从一开始我就陡然陷入一种结果极其可疑的组合。"不用说，拉斯克最终独占鳌头。
7. 引自 Leonard, *Von Neumann, Morgenstern and the Creation of Game Theory*。
8. Emanuel Lasker, [1906/7], *Kampf*, Lasker's Publishing Co., New York, reprinted in 2001 by Berlin-Brandenburg, Potsdam, quoted in ibid.
9. Emanuel Lasker, *Lasker's Manual of Chess*, New York: Dover, 1976 (original: *Lehrbuch des Schachspiels*, 1926; first English translation, 1927)], quoted in ibid.
10. John von Neumann, 'Zur Theorie der Gesellschaftsspiele', *Mathematische Annalen*, 100 (1928), pp. 295–320. Translation by Sonya Bargmann, 'On the Theory of Games of Strategy', *Contributions to the Theory of Games*, 4 (1959), pp. 13–42.
11. Von Neumann Whitman, *The Martian's Daughter*.
12. Von Neumann, 'Zur Theorie der Gesellschaftsspiele'.
13. 没有真正的玩家是完全理性的，这一点在这里并不重要。完全笔直的直线也不存在，但几何仍然被证明在现实世界中非常有用。

14. 关于冯·诺依曼于1928年所做的证明及与博雷尔的优先权之争，参见 Tinne Hoff Kjeldsen, 'John von Neumann's Conception of the Minimax Theorem: A Journey Through Different Mathematical Contexts', *Archive for History of Exact Sciences*, 56 (2001), pp. 39–6。

15. Maurice Fréchet, 'Emile Borel, Initiator of the Theory of Psychological Games and Its Application', *Econometrica*, 21 (1953), pp. 95–6.

16. Maurice Fréchet, 'Commentary on the Three Notes of Emile Borel', *Econometrica*, 21 (1953), pp. 118–24.

17. John von Neumann, 'Communication on the Borel Notes', *Econometrica* 21 (1953), pp. 124–5.

18. Halperin Interview, The Princeton Mathematics Community in the 1930s, Transcript Number 18 (PMC18), quoted in Leonard, *Von Neumann, Morgenstern, and the Creation of Game Theory*.

19. Péter Rózsa, *Játék a Végtelennel*, 1945. Translated by Z. P. Dienes, *Playing with Infinity: Mathematical Explorations and Excursions*, Dover Publications, New York.

20. John von Neumann, 'Über ein ökonomisches Gleichungssystem und eine Verallgemeinerung des Brouwerschen Fixpunktsatzes', *Ergebnisse eines Mathematische Kolloquiums*, 8 (1937), ed. Karl Menger, pp. 73–83.

21. Translated as 'A Model of General Economic Equilibrium', *Review of Economic Studies*, 13 (1945), pp. 1–9.

22. Macrae, *John von Neumann*.

23. 函数 $f(x) = x$ 都是不动点，例如，$f(x) = 7$，则 $x = 7$ 就是一个不动点。

24. John von Neumann, 'The Impact of Recent Development in Science on the Economy and Economics', speech delivered, published in *Looking Ahead*, 4 (1956), also in A. Bródy and T. Vámos (eds.), 1995, *The Neumann Compendium*, World Scientific, London.

25. John von Neumann to Oskar Morgenstern, 8 October 1947, quoted in Oskar Morgenstern, 'The Collaboration Between Oskar Morgenstern and John von Neumann on the Theory of Games', *Journal of Economic Literature*, 14(3) (1976), pp. 805–16.

26. 参见 Macrae, *John von Neumann*。

27. E. Roy Weintraub, 'On the Existence of a Competitive Equilibrium: 1930–1954', *Journal of Economic Literature*, 21(1) (1983), pp. 1–39.

28. Sylvia Nasar, 1998, *A Beautiful Mind*, Simon & Schuster, New York.

29. 引自 Leonard, *Von Neumann, Morgenstern, and the Creation of Game Theory*。

30. 莫根施特恩的日记，引自 Leonard, *Von Neumann, Morgenstern, and the Creation of*

Game Theory。

31. Oskar Morgenstern, 1928, *Wirtschaftprognose: Eine Untersuchung ihrer Voraussetzungen und Möglichkeiten*, Julius Springer, Vienna. Translation quoted in Leonard, *Von Neumann, Morgenstern, and the Creation of Game Theory*.
32. Morgenstern, 'The Collaboration'.
33. Oskar Morgenstern, *Diary*, 18 November 1938, quoted in Leonard, *Von Neumann, Morgenstern, and the Creation of Game Theory*.
34. Morgenstern, *Diary*, 15 February 1939, quoted in Leonard, *Von Neumann, Morgenstern, and the Creation of Game Theory*.
35. Einstein to Queen Elizabeth of Belgium, 20 November 1933, quoted in Jagdish Mehra, 1975, *The Solvay Conferences on Physics: Aspects of the Development of Physics since 1911*, D. Reidel, Dordrecht.
36. Morgenstern, 'The Collaboration'.
37. Morgenstern, *Diary*, 26 October 1940.
38. 同上，1941 年 1 月 22 日。
39. 同上。
40. Israel Halperin, 1990, 'The Extraordinary Inspiration of John von Neumann', in *Proceedings of Symposia in Pure Mathematics*, vol. 50: *The Legacy of John von Neumann*, ed. James Glimm, John Impagliazzo and Isadore Singer, American Mathematical Society, Providence, R.I., pp. 15–17.
41. Morgenstern, *Diary*, 12 July 1941.
42. Klára von Neumann, unpublished papers, quoted in Leonard, *Von Neumann, Morgenstern, and the Creation of Game Theory*.
43. Morgenstern, *Diary*, 7 August 1941.
44. Leonard, *Von Neumann, Morgenstern, and the Creation of Game Theory*.
45. Morgenstern, *Diary*, 14 April 1942.
46. Morgenstern, 'The Collaboration'.
47. 这是我对宾默尔在《博弈论》(Binmore, *Game Theory*) 一书所做解释的阐释。
48. 刻度不必从 0 到 100。一个标尺上的效用读数，可以转换成另一个标尺上的读数，就像用摄氏度衡量的温度也可以转换成华氏度一样。
49. John von Neumann and Oskar Morgenstern, 1944, *Theory of Games and Economic Behavior*. Princeton University Press, Princeton.
50. Daniel Kahneman, 2011, *Thinking, Fast and Slow*, Farrar, Straus and Giroux, New York.
51. 德国逻辑学家恩斯特·策梅洛在 1912 年证明，在获胜的位置上，无论是执黑方还是执白方都可以强力取胜。与冯·诺依曼不同的是，策梅洛忽略了国际象棋的标准停止规则，允许有无限多步的对弈，并且没有使用倒推法进行证明。参见 U.

Schwalbe and P. Walker, 'Zermelo and the Early History of Game Theory', *Games and Economic Behavior*, 34 (2001), pp. 123–37。

52. 在这种场景下，福尔摩斯如果去多佛，莫里亚蒂的平均赔付是 100 的 60%（60），如果在坎特伯雷到站，则是 –50 的 40%（–20）。另外，如果福尔摩斯提前下车，那么莫里亚蒂的策略收益率为 40%。所以在这两种情况下莫里亚蒂的策略都产生了 40 的效用。

53. Binmore, *Game Theory*.

54. 有 33 张牌比她的高，有 66 张牌与她的等值或更低。

55. 阈值由 $\dfrac{H-L}{H} \times 99$ 得出。

56. 诈叫的最佳频率为 $\dfrac{L}{H+L}$。

57. Binmore, *Game Theory*.

58. 即玩家 A、B、C 可以组成联盟 AB、BC 和 AC。

59. 设想两个玩家组成一个联盟，平分收益，各得 1/2。第三个玩家现在面临 –1 的赔付，如果前两个玩家中有人与第三个玩家合作，第三个玩家会很快向另两个玩家之一提供 3/4 的效用。然后，第三个玩家会将 1/4 的效用收入囊中。但是，没有什么可以阻止新的被抛弃玩家（现在面临 –1 的支出）向前者允诺超过 1/4 的效用来组建另一个联盟，依此类推。

60. W Barnaby, 'Do Nations Go to War Over Water?', *Nature*, 458 (2009), pp. 282–3.

61. 冯·诺依曼称此为"归属计算"，一个至今仍在博弈论中被使用的术语。

62. Michael Bacharach, 1989, 'Zero-sum Games', in John Eatwell, Murray Milgate and Peter Newman (eds), *Game Theory*, The New Palgrave, Palgrave Macmillan, London, pp. 253–7.

63. 冯·诺依曼很清楚，瓦尔拉斯的研究——他自己的一般经济均衡模型，就是为了纠正他在其中看到的一些缺陷。

64. John McDonald, 1950, *Strategy in Poker, Business and War*, W. W. Norton, New York.

65. 同上。

66. Jacob Marschak, 'Von Neumann and Morgenstern's New Approach to Static Economics', *Journal of Political Economy*, 54 (1946), pp. 97–115.

67. Robert J. Leonard, 'Reading Cournot, Reading Nash: The Creation and Stabilisation of the Nash Equilibrium', *Economic Journal*, 104(424) (1994), pp. 492–511.

68. 同上。

69. William F. Lucas, 'A Game with No Solution', *Bulletin of the American Mathematics Society*, 74 (1968), pp. 237–9.

70. Gerald L. Thompson, 1989, 'John von Neumann', in Eatwell et al. (eds.), *Game Theory*, pp. 242–52.

71. 有关该奖项争议过程的叙述详见 Nasar, *A Beautiful Mind*。
72. 参见 John McMillan, 'Selling Spectrum Rights', *Journal of Economic Perspectives*, 8(3) (1994), pp. 145–62。早期将公共资产分配给公司的竞争被称为"选美比赛"。每家公司都提交了一份冗长的文件，解释为什么他们的投标是最好的，然后由一个官员小组决定获胜者。不幸的是，负责这项任务的官员们可能并不真正了解这些资产对各竞标企业的真正价值，而这些企业也没有告诉他们的动机。这种方法之后被彩票取代，博彩也是一种游戏。1989 年，一位获胜者以 4 100 万美元的价格将他们在科德角的移动电话运营执照卖给了西南贝尔公司。
73. Paul Milgrom, 'Putting Auction Theory to Work: The Simultaneous Ascending Auction', *Journal of Political Economy*, 108(2) (2000), pp. 245–72. 在多轮同步加价拍卖中，出价以轮为单位进行，在每轮出价之间显示当前的排名。不再有新的出价时，拍卖即告结束。为了让竞价者保持诚实，撤回投标会受到惩罚。分批而不是按顺序逐个拍卖许可证，可以防止一家公司抬高先前出售的许可证价格，从而使竞争对手无力竞购后来出售的许可证。这种设置对竞标者也有好处，他们可以调整报价，以获得优势互补的大量许可证。
74. 参见如 Thomas Hazlett, 2009, 'U.S. Wireless License Auctions: 1994–2009', https://www.accc.gov.au/system/files/Hazlett%2C%20Thomas%20%28Auctions%20Paper%29.pdf, and a complete list of FCC auctions here: https://capcp.la.psu.edu/data-and-software/fcc-spectrum-auction-data.
75. 在埃丝特·迪弗洛于 2019 年获奖之前，奥斯特罗姆一直是获得该奖项的唯一一位女性。
76. Derek Wall, 2014, *The Sustainable Economics of Elinor Ostrom: Commons, Contestation and Craft*, Routledge, London.
77. Elinor Ostrom, 'Design Principles of Robust Property Rights Institutions: What Have We Learned?', in Gregory K. Ingram and Yu-Hung Hong (eds.), 2009, *Property Rights and Land Policies*, Lincoln Institute of Land Policy, Columbia UniversityPress, New York.
78. 参见 Kahneman, *Thinking, Fast and Slow*。
79. 我非常感谢迈克尔·奥斯特洛夫斯基在博弈论的当今应用方面所给予的帮助，以及他在该领域深耕 30 年的权威总结。
80. 对于任何特定的搜索词，广告商都会提交投标，就客户每一次点击访问其网页的行为标明自己愿意支付的最高价格。出价最高者可以使其广告在搜索结果页面上占据最显著的位置，但实际支付的却是第二高的报价。出价第二高者将在竞价结果页面上占据第二显眼的位置，并实际支付的是第三高的出价，以此类推。设计和完善这一类"广义第二价格"拍卖，将第一拨博弈论研究者带进了科技公司。有关此类拍卖的简要历史和回顾，请参阅 21 世纪被引用最多的经济学论文之一：

Benjamin Edelman, Michael Ostrovsky and Michael Schwarz 'Internet Advertising and the Generalized Second-Price Auction: Selling Billions of Dollars Worth of Keywords', *American Economic Review*, 97(1) (2007), pp. 242–59。

81. W. D. Hamilton, 1996, *Narrow Roads of Gene Land*, vol. I: *Evolution of Social Behaviour*, Oxford University Press, Oxford.

82. 普莱斯寻求理解利他主义的非凡故事，参见 Oren Harman, 2010, *The Price of Altruism: George Price and the Search for the Origins of Kindness*, Bodley Head, London。

83. Elinor Ostrom, 2012, 'Coevolving Relationships between Political Science and Economics', *Rationality, Markets and Morals*, 3 (2012), pp. 51–65.

第 7 章　海滨智库

1. 兰德公司的历史细节主要源自 Fred Kaplan, 1983, *The Wizards of Armageddon*, Stanford University Press, Stanford, and David Jardini, 2013, *Thinking Through the Cold War: RAND, National Security and Domestic Policy, 1945–1975*, Smashwords, as well as Poundstone, *Prisoner's Dilemma* and Alex Abella, 2008, *Soldiers of Reason: The RAND Corporation and the Rise of the American Empire*, Harcourt, San Diego, Calif. Daniel Bessner, 2018, *Democracy in Exile: Hans Speier and the Rise of the Defense Intellectual*, Cornell University Press, Ithaca, 为了解兰德公司提供了另一个视角。博弈论的权威思想史，Paul Erickson, 2015, *The World the Game Theorists Made*, The University of Chicago Press, Chicago。

2. 'The RAND Hymn', words and music by Malvina Reynolds, copyright 1961 Schroder Music Company, renewed 1989.

3. Kaplan, *The Wizards of Armageddon*.

4. Jacob Neufeld, 1990, *The Development of Ballistic Missiles in the United States Air Force, 1945–1960*, United States Government Printing Office, Washington, D.C.

5. Kaplan, *Wizards of Armageddon.*

6. 同上。

7. 同上。

8. H. H. Arnold, 1949, *Global Mission*, Harper & Brothers, New York.

9. 完整报告参见：https://www.governmentattic.org/TwardNewHorizons.html，也可参见 https://apps.dtic.mil/dtic/tr/fulltext/u2/a954527.pdf。

10. 对科尔博姆的采访参见 Martin Collins and Joseph Tatarewicz, 28 July 1987, https://www.si.edu/media/NASM/NASM-NASM_AudioIt-000006640DOCS.pdf。

11. 引自 Abella, *Soldiers of Reason*。

12. Leonard, *Von Neumann, Morgenstern, and the Creation of Game Theory.*

13. 引自 Larry Owens, 1989, *Mathematicians at War: Warren Weaver and the Applied Mathe-*

matics Panel, 1942–45, ed. David Rower and John McCleary, Academic Press, Boston。

14. Bernard Lovell, 1988, 'Blackett in War and Peace', *The Journal of the Operational Research Society*, 39(3) (1988), pp. 221–33.
15. 所有引文均出自 Erickson, *The World the Game Theorists Made*。
16. 引自 Abella, *Soldiers of Reason*。
17. Kaplan, *The Wizards of Armageddon*.
18. John Williams to von Neumann 16 December 1947, quoted in Erickson, *The World the Game Theorists Made.*
19. Poundstone, *Prisoner's Dilemma.*
20. 同上。
21. 参见 George B. Dantzig, 'The Diet Problem', *Interfaces*, 20(4) (1990), pp. 43–7。丹齐格后来曾尝试用这个算法减肥，并向其妻子承诺，他会遵循兰德公司计算机建议的最佳食谱。不幸的是，由于程序优化过程中的一个疏忽，计算机建议丹齐格喝 500 加仑[①] 的醋。
22. https://apps.dtic.mil/dtic/tr/fulltext/u2/a157659.pdf. George B. Dantzig, 1985, *Impact of Linear Programming on Computer Development*, Department of Operations Research, Stanford University.
23. 罗伯特·伦纳德的采访，1990 年 2 月 27 日，引自 Leonard, *Von Neumann, Morgenstern, and the Creation of Game Theory*。
24. Willis H. Ware, 2008, *RAND and the Information Evolution: A History in Essays and Vignettes*, RAND Corporation.
25. Clay Blair Jr, 'Passing of a Great Mind', *Fortune*, 25 February 1957, p. 89.
26. 引自 Leonard, *Von Neumann, Morgenstern, and the Creation of Game Theory*。
27. 对这些工作的大部分进行的收集和总结参见 Melvin Dresher, 1961, *Games of Strategy: Theory and Applications*, available as RAND Corporation document number CB-149-1(2007)。
28. This episode is related in Leonard, *Von Neumann, Morgenstern, and the Creation of Game Theory*.
29. 科林·马丁对汉斯·施派尔的采访，1988 年 4 月 5 日，https://www.si.edu/media/NASM/NASM-NASM_AudioIt-000003181DOCS.pdf.
30. 数学家约瑟夫·马尔凯维奇通过讲述三个（虚构的）城镇受命清理其污水暗排口的情况，给出了一个关于沙普利值是如何起作用的极好例子。参见 http://www.ams.org/publicoutreach/feature-column/fc-2016-09。
31. 引自 Alvin E. Roth, 'Lloyd Shapley (1923–2016)', *Nature*, 532 (2016), p. 178。

[①] 1 美制加仑约为 3.79 升。——编者注

32. D. Gale and L. S. Shapley, 'College Admissions and the Stability of Marriage', *American Mathematical Monthly*, 69 (1962), pp. 9–15.
33. Sylvia Nasar, 1998, *A Beautiful Mind*, Simon & Schuster, New York.
34. 同上。
35. J. F. Nash, 'The Bargaining Problem', *Econometrica*, 28 (1950), pp. 155–62.
36. 参见 Leonard, *Reading* Cournot, *Reading* Nash: 'Above all, as Shubik (1991) reports, von Neumann "hated it!", clearly finding it foreign to his whole conception of game theory'。
37. Email from John Nash to Robert Leonard, 20 February 1993, quoted in Nasar, *A Beautiful Mind*.
38. 参见，例如赫尔曼·戈德斯坦对阿尔伯特·塔克和弗雷德里克·内贝克的采访，1985年3月22日，https://web.math.princeton.edu/oral-history/c14.pdf。"我认为约翰尼没有那么容易接受优秀的人。"戈德斯坦说。塔克引述了研究生哈罗德·库恩的例子，该生指出冯·诺依曼有关扩张经济的论文有可能存在一个问题。"约翰尼确实很生气，"塔克说，"但我认为他的思维非常迅捷，很快就能让自己摆脱困境。"
39. John F. Nash Jr, 'Equilibrium Points in *N*-Person Games', *Proceedings of the National Academy of Sciences of the United States of America*, 36 (1) (1950), pp. 48–9.
40. Nasar, *A Beautiful Mind*.
41. 西尔维娅·纳萨尔指出纳什不是同性恋：https://www.theguardian.com/books/2002/mar/26/biography.highereducation。
42. Leonard, *Von Neumann, Morgenstern, and the Creation of Game Theory*.
43. Steve J. Heims, 1982, *John von Neumann and Norbert Wiener: From Mathematics to the Technologies of Life and Death*, MIT Press, Cambridge, Mass.
44. 引自 Dyson, *Turing's Cathedral*。
45. 同上。
46. 参见 Leonard, 'Reading Cournot, Reading Nash'。
47. Merrill M. Flood, 1952, *Some Experimental Games*, RAND Research Memorandum RM-789-1.
48. From Poundstone, *Prisoner's Dilemma*.
49. Flood, *Some Experimental Games*.
50. 同上。
51. 这就是"逆向归纳法"，冯·诺依曼在《博弈论与经济行为》中也使用过这种方法。
52. Poundstone, *Prisoner's Dilemma*.
53. 在许多研究中都发现了在一次性囚徒困境中进行合作的证据，例如：R. Cooper, D.V. DeJong, R. Forsythe and T. W. Ross, 'Cooperation Without Reputation:

Experimental Evidence from Prisoner's Dilemma Games', *Games and Economic Behavior*, 12(2) (1996), pp. 187–218, and J. Andreoni and J. H. Miller (1993). 'Rational Cooperation in the Finitely Repeated Prisoner's Dilemma, Experimental Evidence', *The Economic Journal*, 103 (418), pp. 570–85。

54. 引自 von Neumann Whitman, *The Martian's Daughter*。
55. Clay Blair Jr, 'Passing of a Great Mind', *Life Magazine*, 25 February 1957.
56. 例如，Alexander Field, 'Schelling, von Neumann, and the Event That Didn't Occur', *Games*, 5(1) (2014), pp. 53–89。
57. Ulam, 'John von Neumann 1903–1957'.
58. Eugene Wigner, 1957. 'John von Neumann (1903–1957)', *Yearbook of the American Philosophical Society*, later in 1967, *Symmetries and Reflections: Scientific Essays of Eugene P. Wigner*, Indiana University Press, Bloomington.
59. 参见 R. Buhite and W. Hamel, 'War for Peace: The Question of an American Preventive War against the Soviet Union, 1945–1955', *Diplomatic History*, 14(3) (1990), pp. 367–84。
60. William L. Laurence, 'How Soon Will Russia Have the A-Bomb?', *Saturday Evening Post*, 6 November 1948, p.182.
61. Buhite and Hamel 'War for Peace'.
62. 引自 Poundstone, *Prisoner's Dilemma*。
63. 在20世纪50年代的大部分时间里，罗素都在否认自己曾主张假如苏联不放弃核弹野心就轰炸苏联。1958年，他成为英国核裁军运动的首任主席。1961年，89岁的他因在伦敦组织反炸弹抗议活动而被监禁7天。1959年，罗素在接受BBC（英国广播公司）采访时终于坦白了。当被问及是否真的主张对苏联发动预防性战争时，他回答说："这完全是真的，我不后悔。这与我现在的想法并不矛盾。我一直认为，双方都拥有核武器的核战争将是一场彻底的灾难。"
64. John von Neumann to Klára von Neumann, 8 September, 1954, quoted in Dyson, *Turing's Cathedral*.
65. Bernard Brodie, 1959, *Strategy in the Missile Age*, available as RAND Corporation document number CB-137-1 (2007).
66. https://www.manhattanprojectvoices.org/oral-histories/george-kistiakowskys-interview.
67. 奥本海默无疑是共产党的支持者。参见 Ray Monk, 2012, *Robert Oppenheimer: A Life Inside the Center*, Doubleday, New York and Toronto。
68. 引自 Macrae, *John von Neumann*。当时英国的慈善观没有让图灵成为伯爵。他被指控犯有严重猥亵罪，且他的安全许可被取消了。
69. J. Robert Oppenheimer Personnel Hearings Transcripts, volume XII, https://www.osti.gov/includes/opennet/includes/Oppenheimer%20hearings/Vol%20XII%20Oppenheimer.

pdf.
70. John Earl Haynes, Harvey Klehr and Alexander Vassiliev, 2009,'Enormous: The KGB Attack on the Anglo-American Atomic Project', in *Spies: The Rise and Fall of the KGB in America*, translations by Philip Redko and Steven Shabad, Yale University Press, New Haven.
71. 引自 Dyson, *Turing's Cathedral*。
72. Erickson, *The World the Game Theorists Made*.
73. Roberta Wohlstetter, 1962, *Pearl Harbor: Warning and Decision*, Stanford University Press, Stanford.
74. Albert Wohlstetter, Fred Hoffman, R. J. Lutz and Henry S. Rowen, 1954, *Selection and Use of Strategic Air Bases*, RAND Corporation, Santa Monica.
75. Albert Wohlstetter, 'The Delicate Balance of Terror', *Foreign Affairs*, 37 (January 1959); an earlier and more complete version dated December 1958 is available as RAND Paper P-1472, https://www.rand.org/pubs/papers/P1472.html.
76. Kaplan, *The Wizards of Armageddon*.
77. 该词是亚历克斯·阿贝拉提出的。
78. Kaplan, *The Wizards of Armageddon*.
79. 同上。
80. Herman Kahn and Irwin Mann, 1957, *Game Theory*, https://www.rand.org/pubs/papers/P1166.html.
81. Sharon Ghamari-Tabrizi, 2005, *The Worlds of Herman Kahn: The Intuitive Science of Thermonuclear War*, Harvard University Press, Cambridge, Mass.
82. Herman Kahn, 1960, *On Thermonuclear War*, Princeton University Press, Princeton.
83. 导演从《论热核战争》中借鉴了太多东西，卡恩要求获得版税，库布里克则回答说："赫尔曼，事情不是这样办的！"
84. *Dr Strangelove, or: How I Stopped Worrying and Learned to Love the Bomb*, directed by Stanley Kubrick (1964).
85. James R. Newman, 'Two Discussions of Thermonuclear War', *Scientific American*, March 1961.
86. 卡恩开玩笑说，为了打消纽曼对他的质疑，他增重了10磅。
87. Thomas C. Schelling, 1958, 'The Strategy of Conflict: Prospectus for a Reorientation of Game Theory', *Journal of Conflict Resolution*, 2(3), pp. 203–64.
88. Thomas C. Schelling, 1960, *The Strategy of Conflict*, Harvard University Press, Cambridge, Mass.
89. Thomas C. Schelling, 'Bargaining, Communication, and Limited War', *Conflict Resolution*, 1(1) (1957), pp. 20, 34.

90. Von Neumann, 'Defense in Atomic War'.
91. 冯·诺依曼指的可能是最近的一次氢弹试验，而不是投在广岛和长崎的那两颗原子弹，这两颗的威力比前者要弱 1 000 倍。
92. 美国对威慑的思考概要参见 Marc Trachtenberg, 'Strategic Thought in America, 1952–1966', *Political Science Quarterly*, 104(2) (1989), pp. 301–34。
93. https://fas.org/irp/doddir/dod/jp3_72.pdf.

第 8 章　复制机器的崛起

1. https://www.youtube.com/watch?v=3KJbrb0P8jQ&feature=emb_title.
2. Alex Ellery, 'Are Self-Replicating Machines Feasible?', *Journal of Spacecraft and Rockets*, 53 (2) (2016), pp. 317–27.
3. 与作者的通信。
4. 有什么是可能会出问题的呢？
5. Von Neumann, 'The General and Logical Theory of Automata'.
6. 同上。
7. John von Neumann, 'The General and Logical Theory of Automata', originally published in Lloyd A. Jeffress (ed.), 1951, *Cerebral Mechanisms in Behavior: The Hixon Symposium*, Wiley, New York.
8. Robert A. Freitas Jr and Ralph C. Merkle, 2004, *Kinematic Self-Replicating Machines*, Landes Bioscience, Georgetown, Texas, http://www.MolecularAssembler.com/KSRM.htm.
9. Von Neumann, 'The General and Logical Theory of Automata'.
10. Erwin Schrödinger, 1944, *What Is Life?*, Cambridge University Press, Cambridge.
11. For a critical appreciation of Schrödinger's *What Is Life?*, see Philip Ball, 2018, 'Schrödinger's Cat among Biology's Pigeons: 75 Years of *What Is Life?*', *Nature*, 560 (2018), pp. 548–50.
12. Sydney Brenner, 1984, 'John von Neumann and the History of DNA and Self-replication', https://www.webofstories.com/play/sydney.brenner/45.
13. Dyson, *Disturbing the Universe.*
14. Arthur W. Burks, 1966, *Theory of Self-reproducing Automata*, University of Illinois Press, Urbana.
15. John G. Kemeny, 'Man Viewed as a Machine', *Scientific American*, 192(4) (1955), pp. 58–67.
16. Philip K. Dick, 'Autofac', *Galaxy*, November 1955.
17. 参见 Lawrence Sutin, [1989], *Divine Invasions: A Life of Philip K. Dick*, Harmony Books, New York。

18. 冯·诺依曼称这些支柱为"刚性构件"，基于显而易见的原因，我会避免使用这个表达。
19. 他选择了一个输出端在南边的传输状态。
20. Umberto Pesavento, 1995, 'An Implementation of Von Neumann's Self-reproducing Machine', *Artificial Life*, 2(4) (1995), pp. 337–54.
21. 关于该领域的历史，参见 Steven Levy, 1993, *Artificial Life: A Report from the Frontier Where Computers Meet Biology*, Vintage, New York。
22. Arthur W. Burks, 1966, *Theory of Self-reproducing Automata*, University of Illinois Press, Urbana.
23. Details are from Conway's biography: Siobhan Roberts, 2015, *Genius at Play: The Curious Mind of John Horton Conway*, Bloomsbury, London.
24. 同上。
25. 同上。
26. 同上。
27. Martin Gardner, 2013, *Undiluted Hocus-Pocus: The Autobiography of Martin Gardner*, Princeton University Press, Princeton.
28. 引自 Levy, *Artificial Life*。
29. 这些是布尔代数中的 AND、OR 和 NOT 运算。
30. 2001 年，保罗·伦德尔在"生命"中实现了一个图灵机，后来又实现了一个通用版本：http://www.rendell-attic.org/gol/tm.htm。
31. 引自 Fred Hapgood, 1987, 'Let There Be Life', *Omni*, 9(7) (1987), http://www.housevampyr.com/training/library/books/omni/OMNI_1987_04.pdf。
32. E. O. Wilson, 1975, *Sociobiology: The New Synthesis*, Harvard University Press, Cambridge, Mass.
33. Levy, *Artificial Life*.
34. 同上。
35. Published as Tommaso Toffoli, 1977, 'Computation and Construction Universality of Reversible Cellular Automata', *Journal of Computer and System Sciences*, 15(2), pp. 213–31.
36. Quoted in Levy, *Artificial Life*.
37. 同上。
38. 弗雷德金在书中阐述了这一点 Edward Fredkin, 1990, 'Digital Mechanics: An Informational Process based on Reversible Universal Cellular Automata', *Physica D*, 45 (1990), pp. 254–70。
39. Steven Levy, 'Stephen Wolfram Invites You to Solve Physics', *Wired* (2020), https://www.wired.com/story/stephen-wolfram-invites-you-to-solve-physics/.

40. 关于弗雷德金与沃尔夫勒姆之间的优先权之争，参见 Levy, *Artificial Life*, and Keay Davidson, 'Cosmic Computer–New Philosophy to Explain the Universe', *San Francisco Chronicle*, 1 July 2002, https://www.stephenwolfram.com/media/cosmic-computer-new-philosophy- explain-universe/。
41. Steven Wolfram, 2002, *A New Kind of Science*, Wolfram Media, Champagne, Ill.
42. https://www.wolframscience.com/reference/notes/876b.
43. 参见 Wolfram, *A New Kind of Science*。
44. Matthew Cook, 'Universality in Elementary Cellular Automata', *Complex Systems*, 15 (2004), pp. 1–40.
45. Steven Wolfram, 1984, 'Universality and Complexity in Cellular Automata', *Physica D*, 10(1–2), pp. 1–35.
46. Steven Wolfram, 2002, *A New Kind of Science*, Wolfram Media, Champagne, Ill. https://www.wolframscience.com/nks/.
47. Steven Levy, 2002, 'The Man Who Cracked the Code to Everything⋯', *Wired*, 1 June 2002, https://www.wired.com/2002/06/wolfram/.
48. Steven Levy, 'Great Minds, Great Ideas', *Newsweek*, 27 May 2002, p. 59, https://www.newsweek.com/great-minds-great-ideas-145749.
49. https://writings.stephenwolfram.com/2020/04/finally-we-may-have-a-path-to-the-fundamental-theory-of-physics-and-its-beautiful/.
50. 参见 Wolfram's Registry of Notable Universes, https://www.wolframphysics.org/universes/。
51. Adam Becker, 'Physicists Criticize Stephen Wolfram's "Theory of Everything"', *Scientific American*, https://www.scientificamerican.com/article/physicists-criticize-stephen-wolframs-theory-of-everything/.
52. Franz L. Alt, 1972, 'Archaeology of Computers Reminiscences, 1945–1947', *Communications of the ACM*, 15(7) (1972), pp. 693–4, doi:https://doi.org/10.1145/361454.361528.
53. 更多关于巴里切利的内容参见 Dyson, *Turing's Cathedral*, chapter 12; Robert Hackett, 'Meet the Father of Digital Life', *Nautilus*, 12 June 2014, https://nautil.us/issue/14/mutation/meet-the-father-of-digital-life; and Alexander, R. Galloway, *Creative Evolution*, http://cultureandcommunication.org/galloway/pdf/Galloway-Creative_Evolution-Cabinet_ Magazine.pdf。
54. 使用高等研究院的计算机进行的实验，参见 Nils Aall Barricelli, 'Numerical Testing of Evolution Theories. Part I: Theoretical Introduction and Basic Tests', *Acta Biotheoretica*, 16 (1963), pp. 69–98。
55. 同上。

56. Nils Aall Barricelli to John von Neumann, 22 October 1953, member file on Barricelli, IAS School of Mathematics, members, Ba–Bi, 1933–1977, IAS Archives.
57. Jixing Xia et al., 'Whitefly Hijacks a Plant Detoxification Gene That Neutralizes Plant Toxins', *Cell*, 25 March 2021, https://doi.org/10.1016/j.cell. 2021.02.014.
58. 引自 Levy, *Artificial Life*。
59. Christopher G. Langton, 'Self-reproduction in Cellular Automata', *Physica I0D* (1984), pp. 135–44.
60. 引自 Levy, *Artificial Life*。
61. 同上。
62. Christopher G. Langton, 1990, 'Computation at the Edge of Chaos: Phase Transitions and Emergent Computation', *Physica D*, 42 (1990), pp. 12–37.
63. Christopher G. Langton (ed.), 1989, *Artificial Life*, Santa FeInstitute Studies in the Sciences of Complexity, vol. 6, Addison-Wesley, Reading, Mass.
64. D. G. Gibson et al., 'Creation of a Bacterial Cell Controlled by a Chemically Synthesized Genome', *Science*, 329 (2010), pp. 52–6.
65. 参见如 Nicholas Wade, 'Researchers Say They Created a "Synthetic Cell"', *New York Times*, 20 May 2010。
66. Clyde A. Hutchison III et al., 'Design and Synthesis of a Minimal Bacterial Genome', *Science*, 351 (2016), aad625.
67. Marian Breuer et al., 2019, 'Essential Metabolism for a Minimal Cell', *eLife*, 8 (2019), doi:10.7554/eLife.36842.
68. Kendall Powell, 2018, 'How Biologists Are Creating Life-like Cells from Scratch', *Nature*, 563 (2018), pp. 172–5.
69. Eric Drexler, 1986, *Engines of Creation*, Doubleday, New York.
70. Lionel S. Penrose, 'Self-Reproducing Machines', *Scientific American*, 200(6) (1959), pp. 105–14. Videos of Penrose's models in action can be viewed at: https://www.youtube.com/watch?v=2_9ohFWR0Vs and https://www.youtube.com/watch?v=1sIph9VrmpM.
71. Homer Jacobson, 'On Models of Reproduction', *American Scientist*, 46(3) (1958), pp. 255–84.
72. Edward F. Moore, 1956, 'Artificial Living Plants', *Scientific American*, 195(4) (1956), pp. 118–26.
73. Dyson, *Disturbing the Universe*.
74. Freitas and Merkle, *Kinematic Self-Replicating Machines*.
75. Robert A. Freitas Jr, 1980, 'A Self-Reproducing Interstellar Probe', *Journal of the British Interplanetary Society*, 33 (1980), pp. 251–64.

76. R. A. Freitas and W. P. Gilbreath (eds.), 1982, *Advanced Automation for Space Missions*, NASA Conference Publications CP-2255 (N83-15348), https://en.wikisource.org/wiki/Advanced_Automation_for_Space_ Missions.
77. Richard Laing, 'Automaton Models of Reproduction by Self-inspection', *Journal of Theoretical Biology*, 66(3) (1977), pp. 437–56.
78. Olivia Brogue and Andreas M. Hein, 'Near-term Self-replicating Probes–A Concept Design', *Acta Astronautica*, published online 2 April 2021, https://doi.org/10.1016/j.actaastro.2021.03.004.
79. R. T. Fraley et al., 'Expression of Bacterial Genes in Plant Cells', *Proceedings of the National Academy of Sciences, USA*, 80 (15) (1983), pp. 4803–7.
80. Drexler, *Engines of Creation*.
81. Jim Giles, 2004, 'Nanotech takes small step towards burying 'grey goo'', *Nature*, 429, pp.591.
82. Drexler, *Engines of Creation*.
83. 'Nanotechnology: Drexler and Smalley Make the Case For and Against "Molecular Assemblers"', *Chemical and Engineering News*, 81(48) (2003), pp. 37–42.
84. Salma Kassem et al., 'Stereodivergent Synthesis with a Programmable Molecular Machine', *Nature*, 549(7672) (2017), pp. 374–8.
85. A. H. J. Engwerda and S. P. Fletcher, 'A Molecular Assembler That Produces Polymers', *Nature Communications*, 11 (2020), https://doi.org/10.1038/s41467-020-17814-0.
86. Thomas C. Schelling, 'Dynamic Models of Segregation', *Journal of Mathematical Sociology*, 1 (1971), pp. 143–86.
87. 'Parable of the Polygons' is a game based on Schelling's model: https://ncase.me/polygons/.
88. Schelling, 'Dynamic Models of Segregation'.
89. Ulam, *Adventures of a Mathematician*.
90. Goldstine, *The Computer from Pascal to von Neumann*.
91. Robert Jastrow, 1981, *The Enchanted Loom: Mind in the Universe,* Simon and Schuster, New York.
92. https://www.gsmaintelligence.com/data/.
93. Jeremy Bernstein, 'John von Neumann and Klaus Fuchs: An Unlikely Collaboration', *Physics in Perspective*, 12 (2010), pp. 36–50.
94. Philip J. Hilts, 1982, *Scientific Temperaments: Three Lives in Contemporary Science*, Simon and Schuster, New York.
95. Dyson, *Turing's Cathedral*.
96. John von Neumann, 2012 (first published 1958), *The Computer and the Brain*, Yale

University Press, New Haven.

97. Von Neumann, *The Computer and the Brain*.
98. Robert Epstein, 'The Empty Brain', *Aeon*, 18 May 2016, https://aeon.co/essays/your-brain-does-not-process-information-and-it-is-not-a-computer.
99. Stanisław Ulam, 'John von Neumann 1903–1957', *Bulletin of the American Mathematical Society*, 64(3) (1958), pp. 1–49.
100. 非常感谢这部电影的制片人戴维·霍夫曼在 2019 年给我寄来了该片的 DVD。现在可以在此处观看：https://archive.org/details/JohnVonNeumannY2jiQXI6nrE。
101. Macrae, *John von Neumann*.
102. 'Benoît Mandelbrot–Post-doctoral Studies: Weiner and Von Neumann (36/144)', Web of Stories–Life Stories of Remarkable People, https://www.youtube.com/watch?v=U9kw6Reml6s.
103. https://rjlipton.wpcomstaging.com/the-gdel-letter/. 亦可参见 Richard J. Lipton, 2010, *The P=NP Question and Gödel's Lost Letter*, Springer, New York。
104. John von Neumann to Marina von Neumann, 19 April 1955, quoted in von Neumann Whitman, *The Martian's Daughter*.
105. 引自 Dyson, *Turing's Cathedral*。
106. 同上。
107. 致作者的电子邮件。
108. *John von Neumann*, Documentary Mathematical Association of America, 1966.
109. Ulam, *Adventures of a Mathematician*.
110. 引自 Dyson, *Turing's Cathedral*。
111. 引自 von Neumann Whitman, *The Martian's Daughter*。

后记

1. Frank, J. Tipler, 'Extraterrestrial Beings Do Not Exist', *Quarterly Journal of the Royal Astronomical Society*, 21(267) (1981).
2. Ulam, 'John von Neumann 1903–1957'.
3. Heims, *John von Neumann and Norbert Wiener*.
4. Von Neumann to Rudolf Ortvay, 29 March 1939, in von Neumann, *Selected Letters*.
5. 'Benoît Mandelbrot–A Touching Gesture by Von Neumann', Web of Stories–Life Stories of Remarkable People, https://www.youtube.com/watch?v=wu6vGDk5kzY.
6. 作者的采访，2019 年 1 月 14 日。
7. John von Neumann, 'Can We Survive Technology?', *Fortune*, June 1955.

致谢

我要感激的人不胜枚举,但有两个人,如果没有他们,这本书不可能写成。玛丽娜·冯·诺依曼·惠特曼的鼓励让我确信,我一点儿也没有误读她的父亲。如果没有杰里米·格雷在本项目初期孜孜不倦的帮助和支持,我可能会因为看不到希望而彻底放弃。

在本书素材收集、正文写作或后期编辑期间,以下各位慷慨地奉献了宝贵的时间,我非常感谢:吉姆·巴戈特、菲尔·鲍尔、丹尼尔·贝斯纳(Daniel Bessner)、丹尼斯·迪克斯、杰里米·格雷、托马斯·黑格、蒂姆·哈福德、已故沃恩·琼斯、沙恩·马吉德、迈克尔·奥斯特罗夫斯基、乌尔里希·彭尼格、马克·普里斯特利、雷纳托·伦纳、卡塔琳娜·里茨勒(Katharina Rietzler)、安德鲁·赖特和科斯塔斯·祖博斯(Costas Zoubos)。此外,肯·库克耶(Kenn Cukier)、史蒂夫·徐和戴维·斯格雷夫都是本书最早的支持者。

本书战战兢兢地立于许多巨人的肩上。他们的作品汗牛充栋,仅书名目录就能填满一大本书,读者在全面而深入地发掘我的参考文献后,将得到难以想象的精神财富回馈。

克里斯·韦尔比洛夫(Chris Wellbelove)在非常艰难的时期一直支持我创作这本传记。我在企鹅出版社的编辑卡西亚娜·约妮塔(Casiana Ionita)凭借准确无误的直觉,可以让读者免去阅读过程中许多不必要的劳烦和辛苦。在理解本书内容时若仍有任何劳烦和辛苦,那全都是我的责任。成就一本书离不开许多人的参与,本书就仰赖企鹅艾伦·莱恩出版社的马特·哈钦森、爱德华·柯克、丽贝卡·李、伊莫金·斯科特、戴维·沃森、达米克·赖特和马特·扬，以及诺顿出版公司的马特·韦兰、洪尼雅·西迪基（Huneeya Siddiqui）和整个团队。感谢你们坚守信仰。

　　我的妻子和孩子与我一起受苦，而且常常是为我受苦。我还必须感谢伯恩利先生，他是一位非常励志的英语老师，我永远也忘不了他听到我要去学物理时的惊讶表情。我希望这本书是对那个令人困惑的决定的某种补偿。最后，我的母亲苏贾亚·巴塔查里亚（Sujaya Bhattacharya）总是说我一定会写一本书。印度母亲从不羞于赞美自己的孩子。我真希望她能亲口对我说出那些赞美，即使这会让我不好意思。